兰州大学哲学社会科学文库

Philosophy and Social Sciences Library of Lanzhou University

上海合作组织的
理念探索与实践创新

陈小鼎　著

兰州大学出版社

LANZHOU UNIVERSITY PRESS

图书在版编目（CIP）数据

上海合作组织的理念探索与实践创新 / 陈小鼎著.

兰州 ：兰州大学出版社，2024. 9. -- ISBN 978-7-311
-06747-2

Ⅰ．D814.1

中国国家版本馆 CIP 数据核字第 2024AN8977 号

责任编辑　王颢瑾　宋婷
封面设计　张友乾

书　　名	上海合作组织的理念探索与实践创新
作　　者	陈小鼎　著
出版发行	兰州大学出版社　（地址:兰州市天水南路222号　730000）
电　　话	0931-8912613(总编办公室)　0931-8617156(营销中心)
网　　址	http://press.lzu.edu.cn
电子信箱	press@lzu.edu.cn
印　　刷	兰州人民印刷厂
开　　本	710 mm×1020 mm　1/16
成品尺寸	165 mm×238 mm
印　　张	17.25
字　　数	278千
版　　次	2024年9月第1版
印　　次	2024年9月第1次印刷
书　　号	ISBN 978-7-311-06747-2
定　　价	93.00元

（图书若有破损、缺页、掉页,可随时与本社联系）

出版说明

党的二十大报告提出的"加快构建中国特色哲学社会科学学科体系、学术体系、话语体系，培育壮大哲学社会科学人才队伍"的重要精神，为我国高校哲学社会科学事业发展提供了根本遵循，为高校育人育才提供了重要指引。高校作为哲学社会科学"五路大军"中的重要力量，承载着立德树人、培根铸魂的职责。高校哲学社会科学要践行育人使命，培养堪当民族复兴重任的时代新人；要承担时代责任，回答中国之问、世界之问、人民之问、时代之问。

作为教育部直属的"双一流"建设高校，兰州大学勇担时代重任，秉承"为天地立心，为生民立命，为往圣继绝学，为万世开太平"的志向和传统，为了在兰州大学营造浓厚的"兴文"学术氛围，从而为"新文科"建设和"双一流"建设助力，启动了开放性的文化建设项目"兰州大学哲学社会科学文库"（简称"文库"）。"文库"以打造兰州大学高端学术品牌、反映兰州大学哲学社会科学研究前沿、体现兰州大学相关学科领域学术实力、传承兰州大学优良学术传统为目标，以集中推出反映新时代中国特色社会主义理论和实践创新成果、发挥兰州大学哲学社会科学优秀成果和优秀人才的示范引领作用为关键，以推进学科体系、学术体系、话语体系建设和创新为主旨，以鼓励兰大学者创作出反映哲学社会科学研究前沿水平的高质量创新成果为导向，兰州大学组织哲学社会科学各学科领域专家评审后，先后遴选出政治方向正确、学术价值厚重、聚焦学科前沿的思想性、科学性、原创性强的学术成果结集为"兰州大学哲学社会科学文库"分辑出版，第一辑共10种，第二辑共7种。

"士不可以不弘毅，任重而道远。"兰州大学出版社以弘扬学术风范为己任，肩负文化强国建设的光荣使命，按照"统一设计、统一标识、统一版式、形成系列"的总体要求，以极其严谨细致的态度，力图为读者奉献出系列学术价值厚重、学科特色突出、研究水平领先的精品学术著作，进而展示兰大学人严谨求实、守正创新的治学态度和"自强不息、独树一帜"的精神风貌，使之成为具有中国特色、兰大风格、兰大气派的哲学社会科学学术高地和思想交流平台，为兰州大学"新文科"建设和"双一流"建设，繁荣我国哲学社会科学建设和人才培养贡献出版力量。

兰州大学出版社

二〇二四年十月

前　言

　　上海合作组织（以下简称"上合组织"）自2001年成立以来，一直致力于推进理念探索与实践创新，形成了特有的发展模式，开拓了区域合作的新思路与国际组织研究的新视野。以"互信、互利、平等、协商、尊重多样文明、谋求共同发展"为基础的"上海精神"是上合组织的"最大公约数"，也是上合组织制度认同的核心。上合组织成员国之间异质性突出，在国家实力、政治制度、经济制度、意识形态、宗教文化等方面差异显著，这在很大程度上限制了上合组织的内部融合。同时，中亚成员国都是20世纪90年代才成为独立国家，正处于民族国家构建的重要阶段，对涉及主权让渡的合作十分警惕。"上海精神"充分考虑成员国的异质性，有助于实现具有不同文化、宗教和社会制度国家的和谐共进，有效应对各种威胁和挑战，维护成员国经济社会的稳定发展，成为欧亚大陆深化区域合作的典范，成就区域合作的新模式。当前，上海合作组织顺利实现了两次扩员，已经成为世界上幅员最广、人口最多的综合性区域合作组织，充分彰显了"上海精神"的生命力。

随着世界政治极化趋势的不断加剧，大国博弈与地缘政治冲突愈演愈烈，权力对抗、制度竞争与意识形态等方面的对立甚嚣尘上，以中俄为核心的上合组织被西方世界视为"潜在的重要威胁"。与此同时，扩员后的上合组织面临着内部转型升级的重大压力，尤其是如何提升组织的凝聚力、执行力与竞争力。可以说，上合组织面临着内外双重挑战，进一步明确发展定位、激活发展动力与优化发展路径已是当务之急。

毋庸置疑，中国智慧与中国方案在回应上合组织何去何从这一关键问题上作出了重大贡献。2018年，上合组织青岛峰会正式提出推进上合组织命运共同体建设，书写上合发展新篇章。2019年，习近平主席指出，要把上合组织打造成团结互信、安危共担、互利共赢、包容互鉴的典范，进一步指明了构建上合组织命运共同体的目标和任务。近年来，上合组织与"一带一路"倡议实现了更紧密的对接，为国际合作注入新的发展动力，得到了国际社会的高度认可，上合组织命运共同体理念逐渐深入人心。

对中国而言，上合组织具有特殊重要意义，一直是中国外交的优先方向。上合组织是中国经略中亚、维护西北边疆稳定不可或缺的制度平台。以合作促安全是上合组织成立的初心，也是中国的核心关切，尤其在打击三股势力方面。中亚地区一直具有重要的地缘战略意义，是大国博弈的热点地区，中国只有通过上合组织这一多边平台，才能有效介入中亚事务，维护边境安全与稳定周边关系。与此同时，上合组织也是中国特色大国外交的典范，是落实人类命运共同体的重要平台，在周边外交中发挥着重要的引导作用。上合组织的理念探索与实践创新深刻体现了中国特色大国外交的基本内涵、价值取向与实践路径。因此，上合组织的可持续发展对中国外交整体格局与周边外交大局具有重大战略意义，必须予以高度重视。

简言之，上海合作组织的理念探索与实践创新集中体现为"上合模式"。有别于欧盟模式与东盟模式，上合组织走出了一条新型区域合作之路，丰富了国际组织研究的知识谱系与区域合作的政策思路。"上合模式"的核心在于：一是异质性基础上的包容性。突出的异质性导致了成员国不同的利益取向和政策诉求，为实现成员国的利益对接，上合组织倡导利益共享的价值理念，公平合理地分享发展成果。二是有限性基础上的聚焦性。上合组织的政治地理空间、成员构成、发展目标以及可支配的资源均较为有限，合作成效也是有限的，但在有限性基础上实现了非传统安全等特定领域的聚焦。三是松散性基础上的制度弹性。上合组织内部结构较为松散，在主权让渡上有较大保留，在应对突发问题、开展集体行动上限制了行动效率，但也使组织行动有较大余地，应对风险有较强缓冲，有利于增强发展弹性。简言之，"上合模式"是上合组织理念探索与实践创新的结晶，也是激活上合组织发展动力的关键所在。

当前，世界之变、时代之变、历史之变正在加速演进，上合组织面临着内外诸多挑战。全球地缘政治博弈加剧与地区制度环境日益复杂是当前上合组织面临的主要外部挑战。

一方面，就地缘政治博弈而言，随着美国对中国遏制的升级以及乌克兰危机、巴以冲突影响的持续外溢，国际政治的对抗性与不确定性剧增，各国"选边站"压力空前放大。以中俄为核心的上合组织正处于风口浪尖之上，被以美国为首的西方世界视为"潜在的重要威胁"而遭受污名化。中亚地区地缘战略位置十分关键，大国和其他外部力量的纷纷介入，使其成为"新大博弈"的竞技场。近年来，美国相继提出"大中亚计划""新丝绸之路战略""印太战略"等外交谋划，持续推进"C5+1"多边对话机制，对上合组织进行分化和牵制。因此，上合组织的地缘政治风险与地缘战略价值都有所上升。

另一方面，中亚地区制度环境复杂，削弱了上合组织的优先性。中亚成员国奉行多元平衡外交政策，广泛加入各类区域合作安排，以致中亚地区出现制度过剩的局面。在安全合作领域，除上合组织以外，还存在集安组织和亚信会议，上合组织的四个中亚成员国还是欧安组织的重要成员。在经济合作领域，影响较大的主要有：由俄罗斯主导的独联体和欧亚经济联盟，中亚国家自主成立的中亚国家联盟、中亚经济共同体、中亚合作组织等次区域合作机制，以及域外国家或机构提供的合作计划等。组织机构交叉重叠导致了各成员国间复杂的制衡与博弈，给上合组织的可持续发展造成了诸多不利影响。可以说，上合组织只是各成员国的备选项，一定程度上削弱了上合组织在成员国对外合作中的优先性。

从内部看，上合组织面临的压力主要来自长期滞后的区域经济合作、大国的认知错位以及成员国之间互信的不足。

一是上合组织必须克服区域经济合作水平滞后的短板。随着全球贸易保护主义的抬头，深化区域合作成为最可行的替代选项。上合组织区域经济合作依然存在水平较低、发展动力不足和制度平台缺乏整合等问题，严重制约了区域经济合作的发展空间。就合作意愿而言，成员国对区域经济合作的长远发展目标和合作模式尚未形成高度一致的政治意愿，区域经济合作至今没有真正成为一致认同的优先方向。就合作能力而言，虽然区域经济合作已经建立起各层级磋商机制，但是运转效率有待提高，执行层面缺乏实质性约束力，甚至存在部分机制空转的现象。区域经济合作水平滞后最终会影响成员国之间利益的交融与调和，一定程度上会削弱成员国开展多边合作的信心和耐心。

二是中、俄、印等大国对组织身份的定位存在认知错位。随着上合组织区域合作架构的基本完善，大国之间的矛盾与分歧日益显现，制约了功能拓展及深层次的区域一体化。中俄两国作为上合组织的创始国和核心，在优先发展目标上始终存在政策分歧，即是否应强化上合组织在地缘政治博弈中的作用。事实上，中国一直反对上合组织成为地缘政治竞争的工具。加之印度抱持防止中国"独大"和巴基斯坦壮大的战略目的加入上合组织，在一定程度上加剧了组织的离心倾向，尤其是不积极支持"一带一路"倡议。因此，大国之间能否进一步增信释疑，实现战略协调和政策沟通，已经成为关系上合组织深入发展的关键因素。

三是成员国异质性突出导致互信赤字。随着上合组织扩员进程的加速，内部成员关系复杂、多元异质的弊端日益显现，与建立集体身份认同之间产生了较大张力。中亚成员国之间领土和水资源争端尚未得到彻底解决，个别成员国之间还存在长期矛盾，以印巴关系为典型，处理不当就会使成员国之间关系复杂化、组织面临"论坛化"风险。

鉴于此，上海合作组织要实现可持续发展，就必须正视问题，激活发展动力，优化发展路径，致力于打造命运共同体。

首先，要着力提升组织的治理效率。在对外扩员的同时应注重内部的提质增速，把提高合作效率作为未来上合组织政治合作的重要议题，防止组织出现空心化、论坛化的风险。

一是提升反应力。上合组织要具备快速准确的反应能力，一方面要利用新兴通信技术及时、准确、全面地收集、整理外来信息，作出高效决策；另一方面，要与时俱进修订相关法律文件，为组织快速反应提供有力依据。根据扩员后的新情况，适时对《上海合作组织宪章》《上海合作组织成员国长期睦邻友好合作条约》等文件内容进行增补，将近年来达成的政治共识与政策立场明确补充进正式条约中。

二要提升决策力。为提高上合组织的决策力，设立合理的表决制度、提升表决原则的灵活性是问题的关键。以平等协商为核心的"协商一致"决策原则是"上合模式"的重要制度要素，但滥用"一票否决"容易造成协调成本较高和行动效率较低的后果。因此，创新性运用"协商一致"原则可以有效提升组织的决策力。可以考虑区分原则性事务与程序性事务，在国家元首会议、政府首脑会议、外长会议和地区反恐怖机构理事会会议等重要会议中采取协商一致原则，保障成员国以平等方式决定组织发展的原则性、方向性问题。而在部门领导人会议、国家协调员理事会会议上的程序性事务可采取简单多数表决制，最大限度释放灵活性，提升应对复杂局面的能力。

三要提升执行力。当前，上合组织已建立起数十个多层次、多领域的会晤协商机制。杜尚别峰会开启了新一轮机构完善的进程，在杜尚别设立上合组织禁毒中心（塔吉克斯坦共和国）作为单独常设机构；将塔什干上合组织地区反恐怖机构升级为上合组织应对安全威胁和挑战综合中心（俄罗斯联邦）；设立上合组织信息安全中心（哈萨克斯坦共和国）和打击跨国有组织犯罪中心（吉尔吉斯共和国），完善了上合组织应对安全挑战的机构设置。在此基础上，要进一步完善上合组织其他合作领域平台建设，形成定期会晤制度、常设组织机构与其他弹性合作机制的良性互动和协同作用，提高上合组织的政策执行力。要加大刚性制度建设，提升制度的约束性和可操作性，使组织决策具有强制性，确保各层级会晤形成的决议落实在执行上。

其次，提高组织对接成员国利益的能力。提升区域公共产品供给水平是上合组织有效满足成员国利益的关键所在。

一是要发挥大国主导作用，协调供需关系，提高供给效率。作为大国，中、俄、印理应承担较多公共产品成本，在组织发展定位问题上加以协调，增强战略透明度，取信周边国家，引导其他成员国的积极参与，形成以大国为主导、各成员国协调供应的公共产品供给结构。

二是要借鉴其他机制优势，形成互补型供给模式。扩员后，上合组织地域范围进一步扩大，区域机制重叠和竞争加剧了成员国的投机行为，降低了上合组织公共产品的竞争力。因此，上合组织在开展多边合作和保障区域公共产品供给的同时，要加强与域内其他国际组织的沟通与合作，推进各领域机制对接，争取在涉及影响上合组织发展前景的重大问题上进行必要的磋商，以加强互信、减少内耗。同时，明确组织定位，实现优势互补，降低交易成本，优化区域公共产品供给。

三是以对接"一带一路"为契机，完善财政金融合作机制。随着上合组织承接"一带一路"建设的展开，金融合作滞后的短板逐渐显现。因此，必须尽快推进上合组织开发银行建设，提升银联体与实业家委员会的开放度与执行效率，吸引区域内其他金融机构参与合作，保障各项建设资金的落实。同时，上合组织也应争取从丝路基金、亚洲基础设施投资银行（以下简称亚投行）等多边金融机构贷款拓展资金来源。此外，还应考虑利用私人基金会和官方资金的杠杆效应吸引和撬动更多商业化资金，为区域公共产品储备更大资金量，缓解上合组织的融资困境。

最后，必须增强共同价值规范的吸引力。

一是塑造和培育以"上海精神"为核心的共同价值体系。"上海精神"坚决摒弃冷战思维、零和博弈、文明冲突等陈旧观念，是上合组织生命力和价值观的最佳体现，也是上合组织有别于其他国际组织的重要标志。因此，在"上海精神"基础上构建上合组织共同价值体系具有较强可行性。当前，上合组织价值规范的具体内容和话语体系较为模糊和碎片化，尚未在组织层面予以正式确立。未来，应本着求同存异、协商一致的原则，对上合组织蕴藏的以"上海精神"为核心的共同价值进行整理归纳，将构建新型国际关系、"新五观"、"共商共建共享"的全球治理观等成员国广泛认可的理念有机融入上合组织价值规范，使之形成一个表述清晰、结构完整、逻辑自洽的价值体系。

二是既要提高共同价值在组织内部成员的认同度，也要获得组织外部行为体的认可。一方面，要提高共同价值在成员国的社会化程度。上合组织应推动成员国对组织共同价值的认同从国家层面逐渐向社会层面延伸，逐步扩大上合组织认同的社会基础，形成成员国社会各阶层对组织的归属感和认同感。应充分利用上合组织峰会在成员国轮流举办、担任轮值主席国、高级别会晤、联合军演以及本组织在各成员国实施的重大项目等特定情境，通过各类活动扩大上合组织共同价值在成员国社会层面的影响力。另一方面，要抵御西方的"污名化"冲击，积极传播共同价值。上合组织自成立之始，就因其坚持的价值观明显有别于西方而成为国际政治中的一股清流，它打破了传统国际组织不同程度具有的封闭性、排他性和强制性特点，开创了结伴而不结盟、合作而不对抗的新型国家关系模式，也因此招致西方基于意识形态偏见的"污名化"和"妖魔化"。对此，上合组织要提升针对地区热点问题的应对能力，在重要地区事务中积极参与协调，加强传播能力建设，提高共同价值话语的国际传播力，提高在国际社会中的信誉和声望。

三是协力构建上合组织命运共同体。所谓命运共同体，就是强调相互依存、相互信任、相互促进、相互包容，在追求本国利益时能兼顾他国合理关切，谋求本国发展时能带动他国共同发展。从这个意义出发，在上合组织所在地区构建命运共同体，与成员国共同认可的"上海精神"可谓一脉相承。共建地区命运共同体是时代赋予上合组织的历史使命。就具体路径而言：其一，巩固安全合作领域的已有成果，践行"共同、综合、合作、可持续"的新安全观，统筹应对各类安全威胁，构建上合组织安全共同体；其二，以"一带一路"倡议为平台，助力各国发展战略和区域合作倡议对接，以利益共同体为基础深化成员国互信；其三，扩大成员国政府和民间组织在各个领域、层次上的相互交往，促进文明互学互鉴，筑牢人文纽带，使上合组织的合作理念更加深入人心；其四，积极深化对外交流合作，参与全球与地区治理，推动国际政治经济秩序朝向更加公平合理的方向发展。

  总而言之，上海合作组织必须顺应内外形势的变化，提升发展的韧性与弹性，提升成员国对组织的满意度，彰显制度竞争力与价值感召力。面对全球政治经济格局的深度转型，中国也应为上合组织的可持续发展注入新的动力，从器物、制度与观念层面全方位予以引领，充分彰显中国特色大国外交的生命力，推进上海合作组织命运共同体的构建。

目　录

第一编

上合组织的发展模式

正在迈向第三个十年的上海合作组织（以下简称"上合组织"）进入了新的发展周期，如何提升内部认同、强化竞争力至关重要。由于成员国文化异质性和发展阶段差异，上合组织难以构建欧盟模式的集体认同，强化制度认同的"东盟方式"更具借鉴意义。就政治、经济、社会和国际认同四个分析维度而言，上合组织在构建制度认同上已经取得一定进展，形成了以中南亚为地理依托、以"上海精神"为价值规范、以区域问题和区域合作为基本议题、以协商一致为决策机制的"上合模式"，为其他异质性突出的地区组织建设提供了有益借鉴。但整体来看，上合组织的制度认同构建仍然处于初步阶段，不足以整合扩员后新老成员国之间的分歧，应对世界政治极化与地缘政治冲突加剧的严峻挑战，支撑上合组织的长期良性发展。

　　基于此，本编通过揭示上合组织塑造制度认同的必要性，对上合组织制度认同进行成效评估，认为上合组织构建制度认同的关键在于提升现有机制的制度回报率，提供稳定的可预期收益。当前，制度认同是上合组织发展的核心动力，上合组织应从提升治理效率、利益对接能力与价值规范的吸引力三个方面培育比较优势，提升制度认同水平。

第 一 章

制度认同：
上合组织的
"黏合剂"

百年变局交织新冠疫情，加速了国际格局的调整，国际社会正在经历多边和单边、开放和封闭、合作和对抗的重大考验。当前，世界政治极化趋势显著，中美消极互动态势长期化和常态化，乌克兰危机引发了冷战结束后全球十分严重的一次地缘政治博弈，权力对抗、制度竞争与意识形态对立甚嚣尘上，以中俄为核心的上合组织被西方世界视为"潜在的重要威胁"。随着国际政治不确定性与复杂性的加剧，上合组织能否保持足够的战略定力、实现可持续发展，成为关乎区域稳定的重要命题。自2001年成立以来，上合组织因其所处的地缘环境、成员构成、全新的区域合作理念及其实践成为重要的国际政治现象，备受关注。2012年"北京峰会"开启了上合组织新的十年，2013年"一带一路"倡议的提出赋予了上合组织重要的发展机遇，2015年"乌法峰会"启动了上合组织的扩员程序，2018年"青岛峰会"确立了"构建上合组织命运共同体"的奋斗目标，2021年"杜尚别峰会"站在新的历史起点上正式开启新一轮组织扩员和机构完善的进程。面临第三个十年，上合组织已经进入了十分关键的发展阶段，如何进一步完善组织定位、提升组织效能、拓展合作空间、实现可持续发展，成为相关各方的核心关切。

近年来，随着上合组织的持续扩员，国内外对上合组织发展前景的争议主要聚焦于组织定位是否明确、内部整合能否实现，以及组织功能能否充分发挥等方面，归根结底就是上合组织能否在应对内外挑战中实现持续深入的发展。因此，本章以制度认同为切入点，着重阐释制度认同与上合组织可持续发展之间的内在关联。

第一节　上合组织发展模式的既有解释

冷战结束以来，经济全球化和区域一体化进程持续深入，很大程度上重塑了全球政治经济格局。当前，逆全球化浪潮愈演愈烈，民族主义与民粹主义不断升温，严重制约了国际合作空间。与此同时，大国博弈、地缘政治冲突与意识形态对立进一步加剧了世界政治的极化趋势，政治妥协空间大为压缩。在此背景下，地区组织在国际关系中的作用日益凸显，逐渐成为国家交往互动最密集的平台。作为区域化的推手，地区组织发挥了不可替代的关键作用。由于国际关系的复杂性与区域特征的多样性，地区组织在制度形式、内部结构、认同类型等方面各具特色，发展模式也各有侧重。地区组织的基本特征在--定程度上影响了区域化路径的选择，欧盟主导的欧洲一体化与东盟推动的东南亚一体化就体现了两种类型的地区主义实践，为区域合作树立了标杆。欧盟与东盟的区域化方式各异，但都深刻反映了地区实际与根本需求，取得了重大进展，对上合组织探索区域化路径具有重要借鉴意义。

经历了二十余年的发展，上合组织正面临所有国际组织在发展周期中不可避免的"中段陷阱"挑战，即新兴国际组织在完成建章立制等初始阶段的建设后，在推进更具实质意义的合作方面，遇到了越来越多由于"协商不一致"而导致的效率降低问题，在利益协同方面也面临着合作后续动力不足的困境①。诸多学者从不同角度探讨了上合组织的发展动力问题，试图破解上合组织发展乏力的困境。这些成果主要基于新现实主义、新自由制度主义和建构主义等理论视角。

一、新现实主义视角

新现实主义理论把地区合作的焦点聚焦在权力分配上，根据地区合作外部权力状态的变化或内部权力关系的变化来解释地区合作②。基于这一视角，新现实主义将上合组织视为地区力量抗衡的产物，是中俄应对西方战略挤压的缓冲器，为中俄改善周边安全环境发挥了重要的战略支撑作用。在国家核心利益问题上，中俄都从上合组织中得到重要的保障，借助上合组织平台有效地扩大了外交活动空间③。可以说，上合组织构成了一个自中国经俄罗斯到大西洋的"稳定弧"的基础④。马克·兰特根（Marc Lanteigne）通过考察上合组织在欧亚地区安全合作中所扮演的角色，认为上合组织已然成为一个安全共同体，如果持续不断地拓展其影响力，那么终将成为一个演变中的地区共同体，在欧亚大陆安全和发展问题上发挥重要作用⑤。

还有学者从地缘政治、地缘安全与地缘经济的视角分析上合组织的发展，认为地缘关系变动是其各阶段发展的核心要素和关键动力⑥。

---

① 杨成：《制度累积与上合、金砖发展的"中段陷阱"》，《世界知识》2015年第15期，第39页。

② 全家霖：《区域合作理论的几种看法——政治经济学与经济学为中心》，《国际论坛》2001年第4期，第14-21页。

③ 赵鸣文：《上海合作组织持续稳定发展》，《国际问题研究》2009年第4期，第42页。

④ Роман Стрешнев, Основа для дуги стабильности, Красная звезда, 6 - ого Июня 2002 года.

⑤ Marc Lanteigne, "'In Medias Res': The Development of the Shanghai Cooperation Organization as a Security Community," *Pacific Affairs* 79, no.4（2006）:605-622.

⑥ 凌胜利：《地缘关系变动与上海合作组织的发展》，《战略决策研究》2015年第2期，第58-66页。

在此基础上，部分学者基于传统地缘政治学的冷战思维惯性，将上合组织界定为具有反美性质，中俄用以排挤、制衡美欧的"东方北约"①。2005年7月初上合组织元首会议期间，美国提出成为观察员国的要求遭到拒绝后，美国学者斯塔克尔贝克（Fredrick W. Stakelbeck）撰文指出，"上合组织不大像一种合作安排，而更像华沙条约组织的重现。在向中亚西部和中东地区扩张的时候，它的意图在于减少美国的全球影响并应对它感到的威胁"，"上合组织正在被精心地打造成应对美国的地缘政治砝码"②。哈萨克斯坦学者奥利格·西多罗夫也认为，上合组织事实上是一支制衡美国在中亚影响的力量，遏制美国对中亚的扩张是其显而易见的任务③。

因此，持有新现实主义理论视角的学者基于对上合组织初始功能的判断和传统地缘政治的思维惯性，将上合组织的建立以及发展动力定位于地区安全合作。这一视角不仅忽视了上合组织的内生动力和其他职能的发挥，还带有明显的冷战思维惯性，契合了部分西方学者对上合组织的污名化企图。

二、新自由制度主义视角

随着上合组织合作机制的日趋完善和合作领域的不断扩展，有不少学者开始从新自由制度主义的视角来探讨上合组织的建立与发展。新自由制度主义认为，国际机制是"一系列围绕行为体的预期所汇聚的一个既定国际关系领域而形成的隐含的或明确的原则、规范、规则

---

① Yuan Jingdong, "China's Role in Establishing and Building the Shanghai Cooperation Organization," *Journal of Contemporary China* 19, no.67（2010）:855-869; Robert Kagan, *The Return of History and the End of Dreams*（New York:Knopf, 2008）, pp.69-75.

② Fredrick W.Stakelbeck Jr., "A New Bloc Emerges," *The American Thinker*, August 5, 2005, https://www.americanthinker.com/articles.php? article_id=4703.

③ 奥利格·西多罗夫：《上海合作组织成员国的地缘政治利益与前景》，《国际问题研究》2006年第3期，第20-22页。

和决策程序"①。在相互依赖的国际社会中，国际机制不但能够促进合作，还能够推动行为体产生新的合作内容。

上合组织由上海五国首脑会晤机制演变而来，在首脑会晤过程中，各国首脑从边境裁军、划界谈判等问题开始，逐渐过渡到在中亚联合打击各种形式的恐怖主义活动，这个过程构成了上合组织的发展模型，即由小到大，由点到面，最后形成共同的合作机制②。持这一理论视角的学者认为，上合组织的建立是中亚地区国家基于维护地区安全的需求而建立起的一套制度框架，其目的是以加强合作的形式谋求各国的绝对收益——地区稳定③。新自由制度主义理论十分重视合作的"外溢"效果，即将合作的积极成果传递到其他潜在的合作领域。中国、俄罗斯和哈萨克斯坦在能源领域的合作，中亚各国在保护生态环境方面的合作以及成员国间经济贸易领域的合作等，都是上合组织机制"外溢"效应的具体表现④。

也有学者指出，虽然各成员国认同上合组织带来的绝对收益，但是在实践过程中仍然存在部分成员国出于"偏好"获取短期利益的行为⑤。例如，中亚各国一边看好上合组织内合作带来的绝对收益，一边也在通过向美国提供军事基地追求相对收益，这类行为无疑会削弱上合组织的发展动力。

---

① 罗伯特·基欧汉：《霸权之后：世界政治经济中的合作与纷争》，苏长和等译，上海人民出版社，2001，第69页。

② 何卫刚：《国际机制理论与上海合作组织》，《俄罗斯东欧中亚研究》2003年第5期，第59页。

③ 胡键：《论上海合作组织的发展动力》，《社会科学》2005年第6期，第46-47页。

④ 王健：《上海合作组织发展进程研究——地区公共产品的视角》，博士学位论文，上海社会科学院，2012，第8页。

⑤ 何卫刚：《国际机制理论与上海合作组织》，《俄罗斯东欧中亚研究》2003年第5期，第60页。

三、建构主义视角

从建构主义视角出发，地区化被视为一种集体认同的文化认识过程或社会化过程。在理解国家行为的动因时，不同于新现实主义和新自由主义强调物质层面的权力和利益，建构主义认为国家行为基于国家偏好，偏好由社会结构塑造，社会结构由共有知识建构①。

因此，持上述理论视角的学者认为，上合组织发展乏力的关键原因是该组织框架内各成员国还没有形成一种集体身份，缺乏应有的集体认同或者只是在非常有限的领域内存在认同。最初，上合组织只是对外部威胁进行被动式回应，利用"去殖民化"和"反帝国主义"等反干涉话语尝试构建认同。这种基于外部环境变化的回应性认同只能形成基本的区域意识，很难长期持续为上合组织发展注入动力。规范建设是国际组织强化身份认同和提高凝聚力的有效途径。作为镶嵌在上合组织内部的规范，"上海精神"对组织的形成和发展起到了重要作用。建构主义理论认为，组织规范一旦被组织成员接纳，即便不能兑现为直接利益，仍然可以强化成员共同接受的价值与身份②。当下，以"互信、互利、平等、协商、尊重多样文明、谋求共同发展"为基本内容的"上海精神"已经成功内化为成员国的共同价值规范，成为弥合成员国分歧、汇聚组织认同的核心要素，赋予了上合组织持久的生命力③。没有"上海精神"的指引，上合组织不可能将合作从解决成员国

---

① 亚历山大·温特：《国际政治的社会理论》，秦亚青译，上海人民出版社，2008，第22页。

② 杨进：《集体身份构建与上海合作组织凝聚力建设》，《俄罗斯学刊》2019年第5期，第125页。

③ 钟联：《弘扬"上海精神"构建命运共同体》，《当代世界》2021年第9期，第1页；夏立平、云新雷：《"上海精神"新内涵与构建人类命运共同体》，《上海交通大学学报》（哲学社会科学版）2019年第4期，第26-36页；徐立恒、袁凯鹏：《"上海精神"助推新型国际关系构建》，《理论视野》2018年第9期，第73-78页；陈小鼎、王翠梅：《扩员后上合组织深化安全合作的路径选择》，《世界经济与政治》2019年第3期，第108-134页。

边界争端这种传统安全领域拓展到打击"三股势力"等非传统安全合作上，也不可能将合作领域从安全外溢到经济、文化、金融、农业等其他领域①。

随着上合组织命运共同体重大理念的提出，也有学者认为这一理念旨在推动组织持续健康发展，对上合组织行稳致远具有重大理论与实践指引的意义②。但整体上来说，上合组织的集体认同不仅缺乏历史基础，而且成员国历史、文化和价值观等方面存在的异质性也导致上合组织尚未完全形成"共同价值观"，构建内生型集体认同面临诸多困境③。

除此之外，还有学者从组织生命周期④、新功能主义⑤、区域公共产品⑥等理论视角分析了上合组织的发展动力问题。但综上所述，基于权力与制度的理论视角均未触及地区组织发展动力的实质，建构主义的分析视角在很大程度上揭示了上合组织发展乏力的根本症结，也指出了可行方向。目前，建构主义的主流观点聚焦于集体认同的塑

---

① 张蛟龙：《扩员后上海合作组织的挑战与应对——基于国际组织与国际规范关系的视角》，《区域与全球发展》2021年第6期，第41-56页。

② 于洪君：《共建地区命运共同体是时代赋予上合组织的历史使命》，《当代中国与世界》2021年第4期，第4-6页；李进峰：《构建更加紧密的上合组织命运共同体》，《中国社会科学报》2021年10月28日第1版；张新平、代家玮：《上海合作组织命运共同体：内涵、挑战与构建路径》，《和平与发展》2019年5期，第22-36页。

③ 陈小鼎、马茹：《上合组织在丝绸之路经济带中的作用与路径选择》，《当代亚太》2015年第6期，第79页；Timur Dadabaev, "Shanghai Cooperation Organization Regional Identity Formation from the Perspective of the Central Asia States," *Journal of Contemporary China* 23, no. 85(2014):103.

④ 朱永彪、魏月妍：《上海合作组织的发展阶段及前景分析——基于组织生命周期理论的视角》，《当代亚太》2017年第3期，第49-50页。

⑤ 许涛：《论上海合作组织的机制》，《现代国际关系》2003年第6期，第8页。

⑥ 阎德学：《上海合作组织经济合作：成就、启示与前景》，《国际问题研究》2021年第3期，第85-106页；陈亚州、罗金：《上海合作组织命运共同体的内涵及其贸易动力研究》，《复旦国际关系评论》2020年第1期，第233-250页；靳晓哲、曾向红：《上合组织和集安组织发展及前景——基于区域公共产品理论的视角》，《国际政治科学》2015年第4期，第72-112页。

造，并不特别适用于上合组织的异质性特征和所处的发展阶段。因此，问题的关键在于如何构建满足上合组织良性发展需求的认同类型。

第二节　制度认同与地区组织的发展

对地区组织来说，地区认同是若干地理上接近并相互依存的国家在观念上与本地区其他国家的认同，以及将自身视为地区整体一部分的意识。地区认同水平的高低体现了不同地区合作组织发展阶段的区别，影响了区域合作模式与组织发展方式的选择①。因此，地区认同如何影响地区组织的发展就成为重要议题。

地区认同的意义在于塑造地区组织的价值偏好与行为取向，为地区组织的持续发展提供文化心理层面的内在支持。根据地区认同来源与层次的区别，大致可分为三种类型②：其一，归属性认同，即在长期的历史互动中，域内国家在价值观兼容的基础上逐渐形成集体身份，具有较强的区域归属感。归属性认同有助于整合域内国家，构建内聚力较强的地区组织，推动区域一体化的持续深入。以西欧为例，正是因为欧洲认同的生成与强化，区域合作组织才能历经诸多重大考验，从煤钢联营发展到欧共体直至欧盟。其二，功能性认同，即域内国家明确意识到本国利益与地区利益不可分割且日趋紧密，区域合作的必要性得以彰显。功能性认同缘起于区域治理与国家发展的现实需求，推动了区域合作的制度化进程，有助于地区组织的生成与维持。以东盟为例，最初为处理新形势下彼此间的安全关系及保持与西方的战略关系，马来西亚、印度尼西亚、新加坡等新生的民族国家在1967年成

---

① Peter J. Katzenstein, *A World of Regions: Asia and Europe in the American Imperium* (New York: Cornell University Press, 2005), p.77.

② 刘兴华：《地区认同与东亚地区主义》，《现代国际关系》2004年第5期，第18-20页。

立了十分松散的东南亚国家联盟。出于区域发展的需要，其成员国意识到必须提升组织的制度化水平，于1976年召开了第一次东盟首脑会议，确立了协商一致的原则，签署了《东南亚友好合作条约》。至此，东盟才真正具备了地区组织的基本特征，并在发展过程中实现了对东南亚地区的全覆盖。其三，回应性认同，即域内国家在与域外国家、区域集团及国际环境的互动中，意识到区域之间的差异性与相对性，形成了基本的区域意识，酝酿区域合作契机。以欧洲安全与合作会议为代表，在美苏争霸、东西欧对峙的冷战格局中，东西欧国家逐渐意识到欧洲自身的利益需求，强化了"泛欧意识"，最终发展成为欧洲安全与合作组织（以下简称欧安组织）。

总体而言，地区认同的层次和水平塑造了地区组织的认同度与发展模式。归属性认同聚焦于文化价值的共享与共有身份的塑造，内化程度较高，能够赋予地区组织以集体认同。功能性认同则更多地建立在维护与拓展共有利益的基础上，内化程度适中，能够实现地区组织的制度认同。回应性认同则主要基于地理空间的接近以促成互动平台的生成，内化程度较低，只能为地区组织的构建创造前提条件。就地区组织的内部认同而言，集体认同与制度认同的区别在于，前者侧重通过组织制度而建构形成身份认同，后者强调组织制度本身所具备的自我认同。地区组织认同水平的差异在很大程度上影响了区域整合的路径选择与组织的发展模式[1]。上合组织要解决认同问题，就必须充分把握区域发展的根本需求，借鉴欧盟与东盟的发展经验，尤其是塑造组织认同的具体路径，从而构建符合自身发展实际的认同形式。

基于本质主义的研究范式，塑造了成员国集体认同的欧盟具有独

---

[1] Christopher Hemmer , Peter J.Katzenstein, "Why Is There No NATO in Asia? Collective Identity, Regionalism, and the Origins of Multilateralism," *International Organization* 56, no.3（2002）:575-576.

特的历史渊源与现实条件[1]，难以普遍适用。因此，由具有强烈主权偏好并且异质性突出的成员国所构成的地区组织，必须另辟蹊径来解决认同问题。鉴于此，不同地区应当因时因地而有所差异，以功能性认同层面的"制度认同"为基本导向提升组织的凝聚力，走出一条符合历史条件与现实需求的区域整合之路。那么，制度认同将以何种机制影响地区组织作用的发挥？

学术界关于制度与认同的研究主要有两种观点：其一，制度能够建构行为体的认同，以社会制度主义为代表[2]；其二，制度能够发展出属于自身的组织认同，以组织行为学的研究为代表。这两种观点的区别主要是认同来源与层次的差异。前者认为建构是制度所能发挥的最大作用，这需要诸多条件的配合，尤其是制度设计必须扎根于成员之间价值观高度共享的基础之上。而后者认为，只要制度能够对接成员国的基本利益需求，就可以派生出组织认同。可以说，这两种作用方式各有其适用范围。基于本章的研究需要，以下将从组织认同层面入手，剖析制度认同的基本概念、影响因素、生成方式及其作用。

超国家的地区组织拥有自己的机制、结构、规范、程序及法律，因此也可以被视为一种"制度"。制度认同是指，成员国对本组织为解决社会经济发展中遇到的地区性难题和致力于促进地区政策协调，而

---

① 其一，西欧民族国家的充分发展是欧洲一体化的重要前提。一方面，西欧各国的物质文明和精神文明得到了整体提升，为深层次区域合作奠定了重要基础。另一方面，民族国家之间的持续冲突产生了超越威斯特伐利亚主权体系的动力，促进了欧洲认同的生成。欧洲已经在某些层面开始尝试对民族国家的超越，而全球大部分地区依然处于民族国家的构建与发展阶段，无法放下民族特性进行一定的主权让渡。大体而言，各民族国家之间无论建立何种程度的"联盟"，都必须先经过各民族的独立国家阶段，这是无法跨越的。其二，美国的安全保证与成为冷战前沿阵地带来了内部威胁的消失与外部威胁的增长，联合自强的现实需求为一体化进程注入了持久动力。其三，欧盟各国具备一定的文化同质性，能够实现有效的价值共享与战略协同。以土耳其为例，自1987年申请加入欧盟以来，土耳其出台了数千项改革计划以满足入盟标准，但因其伊斯兰国家的身份困扰，一直无法取得实质性进展。

② Jeffrey Checkel, "Social Construction and Integration," *Journal of European Public Policy* 6, no.4(2009):547.

进行的实用性地区制度安排的认同。简言之，制度认同是指成员国对组织本身的认同。制度认同体现了组织核心、持久、独特、不可分割的根本性特征，界定了组织的构成原则、基本使命、主要功能、决策模式与发展方向[①]。以东盟为例，基于主权平等、不干涉内政、协商一致的"东盟方式"是其制度认同的根本所在[②]。正是由于制度认同清晰有力、合乎实际，东盟才能克服诸多阻碍，不断完善组织架构，健全区域合作机制，在持续深入推动区域一体化的同时妥善处理与周边大国（中、日、韩）的关系，形成了东亚"小马拉大车"这一特有的区域合作现象，提升了东南亚的国际地位。正因如此，东南亚国家虽然差异巨大，但都高度认可东盟作用的发挥，从而强化了对东盟的制度认同。相较之下，三十年来一直致力于推动拉美地区的经济、政治和文化一体化进程的南方共同市场（Mercosur），由于难以建立统一的制度认同，反复经历危机与重启，仍远未实现其宗旨。南方共同市场成员国本身存在权力极不对称、经济结构相似度高、相互依存性低且宏观经济一贯不稳定的原生缺陷，如果能够逐步建立有效的制度认同，就能在组织发展过程中得以调整和完善。然而，南方共同市场在实现区域内零关税目标后，始终无法构建有效的制度认同，甚至出现了严重的身份认同危机。地区大国巴西和阿根廷推动一体化进程的态度时常反复，只要国家利益稍有受损便迅速后退。组织内国家长期形成的"内顾型"发展模式不仅影响了各成员国共同行动和政策协调的能力，还对全面一体化形成了制约，使南方共同市场面临长期发展困境[③]。

由上，制度认同如何生成与维护是问题的关键。虽然成员国的异质性特征、利益分化程度以及地区制度竞争等多种因素会影响组织认

[①] Andrea Oelsner, "The Institutional Identity of Regional Organizations, or Mercosur's Identity Crisis," *International Studies Quarterly* 57, no.1(2013):117.

[②] 张振江：《"东盟方式"：现实与神话》，《东南亚研究》2005年第3期，第23页；陈寒溪：《"东盟方式"与东盟地区一体化》，《当代亚太》2002年第12期，第47页。

[③] 王飞：《南方共同市场发展机遇与挑战》，http://www.cssn.cn/skjj/skjj_jjgl/skjj_xmcg/201908/t20190819_4958940.shtml。

同的生成，但制度认同作为一种功能层面的认同，其生成和发展主要依托于地区组织的各项职能能否实现，能否为成员国提供稳定的可预期收益，主要受到治理效率、利益对接和规范吸引三方面因素的影响（见图1-1）。

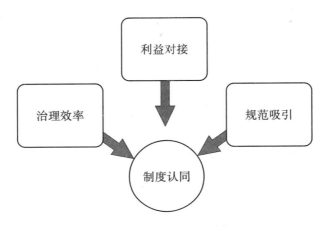

图1-1 制度认同的影响因素

大体而言，这三种因素主要通过以下路径影响制度认同的生成与发展：其一，地区组织的治理效率是制度认同形成的基础，促进了制度认同的萌生和凝聚。治理效率是影响地区组织实用效能的基础指标。治理效率低下的地区组织极易呈现组织机构松散等低机制化特征，甚至陷入空转，难以构建制度认同。即使已经在实践中塑造出制度认同的组织，如果治理效率逐渐下降，也会影响制度认同的巩固与深化。其二，地区组织与成员国的利益对接程度是制度认同的核心变量。提供稳定的可预期收益是地区组织的主要职能，是评价地区组织效能的核心指标。地区组织、成员国与社会环境三者的互动过程将会对制度认同的形式、内容等基本特征产生重大影响，有助于明确组织的功能定位与合作方向，维护与拓展共有利益，提升现有机制的制度回报率，巩固成员国的归属感。其三，价值规范的吸引力深化了制度认同的精神内核，塑造了制度认同的价值取向。虽然制度认同的建立并不像集体认同需要高度融合的价值观作为基础，但是成员国共同认可的价值规范能够使地区组织不局限于一时一地之得失，提供较为稳定的发展预期，从容应对挑战。成员国也能够坚定对组织发展的信心，从更长远的角度考虑组织对国家利益的回应。就上合组织而言，"上海精神"符合成员国共同长期的根本利益，构成了上合组织制度认同基本内涵的核心要素，成为成员国共同遵循的思想指引和行动指南。综上所述，制度认同萌生于地区组织的治理实践中，发展于利益对接的区域合作中，成熟于价值规范的持续内化中。

缺乏清晰明确的自我定位，地区组织的基本内涵与发展方向就无法得到有效体现，既有损于对内整合，也不利于对外交往。制度认同的作用主要体现为①：

第一，有助于明确组织定位，凝聚共识，实现可持续发展。清晰有力的制度认同能够明确组织的核心使命与发展方向，整合成员国的利益需求，提升组织对环境变迁的适应性，强化竞争力。以东盟为例，自成立以来，东盟就以促进东南亚的和平与发展为宗旨，以"东盟方式"来协调内部关系，应对外部挑战，成立了东盟地区论坛与"10+1""10+3"等合作机制，获得了东南亚地区安全与经济合作的主导地位，国际影响力显著提升。

第二，有助于巩固成员国的政治合法性，提升对组织的忠诚感。地区组织制度认同的政治维度，尤其是对组织政治属性与成员国政治标准的界定能够在一定程度上强化成员国的政治形象与合法性。与此同时，政治属性的融合有助于巩固成员国对组织的认可度与忠诚度。以南方共同市场为例，各成员国实行西方式民主体制是其制度认同的重要特征，既有助于巩固成员国的政治体制，也提升了该组织的存在感与国际地位。

第三，有助于提升组织在地区与国际社会的信誉度与认可度。制度认同是地区组织稳定发展的重要标志。制度认同能够体现组织的核心特征，规范组织的行为方式，彰显组织的独特性，有助于稳定其他

---

① Andrea Oelsner, "The Institutional Identity of Regional Organizations, or Mercosur's Identity Crisis," *International Studies Quarterly* 57, no.1(2012):115.

国际行为体对该组织及其成员国行为的预期，减少误判，降低合作的交易成本，提升组织的国际地位。以海湾阿拉伯国家合作委员会（Gulf Cooperation Council，以下简称"海合会"）为例，其宗旨是通过开展积极合作与发展军事力量来保障海湾成员国的安全。近年来，海合会积极应对"阿拉伯之春"等地区动荡，成效较为突出，得到了广泛认可。

综上所述，制度认同是地区组织发展的重要动力，很大程度上影响了组织效能与发展前景。明确、有力、适应性强的制度认同有助于组织的长期持续发展。甚至可以说，任何有竞争力的地区组织都必须树立起高度的制度认同。即便已经实现了集体认同的组织，也离不开制度认同的支撑。一旦制度认同有所不足，地区组织就无法实现对内整合、对外一致，很可能面临涣散、停滞甚至解体的危险。尤其对于发展中的地区组织而言，制度认同的塑造尤为重要，关系到组织的长期发展前景。当前，上合组织正处于利益共同体构建的发展关键期，如果制度认同缺失，很可能激化扩员带来的负面影响，陷入相当被动的局面乃至"空心化"的风险。

第三节　新形势下上合组织塑造制度认同的必要性

众所周知，上合组织的成立是基于欧亚地缘政治格局调整、国际权力转移以及地区稳定的考虑，实质上是对外部冲击的一种应激反应，起初并没有清晰明确的认同归属感。成立初期，搭建组织架构、建章立制与推进地区安全合作是上合组织的核心任务。较之世界其他地区的动荡不安，中亚得以维持相对稳定的局面，在很大程度上离不开上合组织的建设与完善。正如上合组织首任秘书长张德广再三强调的那样："现在我们不能想象一个没有上合组织的中亚、没有上合组织的欧亚地区、没有上合组织的国际社会。"①时至今日，成员国对上合组织的发展提出了更高要求，尤其是要在世界政治极化和组织扩员背景下实现区域治理的新突破与组织竞争力的再提升。因此，上合组织必须与时俱进，充分彰显一个日渐成熟的地区组织所应具有的战略定力与适应能力。

事实上，地区组织进入成熟期的重要标志就是能否树立有效的制度认同。当下的上合组织已经进入了走向成熟的发展周期，面临着来自国际社会与组织内部的双重挑战，制度认同已经成为制约其发展的重要因素。

一、上合组织面临复杂的外部环境，亟须提升竞争力

从外部看，上合组织面临的挑战主要包括全球地缘政治博弈、地区制度环境复杂化和疫情及其引发的各类衍生风险。

一是全球地缘政治博弈倒逼上合组织发挥独特价值。当前，世界政治极化交织百年变局、大国博弈烈度上升和技术治理变革带来的新挑战，加剧了全球安全形势的复杂性，国际政治的对抗性与不确定性剧增，各国"选边站"压力空前放大。最新出台的《印太战略报告》进一步明确了美国针对中国持续加大施压的新动向，乌克兰危机引发了严重的地缘政治博弈，欧亚地区正迅速回归基于地缘政治、零和博弈及冷战思维的"政治集团""小圈子外交"模式，制度竞争、权力对抗与意识形态对立成为新的场域②。以中俄为核心的上合组织正处于风口浪尖之上，被以美国为首的西方世界视为潜在的重要威胁。在此背景下，上合组织的地缘政治风险与地缘战略价值都有所上升。但当前上合组织在大国协调和内部整合等方面依然存在缺陷，在政治和功能定位上缺乏鲜明特征，难以在逐渐分化对立的国际社会中发挥独特价值。为应对外部风险和挑战，上合组织必须明确发展定位，彰显制度

---

① 杨士龙、温泉：《上合组织的平衡力》，《中亚信息》2012年Z2期，第14页。

② 杨成：《欧亚震荡对中国周边安全环境的冲击是根本性的》，《世界知识》2022年第8期，第15页。

认同，进一步提升影响力。

二是中亚地区制度环境复杂，削弱了上合组织的优先性。中亚地区地缘战略位置十分关键，大国和其他外部力量纷纷介入，使其成为"新大博弈"[①]的竞技场。域外大国美国相继提出"大中亚计划""新丝绸之路战略""印太战略"等计划，持续推进"C5+1"多边对话机制，对上合组织进行分化和牵制[②]。受地缘政治冲突升级以及区域内"三股势力"的影响，上合组织周边形势变数加大，风险陡增。在此背景下，上合组织对于维护地区和平稳定的意义不断凸显。同时，由于中亚成员国奉行多元平衡外交政策，广泛加入各类区域合作安排，以致中亚地区出现制度过剩的局面。可以说，上合组织只是各成员国的备选项，同其他国际组织交叉重叠，一定程度上削弱了上合组织在成员国对外合作中的优先性。在安全合作领域，除上合组织以外，还存在集安组织和亚信会议，上合组织的四个中亚成员国还是欧安组织的重要成员。在经济合作领域，影响较大的主要有：由俄罗斯主导的独联体和欧亚经济联盟，中亚国家自主成立的中亚国家联盟、中亚经济共同体、中亚合作组织等次区域合作机制，以及域外国家或机构提供的合作计划等。组织机构交叉重叠导致了成员间复杂的制衡与博弈，给上合组织的发展定位与机构运行带来一定困难，上合组织亟须形成自身的发展定位与特色[③]。明确的制度认同有助于上合组织形成鲜明的制度特性，在与其他制度的竞争中确保吸引力，提升竞争力。

三是疫情反复引发各类衍生风险。2020年至2022年，新冠肺炎疫情不仅加剧了上合组织的原有困境、恶化了地区局势，更催化出一系

---

① "新大博弈"是指积极介入中亚事务的世界各主要行为体（如美国、俄罗斯、印度、伊朗、日本、韩国、土耳其和巴基斯坦等）在中亚地区的竞合关系。参见曾向红：《"规范性力量"遭遇"新大博弈"：欧盟在中亚推进民主的三重困境》，《欧洲研究》2020年第2期，第35页。

② 赵华胜：《美国新丝绸之路战略探析》，《新疆师范大学学报》（哲学社会科学版）2012年第6期，第16页。

③ 庞大鹏：《中国对外战略中的上海合作组织》，《世界知识》2020年第20期，第21页。

列前所未有的新挑战。部分国家出现工厂倒闭、失业率飙升、通货膨胀、贫困加剧的恶性循环，经济陷入严重危机，社会治安压力急剧上升，容易引发社会动荡。与此同时，恐怖主义和极端主义势力进一步抬头，跨国犯罪、毒品走私等既有问题持续恶化。例如，2021年4月，吉尔吉斯斯坦和塔吉克斯坦边境居民发生冲突，升级为武装力量交火，造成至少52人死亡，近300人受伤，地区安全风险陡增①。此外，上合组织成员国经济增长率下降，经济分化严重。根据世界银行的统计，2020年上合组织成员国中，除中国、塔吉克斯坦和乌兹别克斯坦的国内生产总值实现正增长外，其他成员国均为负增长②。由疫情直接导致的公共卫生安全问题和间接引发的社会动荡、经济衰退等问题，对上合组织发展造成了诸多不利影响，冲击了上合组织原有的合作基础。为提升组织抵御突发性危机的能力，必须建构充分的制度认同，发挥上合组织平台的协调作用，增强"组织韧性"。

二、上合组织内部面临转型升级的迫切压力，亟须提升凝聚力

从内部看，上合组织面临的压力主要来自长期滞后的区域经济合作、大国的认知错位以及成员国间互信不足。

一是上合组织必须克服区域经济合作水平相对滞后的短板。随着全球贸易保护主义的抬头，深化区域合作成为最可行的替代选项。上合组织成员国以发展中国家为主体，对发展经济和保障民生的需求较为迫切，疫情带来的治理技术变革进一步提升了区域经济合作的内生动力，拓展了经贸合作的深度和广度。但整体来看，由于区域经济相对落后、成员国发展不平衡、产业体系不健全、协调机制执行力不足以及域内行业标准不统一③，上合组织区域经济合作依然存在水平较

---

① 苏畅、李昕玮：《上海合作组织安全合作：成就、挑战与未来深化路径》，《国际问题研究》2021年第3期，第82页。

② "Global Economic Prospects," The World Bank Group, June 1, 2021, https://www.worldbank.org/en/publication/global-economic-prospects.

③ 阎德学：《上海合作组织经济合作：成就、启示与前景》，《国际问题研究》2021年第3期，第99-102页。

低、发展动力不足和制度平台缺乏整合等问题，严重制约了区域经济合作的发展空间。就合作意愿而言，成员国尚未全面达成关于区域经济合作目标和合作模式的发展共识，经济合作的优先方向暂未形成。就合作能力而言，虽然区域经济合作已经建立起各层级磋商机制，但运转效率仍有待提高，执行层面缺乏实质性约束力，甚至存在部分机制空转的现象。制度低效、制度适应性发展进程缓慢等问题严重削弱了成员国的制度认同，上合组织的区域经济合作功能始终没有得到很好的发挥。区域经济合作水平滞后最终会影响成员国间利益的交融与调和，一定程度上削弱了开展多边合作的信心和耐心。因此，以"上合组织制度化建设"为核心筑牢经济一体化的合作保障、构建有效的制度认同迫在眉睫。

二是中、俄、印等大国对组织身份定位存在认知错位。随着上合组织区域合作架构的基本完善，大国之间的矛盾与分歧日益显现，制约了功能拓展及深层次的区域一体化。中俄两国作为上合组织的创始国和核心，在优先发展目标上始终存在政策分歧——俄罗斯将上合组织视为增强国际影响力、制约美国的重要载体①，试图通过区域一体化整合原苏联地区，应对北约东扩带来的战略压力；而中国为避免上合组织沦为地缘政治竞争的工具，一直强调发挥上合组织在非传统安全合作与区域经济合作方面的作用②。中俄关于组织发展定位和道路方向的分歧，逐渐成为区域一体化的反向拉力。加之印度抱持防止中国"独大"和巴基斯坦壮大的战略目的加入上合组织，加剧了组织的离心倾向。大国之间能否进一步增信释疑，实现战略协调和政策沟通已经成为关系上合组织发展方向的关键因素。

三是成员国异质性突出导致互信赤字。随着上合组织的合作框架日益完善，内部成员关系复杂、多元异质的弊端也日益显现，给组织

---

① Isabelle Facon, "Moscow's Global Foreign and Security Strategy: Does the Shanghai Cooperation Organization Meet Russian Interests?" *Asian Survey* 53, no.3(2013):463-464.

② Song Weiqing, "Interests, Power and China's Difficult Game in the Shanghai Cooperation Organization," *Journal of Contemporary China* 23, no.85(2013):88-89.

内部团结互信投下阴影，与建立集体身份认同之间产生了较大张力。中亚成员国之间领土和水资源争端尚未得到彻底解决，组织扩员后影响成员国政治互信的因素不降反增，个别成员国之间还存在长期矛盾，如印度和巴基斯坦的宿敌关系、伊朗和塔吉克斯坦的微妙关系，处理不当就会使成员国之间关系复杂化、组织面临"论坛化"风险。制度认同不足削弱了组织的合法性基础，加大了成员整合难度，严重影响了上合组织内部凝聚力的提升。

当前，国际与地区形势变乱交织，上合组织发展面临新的历史机遇和严峻挑战，现有的制度认同水平难以助力组织的持续发展。无论是出于内部转型升级的迫切需求，还是基于外部地缘政治与制度环境的现实压力，构建清晰有力的制度认同已经成为上合组织的当务之急。

第四节　上合组织塑造制度认同的成效评估

制度认同的构建既不可能一劳永逸，也不可能一蹴而就。二十多年来，上合组织塑造制度认同的过程也是组织逐渐走向成熟的过程。地区组织的制度认同构建可分为政治、经济、社会与国际四个分析维度。下面将从这四个维度入手，具体考察、评估上合组织在制度认同构建上的进展与不足。

一、政治认同构建成效显著，奠定了组织发展的基石

"上海精神"是上合组织政治认同的核心。以"互信、互利、平等、协商、尊重多样文明、谋求共同发展"为基础的"上海精神"是上合组织的"最大公约数"，也是制度认同的根基所在。上合组织成员国之间异质性突出，在国家实力、政治制度、经济制度、意识形态、宗教文化等方面差异显著，这在很大程度上限制了上合组织的政治融合。同时，中亚成员国都是新独立国家，正处于民族国家构建的重要

阶段，对涉及让渡主权的合作十分警惕。基于此，上合组织政治认同的基础是相互接受，而非相互一致①。这在一定程度上影响了合作的稳定性与深度，却顺应了上合组织的实际。"上海精神"充分考虑成员国的异质性，有助于实现具有不同文化、宗教和社会制度国家的和谐共进，有效应对各种威胁和挑战，维护了成员国经济社会的稳定发展，成为欧亚大陆深化区域合作的典范，成就了区域合作的新模式。

但随着上合组织发展进入攻坚期，政治认同的不足也逐渐显现。受到"协商一致"决策方式的制约，上合组织难以形成"刚性"的合作文件，部分具有约束力的条约也因缺乏相应的监督落实机制而处于空转的境地，这是组织未能转变为合作机制的重要原因②。成员国多元异质的痼疾在组织扩员和地区阻力的催化下进一步加剧，造成了中亚国家对"被边缘化"的疑虑、成员国利益分化和价值观多元化等问题，从不同侧面增加了上合组织的离心力，使得本就脆弱的政治认同雪上加霜。

二、经济认同构建成就斐然，激活了组织发展的新动力

在成立之初拟定的《上海合作组织成立宣言》就将发展区域经济合作列为组织的重要发展方向，并形成了多边经贸的合作纲要。《上海合作组织宪章》也明确将"支持和鼓励各种形式的区域经济合作，推动贸易和投资便利化，以逐步实现商品、资本、服务和技术的自由流通"列为组织框架内经济合作的基本方向③。在这些基本原则和目标规划的引领下，上合组织不断夯实区域内经济合作的制度基础、金融保障、海关行政等服务于区域贸易便利化的相关框架程序，并积极推进各成员国在交通、能源、农业、科技等重点领域的项目合作。经过多年经营，上合组织框架内的区域经济合作取得了长足发展，区域经济

①赵华胜：《上海合作组织：评析和展望》，时事出版社，2012，第243页。

②邓浩：《上海合作组织政治合作：进展、挑战和未来路径》，《国际问题研究》2021年第3期，第62页。

③《上海合作组织宪章》，https://chn.sectsco.org/documents/?year=2002。

合作机制日益健全，区域经济合作水平逐渐提升，创造了成员国经济总量和对外贸易额年均增长约12%、人员往来成倍递增的"上合速度"和"上合效益"[①]。与此同时，作为对接中亚国家利益、开展多层次合作的重要平台，上合组织还发挥着作为建设亚太地区多边组织伙伴网络重要一员的使命，已成为连接国家发展战略、跨境项目和多边一体化倡议的大平台[②]。上合组织在区域经济合作中一直考虑到成员国的利益需求与舒适度，循序渐进，在促进区域经济合作，尤其是在如何实现渐进、包容式发展等方面积累了丰富经验。

但在发展过程中，组织外制度冲击、组织内成员国利益调适等诸多矛盾也一并暴露，阻碍了上合组织经济认同的深化。一方面，受到俄罗斯推进欧亚经济联盟一体化的影响，中俄在经济领域的互动表现出一定的离散型态势，稀释了上合组织经济一体化的目标。另一方面，成员国的经济发展阶段与经济利益诉求分化明显，区域经济合作难度大、见效慢。这些因素制约了区域经济合作，削弱了经济认同的基础。

三、社会认同构建领域广泛，巩固了睦邻友好关系

构建社会认同是培育组织身份认同的依托，成员国之间交流范围的扩展、人员的高度流动都能促进区域一体化和组织认同的发展[③]。近年来，上合组织聚焦区域一体化发展，积极加强互联互通，合作领域涵盖广泛，对密切成员国的民间交流、助力政治互信和经济合作起到了积极作用。在合作机制方面，上合组织已经启动教科文卫等多领域各层级会晤机制，签署了合作协议并制定了落实行动路线图。在合作平台方面，上合组织论坛、上合组织艺术节、上合组织大学和孔子学院等人文合作项目有效促进了各国民间交流与理解。新冠肺炎疫情暴

① 《习近平在上海合作组织成员国元首理事会第二十一次会议上的讲话（全文）》，https://www.mfa.gov.cn/web/zyxw/202109/t20210917_9604458.shtml。

② 弗拉基米尔·诺罗夫：《上海合作组织：发展的20年》，《俄罗斯研究》2021年第4期，第89页。

③ 卡尔·多伊奇：《国际关系分析》，周启朋等译，世界知识出版社，1992，第333页。

发后，各国深入开展"抗疫"合作，推动疫苗公平合理分配，维护地区公共卫生安全，社会认同显著提升。但总体而言，相较于政治、经济等传统合作领域，上合组织的社会认同构建起步较晚、合作规模有限、质量良莠不齐。以教育领域合作为例，上合组织大学虽然在人才培养和专业建设等方面取得较大进展，但各成员国国内教育体系和具体规范的差异明显减缓了教育一体化的发展进程，语言教学和本科教育层面仍然面临发展瓶颈[①]。此外，社会合作的其他领域还存在着投入不足、层次较低、重点不够明晰等问题，合作潜力还有待释放。

四、国际认同构建成效有限，存在较大发展空间

《上海合作组织宪章》明确把本组织定位为面向欧亚地区的区域性国际组织，这在空间上符合成员国追求的国际身份与地缘定位[②]，并制定了《上海合作组织与其他国际组织及国家相互关系临时方案》《上海合作组织至2025年发展战略》等涉及国际合作的规划性文件。随着上合组织对外交往机制的日臻完善，多层次、全方位的对外交流体系基本搭建完成，为组织与其他国家、地区及国际组织开展对话合作奠定了基础。

上合组织对外交往遵循开放原则和"上海精神"，始终坚持不结盟、不对抗、不针对第三方的立场，在重大国际和地区问题上维护成员国利益，向世界表明共同立场。在此基础上，上合组织积极扩大与各有关国家和国际组织的交往与合作，国际影响和威望不断提高，为推动化解热点问题、完善全球治理作出了贡献[③]。在认同塑造方面，上合组织最重要的外部进程体现在以集体身份与其他国际组织及国家展开对话。上合组织在2004年就成为联合国大会的观察员，2016年11月

---

① 李睿思：《上海合作组织人文领域合作：现状、问题与对策》，《俄罗斯学刊》2021年第3期，第78页。

② 杨进：《集体身份构建与上海合作组织凝聚力建设》，《俄罗斯学刊》2019年第5期，第118页。

③ 吴宏伟：《上海合作组织的对外交往》，载邢广程主编《上海合作组织发展报告（2009）》，社会科学文献出版社，2009，第152~156页。

第七十一届联合国大会通过了上合组织与联合国开展合作的决议，与联合国下属机构也建立了直接联系①。在与其他国际组织交往方面，上合组织与独联体、欧亚经济联盟、集安组织以及东盟签署了合作文件，同欧盟、国际货币基金组织、亚洲开发银行和亚洲基础设施投资银行等也建立了合作关系②，同金砖国家、亚信会议等机制的主要成员存在重叠，关系更为密切。

在与其他国家交往方面，上合组织与非成员国已经建立起观察员、联络组和对话伙伴三种机制，为组织对外交往创造了条件。扩员后，上合组织的工作重点从以内部合作为主向内外并重转变，外向功能明显增强。但鉴于多年来上合组织的发展重心都放在内部制度建设和成员国之间的合作上，对外合作无论是在范围、内容还是质量上，都存在上升空间③。一是在区域定位上，上合组织没有在法律层面对其地理范围加以明确界定，导致吸收新成员、接纳观察员和对话伙伴国时标准不够清晰，甚至趋于泛化④。二是在外部问题上，上合组织以阐释其政治态度和原则为主，尚未把它们作为要具体解决的问题，较少付诸具体政策和行动。三是在对外合作对象的选择上，上合组织侧重于和欧亚地区国家及国际组织开展合作，与美欧及其主导的国际组织交往较少，容易引发外界对组织的猜疑。以上种种问题限制了上合组织与更多域外国际机制的交往和对话，影响了国际影响力的提升。

经过多年经营，上合组织的治理效率、利益对接和规范吸引的能力取得长足发展，政治、经济、社会和国际认同均得到不同层次的提升，为成员国凝聚共识、开展合作奠定了扎实基础。但整体来看，各

① 拉希德·阿利莫夫：《上海合作组织的创建、发展和前景》，王宪举等译，人民出版社，2018，第9页。

② 孙壮志：《上海合作组织与新时代中国多边外交》，《世界经济与政治》2021年第2期，第10页。

③ 韩璐：《上海合作组织与其他国际机制合作的历史、现状与前景》，载庞大鹏主编《上海合作组织发展报告（2021）》，科学社会文献出版社，2021，第68-80页。

④ 中国上海合作组织国家研究中心：《上海合作组织：回眸与前瞻（2001—2018）》，世界知识出版社，2018，第217页。

领域认同构建情况参差不齐、差距较大，政治和经济认同成效显著但效率较低，社会认同构建起步较晚、规模有限、发展不均，国际认同领域则"交流多、合作少"，难以与其他领域形成合力。因此，为实现上合组织的可持续发展，必须强化组织建设，有效提升现有制度认同水平。

第五节　上合组织制度认同的基本内涵与路径选择

二十年多来，无论外部环境如何变幻，上合组织始终保持高度的战略定力，俨然已经成长为一面代表和平与发展的旗帜，以不断发展的生动实践证明了上合制度认同的生命力和吸引力。

一方面，上合组织历经数次危机而愈加团结，显示了制度认同强劲的复原力和坚韧性。上合组织经历了多次内外环境的急剧变化和重大考验，成员国遭受了严重冲击，如2001年的"9·11"事件、2005年的"颜色革命"、2008年的俄格冲突以及2010年的吉尔吉斯斯坦动荡等。上合组织不仅未如一些学者预测的那样陷入危机甚至消亡，反而在不断应对危机的过程中进一步促成了成员国之间的协调，积累了政治互信。主要经验体现在以下方面：第一，战略上顺应国际大势。例如，"9·11"事件发生后，上合组织发表声明，对恐怖袭击表示极大愤慨，对恐怖主义进行强烈谴责，并表示愿与国际社会合作进行反恐斗争。这一声明既确定了上合组织的政治立场，表明站在国际反恐阵线一方，又意味着上合组织不反对成员国与美国合作，为各成员国的政治一致提供了空间①。第二，战术上保持灵活，避免了内部出现政治分裂的可能。例如，在俄格冲突问题上，上合组织面临是否支持俄罗斯的艰难抉择。在重大国际事件面前，地区组织存在支持其成员国的道义责任，但上合组织所坚持的政治原则使中国和中亚国家对支持南奥

---

① 赵华胜：《上海合作组织：评析和展望》，时事出版社，2012，第82页。

塞梯和阿布哈兹独立持谨慎立场。最终，杜尚别峰会出台的文件中针对俄格冲突采用了较委婉的表述，既表明上合组织的第三者身份，没有站在一方的立场去谴责另一方，也对俄罗斯表示了有限度的政治支持，"支持俄罗斯在促进该地区和平与合作中发挥积极作用"，从而表明同情俄罗斯的立场①。

另一方面，上合组织外部扩员稳步推进，体现了制度认同的吸引力和感召力。英国脱欧、美国退群、贸易战频起等一系列事件使逆全球化甚嚣尘上，约束性强、认同度高的制度合作框架备受质疑，而上合组织这种基于平等和尊重原则的区域组织却得以壮大，受到具有不同意识形态和政治制度国家的青睐。印度、巴基斯坦和伊朗等新成员虽然在是否加入上合组织的问题上经历过反复和犹豫，但最终都坚定地选择了加入，除了基于战略利益诉求的考虑之外，该组织的包容性和非强制性也是吸引其加入的重要特质。与其他地区组织相比，上合组织所秉持的开放包容理念，协商一致原则，尊重文明多样性、不针对任何第三方、不干涉他国内政的基本准则是其发展壮大的关键所在，拓展了组织对外合作的内涵和空间。

一、上合组织制度认同的基本内涵

二十年多来，上合组织的制度认同在发展中逐渐明晰。基本内涵可以概括为：以中南亚为地理依托、以"上海精神"为价值规范、以地区问题和区域合作为基本议题、以协商一致为决策机制等制度要素综合构成了独具特色的"上合模式"。这一模式冲破了三大流派基于"权力、规则、观念"的制度研究的路径依赖，体现了和而不同、义利相间的东方文化与智慧。"上合模式"既不同于已经建立集体认同的欧盟模式，也有别于以经济一体化为核心的东盟模式，跳出了"西方中心"的窠臼，形成了兼容多元文明诉求、符合国际关系民主化潮流的新型组织形式与合作理念。基于平等与尊重原则的"上合模式"更适

---

① 《上海合作组织成员国元首杜尚别宣言》，http://www.gov.cn/jrzg/2008-08/28/content_1082152.htm。

合异质性突出的地区以较低门槛的方式寻求共识、开展合作，为其他地缘相近但异质性强的地区组织发展提供了有益借鉴。

"上合模式"呈现三个重要特征：一是异质性基础上的包容性。上合组织成员国多元异质，不同物质实力、文化背景、政治体制和宗教信仰在此聚合，突出的异质性导致成员国不同的利益取向和政策诉求。为实现成员国的利益对接，上合组织倡导利益共享的价值理念，公平合理地分享发展成果，在共享的前提下，所有国家都可以平等地利用这些机会提高本国的国家建设能力①。在政治原则上，上合组织的两次扩员都秉持包容开放的态度，无意将政治体制和意识形态作为挑选成员国的标准②。作为一项由新兴国家主导的区域间国际制度，上合组织所秉持的互利共赢和成果共享的新型区域合作模式、非意识形态化的政治原则、非排他性的组织制度安排以及以开放性为内核的"上海精神"，体现了宽容的政治文化，为"上合模式"注入了包容性内涵。二是有限性基础上的聚焦性。上合组织的政治地理空间、成员构成、发展目标以及可支配的资源均较为有限。目前来看，各项合作所达成的效果也是有限度的，但上合组织在有限性基础上完成了特定领域的聚焦。二十多年来，上合组织的功能性合作始终坚持以安全事务为主导，具体议题领域由边境安全向非传统安全议题拓展，在此基础上逐步向政治、经济、能源、人文等领域"外溢"。无论功能如何扩展，上合组织始终坚持以安全合作为中心，但不局限于安全合作。其他合作渠道的增加，扩大了上合组织成员国之间的共同利益，对稳固安全合作基础具有重要的战略意义③。三是松散性基础上的制度韧性。相较于在国内政治制度、意识形态和对外政策等方面具有一致性要求的欧盟，上合组织内部结构较为松散，成员国在主权让渡上有较大保留，特别是

① 杨鲁慧：《"上海精神"与上合组织的开放包容性》，《理论视野》2013年第1期，第68页。

② 杨恕、李亮：《寻求合作共赢：上合组织吸纳印度的挑战与机遇》，《外交评论》2018年第1期，第62页。

③ 肖斌：《上海合作组织如何应对当前面临的安全挑战》，载李进峰主编《上海合作组织发展报告（2015）》，社会科学文献出版社，2015，第65页。

独立不久的中亚国家还处于主权和独立的敏感期，对超国家联合有本能的谨慎。此外，上合组织所遵循的协商一致决策机制通常需要较长的协商周期，在应对突发问题、开展集体行动上限制了组织的行动效率。但以主权规范为核心的平等协商原则是制度存续的价值基础，是上合组织整合背景不同、实力各异的国家在同一平台平等合作的重要保障，有别于大国为小国代言的霸权逻辑。原则坚定、处理灵活确保了上合组织在经历内忧外患之后仍然能持续发展，张弛适度、约束性适中的制度也使组织行动有较大余地，应对风险有较强缓冲，有利于增强组织的发展弹性和制度韧性。

整体来看，上合组织的制度认同仍然是初步的：其一，成员国之间在国家实力、政治制度、经济制度、意识形态和宗教文化等方面差异巨大，制约着组织定位与发展共识的明确；其二，中亚地区合作机制多元竞争，除中国专注上合组织外，俄罗斯与中亚四国都参与了其他区域组织，影响了组织的凝聚力与执行力；其三，成员国的政权更迭问题以及长期存在的民族、边界、资源之争，影响了地区稳定与成员国之间的融合度。上合组织的制度认同建设还有很大的提升空间。

二、上合组织制度认同的路径选择

如前所述，制度认同取决于组织的治理效率、利益对接与规范吸引的能力。上合组织应从这三个维度入手，进一步明确组织定位，培育比较优势，树立价值规范，提升现有机制的制度回报率，提供可预期的收益，逐步增强成员国对组织的制度认同。

首先，要着力提升组织的治理效率。治理效率是国际组织的生命线，在治理效率长期难以提升的背景下，组织的发展与扩员会进一步放大集体行动的困境[1]。因此，在对外扩员的同时应注重内部的提质增速，把提高合作效率作为未来上合组织政治合作的重要议题，防止组织出现空心化、论坛化的风险。按照国际组织生成和运作的普遍机理，

---

[1] 曼瑟·奥尔森：《集体行动的逻辑：公共物品与集团理论》，陈郁等译，格致出版社、上海人民出版社，2018，第34页。

可以从反应力、决策力和执行力三个维度提升上合组织的治理效率。

一是提升反应力。信息学中，国际组织的反应能力是指国际组织在接收到外来信息后，成功地作出反应时体现出的结构性特征[①]。上合组织要具备快速准确的反应能力，一方面要利用新兴通信技术及时、准确、全面地收集、整理外来信息，作出高效决策；另一方面，要与时俱进修订相关法律文件，为组织快速反应提供有力依据。根据扩员后的新情况，适时对《上海合作组织宪章》《上海合作组织成员国长期睦邻友好合作条约》等文件内容进行增补，将近年来达成的政治共识明确补充进正式条约中；针对新兴的合作领域，要适时制定与出台相关法律文件，明确合作的理念、原则和目标；随着组织逐步外向化，基于成员国在地区和国际问题上已达成的共识，着手制定国际合作文件，形成共同立场。

二是提升决策力。决策力是指国际组织的决策机构选择一个可供贯彻执行的方案的能力。国际组织在某个议题上的决策力除了受限于各成员国的立场分歧和政策差异外，主要取决于表决机制的效率和灵活性。为提高上合组织的决策力，设立合理的表决制度、提升表决原则的灵活性是问题的关键。以平等协商为核心的"协商一致"决策原则是"上合模式"的重要制度要素，但滥用"一票否决"容易造成协调成本较高和行动效率较低的后果。因此，创新性运用"协商一致"原则可以有效提升组织的决策力。具体表现为，可以考虑区分原则性事务与程序性事务，在国家元首会议、政府首脑会议、外长会议和地区反恐怖机构理事会等重要会议中采取协商一致原则，保障成员国以平等方式决定组织发展的原则性、方向性问题；而在部门领导人会议、国家协调员理事会上的程序性事务可采取简单多数表决制[②]。创新工作方法，避免僵化、教条地运用"协商一致"原则，最大限度释放灵活

---

① 叶宗奎、王杏芳：《国际组织概论》，中国人民大学出版社，2001，第230页。

② 王海燕：《上海合作组织20年发展报告（2021）》，时事出版社，2022，第66页。

性，提升应对复杂局面的能力①。

三是提升执行力。执行力是指国际组织利用组织的内部和外部资源将组织决策转化为实际影响或作用效果的能力，在组织获取资源能力一定的情况下，国际组织的执行力取决于执行机构设置的完备性以及组织决策的约束力②。因此，一方面要完善机构平台建设，明确执行主体。上合组织已建立起数十个多层次、多领域的会晤协商机制。组织成立二十周年召开的杜尚别峰会开启了新一轮机构完善的进程，在杜尚别设立上合组织禁毒中心（塔吉克斯坦共和国）作为单独常设机构；将塔什干上合组织地区反恐怖机构升级为上合组织应对安全威胁和挑战综合中心（俄罗斯联邦）；设立上合组织信息安全中心（哈萨克斯坦共和国）和打击跨国有组织犯罪中心（吉尔吉斯共和国），完善了上合组织应对安全挑战的机构设置③。在此基础上，要进一步完善上合组织其他合作领域机构平台建设，形成定期会晤制度、常设组织机构与其他弹性合作机制的良性互动和协同作用，提高上合组织的政策执行与实施能力。另一方面，加大刚性制度建设，提升制度的约束性和可操作性。制度设计应具有清晰明确的内涵、具体的执行标准、违反的惩罚措施与相应的监督机制，使组织决策具有强制性，确保各层级会晤形成的决议落实在执行上。

其次，提高组织利益对接能力的关键在于提升区域公共产品的供给水平。公共产品的供给水平是衡量组织功能作用与发展潜力的重要指标④。区域公共产品供给能有效对接成员国利益、培育地区认同、重塑地区秩序，为制度认同的生成提供内生性动力。需求与意愿差异、

---

① 姜毅、文龙杰：《上海合作组织：基于共识的地区主义建设》，《俄罗斯东欧中亚研究》2021年第3期，第10页。

② 王传剑、孔凡伟：《东盟在南海问题上的作用及其限度——基于国际组织行为能力的分析》，《当代世界与社会主义》2018年第4期，第150页。

③ 《上海合作组织二十周年杜尚别宣言》，https://chn.sectsco.org/documents/?year=2021。

④ 陈小鼎、马茹：《上合组织在丝绸之路经济带中的作用与路径选择》，《当代亚太》2015年第6期，第77页。

地区制度重叠和融资能力有限是当前上合组织公共产品供给不足的症结所在，削弱了上合组织有效满足成员国利益的能力。

为提高地区组织与成员国利益的对接程度，提升区域公共产品供给水平，应在以下方面作出改进。

一是要发挥大国主导作用，协调供需关系，提高供给效率。上合组织成员国经济发展水平差异导致各国利益诉求各异及公共产品供给能力、意愿受限。主导国是破解本区域公共产品供给难题、促成区域各领域合作的关键[1]。作为大国，中、俄、印理应承担较多公共产品成本，在组织发展定位问题上加以协调，增强战略透明度，取信周边国家，引导其他成员国的积极参与，形成以大国为主导、各成员国协调供应的公共产品供给结构。

二是借鉴其他机制优势，形成互补型供给模式。扩员后，上合组织地域范围进一步扩大，区域机制重叠和竞争加剧了成员国的投机行为，降低了上合组织公共产品的竞争力。因此，上合组织在开展多边合作和保障区域公共产品供给的同时，要加强与域内其他国际组织的沟通与合作，推进各领域机制对接，争取在涉及影响上合组织发展前景的重大问题上进行必要的磋商以加强互信，减少内耗；同时明确组织定位，实现优势互补，降低交易成本，优化区域公共产品供给。

三是以对接"一带一路"为契机，完善财政金融合作机制。随着上合组织承接"一带一路"建设的展开，金融合作滞后的短板逐渐显现。因此，必须尽快推进上合组织开发银行建设，提升银联体与实业家委员会的开放度与执行效率，吸引区域内其他金融机构参与合作，保障各项建设资金的落实。同时，上合组织也应争取从丝路基金、亚洲基础设施投资银行等多边金融机构贷款拓展资金来源。此外，还应考虑利用私人基金会和官方资金的杠杆效应吸引和撬动更多商业化资

---

① 林珉璟、刘江勇：《上海合作组织的形成及其动因》，《国际政治科学》2019年第17期，第9页。

金，为区域公共产品储备更大资金量，缓解上合组织的融资困境①。如此，上合组织才能密切对接"一带一路"倡议，促进产业链、供应链和价值链的深度融合，赋予区域经济合作新动能。

此外，要增强共同价值规范的吸引力。任何国际组织的可持续发展都离不开理念支撑，共同价值规范可以为成员国开展合作、增进认同提供价值遵循和理念指引，为组织发展提供持久动力，将成员国对组织的认可从基于利益诉求升华至基于共同价值的归属性认同。

为增强共同价值规范的吸引力，上合组织应在以下几点不懈努力。

一是塑造和培育以"上海精神"为核心的共同价值体系。"上海精神"坚决摒弃冷战思维、零和博弈、文明冲突等陈旧观念，是上合组织生命力和价值观的最佳体现，也是上合组织有别于其他国际组织的重要标志。因此，在"上海精神"基础上构建上合组织共同价值体系具有较强可行性。当前，上合组织价值规范的具体内容和话语体系较为模糊和碎片化，尚未在组织层面予以正式确立②。未来，应本着求同存异、协商一致的原则，对上合组织蕴藏的以"上海精神"为核心的共同价值进行整理归纳，将构建新型国际关系、"新五观"③、"共商共建共享"的全球治理观等成员国广泛认可的理念有机融入上合组织价值规范，使之形成一个表述清晰、结构完整、逻辑自洽的价值体系。

二是既要提高共同价值在组织内部成员的认同度，也要获得组织外部行为体的认可。一方面，要提高共同价值在成员国的社会化程度。上合组织应推动成员国对组织共同价值的认同从国家层面逐渐向社会层面延伸，逐步扩大上合组织认同的社会基础，形成成员国社会各阶层对组织的归属感和认同感。应充分利用上合组织峰会在成员国轮流

---

① 黄河：《公共产品视角下的"一带一路"》，《世界经济与政治》2015年第6期，第154页。

② 陈亚州：《上海合作组织的认同成效与困境》，《世界经济与政治》2021年第2期，第43页。

③ 习近平：《弘扬"上海精神" 构建命运共同体——在上海合作组织成员国元首理事会第十八次会议上的讲话》，http://www.gov.cn/xinwen/2018-06/10/content_5297652.htm。

举办、担任轮值主席国、高级别会晤、联合军演以及本组织在各成员国实施的重大项目等特定情境，通过各类活动扩大上合组织共同价值在成员国社会层面的影响力[①]。另一方面，要抵御西方的"污名化"冲击，积极传播共同价值。上合组织从成立之始，就因其坚持的价值观明显有别于西方而成为国际政治中的一股清流：它不同于传统国际组织所具有的封闭性和排他性等特点，开创了结伴而不结盟、合作而不对抗的新型国际关系模式，但也因此招致西方基于意识形态偏见的"污名化"和"妖魔化"。对此，上合组织要提升针对地区热点问题的应对能力，在重要地区事务中积极参与协调，提高在国际社会中的信誉和声望。此外，还需要建立信息发布平台，积极在全球主流媒体上发声，广泛宣传组织的发展成就，加强传播能力建设，提高共同价值话语的国际传播力。

三是协力构建上合组织命运共同体。所谓命运共同体，就是强调相互依存、相互信任、相互促进、相互包容，在追求本国利益时能兼顾他国合理关切，谋求本国发展时能带动他国共同发展[②]。从这个意义出发，在上合组织所在地区构建命运共同体，与成员国共同认可的"上海精神"可谓一脉相承。共建地区命运共同体是时代赋予上合组织的历史使命。2020年，在新冠疫情暴发和蔓延的背景下，习近平主席在上合组织峰会上提出构建卫生健康、安全、发展和人文"四个共同体"，丰富了人类命运共同体的内涵[③]。就具体路径而言：其一，巩固安全合作领域的已有成果，践行"共同、综合、合作、可持续"的新安全观，统筹应对各类安全威胁，构建上合组织安全共同体；其二，以"一带一路"倡议为平台，助力各国发展战略和区域合作倡议对接，以利益共同体为基础深化成员国互信；其三，扩大成员国政府和民间

① 陈亚州：《上海合作组织命运共同体构建研究》，博士学位论文，兰州大学，2020年，第169页。

② 孙壮志：《上海合作组织命运共同体：时代内涵与路径选择》，《欧亚经济》2021年第1期，第1页。

③ 《习近平在上海合作组织成员国元首理事会第二十次会议上的讲话》，http://www.gov.cn/xinwen/2020-11/10/content_5560353.htm。

组织在各个领域、层次上的相互交往，促进文明互学互鉴，筑牢人文纽带，使上合组织的合作理念更加深入人心[①]；其四，积极深化对外交流合作，参与全球与地区治理，推动国际政治经济秩序朝向更加公平合理的方向发展。遵循从安全共同体到责任共同体，从利益共同体提升至发展共同体，最后逐步形成命运共同体的生成路径，为构建人类命运共同体提供良好示范。

结　语

上合组织正处于一个承前启后、继往开来的重要发展节点。目前来说，上合组织的制度认同建设虽取得可观成效，但整体上尚处于初步阶段，这已然成为制约其进一步发展的障碍。经历了从基于外部政治经济环境变化的回应性认同逐步向基于区域治理与国家发展现实需求的功能性认同的过渡阶段，上合组织认同建设依旧任重而道远。构建制度认同是上合组织走向命运共同体的过渡阶段和必经之路。如果缺乏有效的制度认同，上合组织就无法实现对内凝聚各方共识、对外提高组织竞争力，最终会影响组织整合的发展方向、塑造成员国的利益预期与政策取向，难以为构建上合组织命运共同体提供深层次的文化心理支撑。

从制度认同视角阐释扩员后上合组织的可持续发展，有助于破解上合组织的认同困境。制度认同的生成原理对创建上合组织身份认同具有积极借鉴意义。上合组织制度认同建设应在延续中把握变迁，以发展的眼光不断审视与完善自身定位。未来要在价值观兼容的基础上努力生成维护本地区生存与发展的使命感和紧迫感，逐步形成上合组织命运共同体，成长为人类文明新征程中不可或缺的建设性力量。就

---

① 刘慧、薛丹：《携手打造更加紧密的上合组织命运共同体》，《人民日报》2020年11月12日第1版。

长远发展而言，上合组织在制度认同构建上的顶层设计必须着眼于全局，完善平台机制建设，提高组织治理效率和制度回报率；在具体实践中，应该克服急功近利、重利轻义的实用主义倾向，倡导以"上海精神"为核心的共同价值规范，积极提供地区治理的公共产品，有效对接各成员国利益需求，形成良好的制度环境与合作氛围，提升组织的竞争力与吸引力。

第二编

上合组织的发展动力

2017 年 6 月，印巴正式加入上合组织。随着扩员进程的持续推进、功能性合作的持续完善，上合组织的发展空间得到长足拓展。安全合作是上合组织诞生和发展的动力。完成首次扩员后，如何深化安全合作成为上合组织迫切需要应对的现实问题。作为区域合作平台，上合组织的成立初衷和基本功能无疑是满足成员国对公共产品的需求。与此同时，区域公共产品的有效供给是上合组织可持续发展的关键所在。扩员前，上合组织区域安全公共产品建设虽取得了一定成效，但组织定位、组织认同与制度整合三大困境使得公共产品供不应求，制约了成员国之间安全合作的成效与前景。随着印巴两国的加入，上合组织区域安全公共产品的供求关系出现了新的调整，推动着安全合作模式向新的形态演变。

与"一带一路"的成功对接推动上合组织加快内部建设。丝绸之路经济带对于创新区域合作模式、实现中国周边外交转型升级具有重大战略意义。鉴于"上海精神"与"丝路精神"的高度契合，丝绸之路经济带为上合组织的良性发展提供了新的发展空间。作为中国、俄罗斯与中亚国家最重要的合作平台，上合组织为丝绸之路经济带奠定了前期基础，包括政治安全保障、经济合作平台与人文合作机制等，但目前还不足以有效支撑丝绸之路经济带的持续深入推进。与此同时，上合组织面临着整合成员国与提升区域合作水平的迫切压力。

基于此，本编从上合组织的内部合作深化与外部机制对接两个层面，探究如何进一步激活上合组织广阔的发展空间。就组织内部建设而言，为了提升组织的凝聚力与竞争力，上合组织亟须明确组织定位，强化组织建设，培育组织认同，通过发挥中俄的主导国作用、协调供求关系、对接"一带一路"倡议等路径，来整合新老成员国的利益需求，提升区域安全公共产品的供给水平。就组织外部对接而言，上合组织有必要进一步深化与域内其他安全机制之间的合作，实现转型升级，全面有效对接丝绸之路经济带。其中，联动内外以推动成员国的战略协调与政策沟通，提升公共产品供给水平与塑造组织认同，将是上合组织的重要增长点。

第 二 章

上合组织深化区域安全合作的优化路径

随着2017年阿斯塔纳峰会给予印度、巴基斯坦正式成员国地位，上合组织完成了首次扩员，成为世界上人口最多、地域最广、潜力巨大的综合性区域组织。2018年6月9日—10日召开的"青岛峰会"既是上合组织扩员后的首次元首峰会，也是中国作为轮值主席国的重大主场外交活动，开启了上合组织发展的新时代，具有重大战略意义。其中，深化安全合作是此次峰会的优先议题，关系到扩员后上合组织的良性发展。

安全合作一直是上合组织发展的重要内容。从"上海五国"到上合组织，从消除边境地区军事对峙、实现军事互信、解决边界问题到共同打击"三股势力"、遏制毒品和武器走私、打击跨国犯罪问题等，成员国间的安全合作不断深化。扩员后，继续深化安全合作具有相当迫切的现实意义。究其原因，主要在于：安全合作本是上合组织的核心价值所在，一旦新老成员国无法在安全合作上取得实质性进展，就很可能使上合组织陷入"空转"的境地。一方面，印巴的加入带来了诸如组织凝聚力削弱、运行机制受阻、成员国间存在领土争议等新挑战，上合组织必须进一步创新区域安全合作模式。另一方面，地区安全局势的严峻性使得深化新老成员国之间的安全合作刻不容缓，尤其是在打击"三股势力"、毒品走私、跨国有组织犯罪等领域。基于整合新成员以及应对地区安全局势的现实需要，探寻新形势下深化安全合作的路径对于上合组织而言具有极为重要的战略意义，值得深入研究。

究其实质，作为区域合作平台，上合组织的根本任务在于对接区域需求，实现区域公共产品的有效供给，满足成员国的利益诉求。可以说，完善区域安全公共产品供给机制是上合组织深化安全合作的题中应有之义。扩员在很大程度上改变了上合组织区域安全公共产品的供求关系，这一点必须予以高度重视。鉴于此，本章以区域公共产品供求关系为切入点，着重阐述如何拓展安全合作路径，进一步提升区域安全公共产品的供给水平，提升组织的凝聚力与竞争力，为扩员后上合组织的新发展提供借鉴。

第一节　区域公共产品对深化上合组织 安全合作的价值

"公共产品"（Public Goods）原是政治经济学中的概念，是指一国政府为全体社会成员提供的、满足全体社会成员公共需求的产品与劳务①。20世纪60年代，美国学者将其引入国际政治研究中。其中，曼瑟尔·奥尔森（Mancur Olson）和理查德·泽克豪瑟（Richard Zeckhauser）认为，某种公共产品的供给是所有国际联盟得以成立的初衷或所具有的功能，但基于公共产品特有的"非竞争性"与"非排他性"，其他国家"搭便车"现象不可避免，成本分担呈现"不均衡

---

① 樊勇明：《区域性国际公共产品——解析区域合作的另一个理论视点》，《世界经济与政治》2008年第1期，第7页。

性"①。金德尔伯格（Charles P. Kindleberger）和吉尔平（Robert Gilpin）则借用国际公共产品供给为"霸权稳定论"提供了逻辑论证，认为霸权国依凭强大的经济剩余供给国际公共产品并容忍其他国家"搭便车"行为以维护霸权秩序②。然而，基于霸权护持的目的，这种供给必然伴随着霸权国"私物化"问题③。苏联解体后，美国获得了"超级大国"的地位，国际公共产品的美国"私物化"更加肆无忌惮。与此同时，随着区域化进程的加速以及美国实力的相对衰落，美国所供给的国际公共产品无法充分对接不同区域的真正需求且供给严重不足④。

出于理论反思与现实应对的需要，区域公共产品的相关实践及其理论化进程不断推进。以 2000 年瑞典外交部发展问题专家小组（EGDI）发表的工作报告《区域公共产品与国际发展合作的未来》为发端，传统的国际公共产品分析开始聚焦于区域层次。2002 年，美洲开发银行出版了《区域性公共产品：从理论到实践》⑤一书，以区域性开发银行的历史为视角，揭示了发展援助如何能够在区域公共产品供给中扮演重要角色，并通过具体的案例提供实证检验。区域公共产品的

---

① Mancur Olson, Richard Zeckhauser, "An Economic Theory of Alliances," *The Review of Economics and Statistics* 48, no.3（1966）:266–279.

② 查尔斯·P.金德尔伯格：《1929—1939 年世界经济萧条》，宋承先、洪文达译，上海译文出版社，1986，第46页；Charles P. Kindleberger, "Dominance and Leadership in the International Economy: Exploitation, Public Goods, and Free Rides," *International Studies Quarterly* 25, no.2（1981）:242–254；罗伯特·吉尔平：《国际关系政治经济学》，杨宇光等译，上海人民出版社，2006，第44页。

③ 所谓"私物化"，是指霸权国将原本应服务于整个国际社会的公共产品变成本国谋取私利的工具。

④ 樊勇明：《区域性国际公共产品——解析区域合作的另一个理论视点》，《世界经济与政治》2008年第1期，第7–13页。

⑤ Antoni Estevadeordal, Brian Frantz, Tarn R. Nguyen, eds., *Regional Public Goods: From Theory to Practice*（Washington, D.C.: IDB Publications Section, 2002）.

供给问题①、区域主导权的存在和竞争对地区秩序的决定性影响②、供求关系的动态变化对地区秩序形成与变迁的影响③等议题，是该领域的关注重点。

区域公共产品指的是区域内国家联合起来共同设计出一套只服务于本区域、只适用于本区域、成本又由域内国家共同分担的安排、机制或制度④。相较于国际公共产品，区域公共产品具有如下优势：其一，深度对接一定区域内国家的特定需求，一定程度上弥补了国际公共产品的"次优性"和供给不足的缺陷；其二，遵循"受益人支付"原则，消费主体与供给主体高度匹配，涵盖的国家为特定区域的有限国家，从而能有效地避免该产品被霸权国"私物化"，缓解"搭便车"现象⑤。可以说，区域公共产品是对霸权国主导下国际公共产品供给的补充和超越⑥，为深化区域合作、提升区域治理水平提供了有益的参考。其中，有效的区域公共产品供给是推进区域合作进程的关键所在，其供给水平在很大程度上反映了区域合作治理的成效。

至于供给区域公共产品的责任，"跨国溢出现象应当按地理位置由

---

① Todd Sandler, "Regional Public Goods and International Organizations," *The Review of International Organizations* 1, no.1(2006):5-25；苑基荣：《东亚公共产品：供应模式、问题与中国选择》，《国际观察》2009年第3期，第58-64页；庞珣：《国际公共产品中集体行动困境的克服》，《世界经济与政治》2012年第7期，第24-42页。

② 刘丰：《安全预期、经济收益与东亚安全秩序》，《当代亚太》2011年第3期，第6-25页；杨原：《大国无战争时代霸权国与崛起国权力竞争的主要机制》，《当代亚太》2011年第6期，第5-32页；王玉主：《区域公共产品供给与东亚合作主导权问题的超越》，《当代亚太》2011年第6期，第75-94页。

③ 高程：《区域公共产品供求关系与地区秩序及其变迁——以东亚秩序的演化路径为案例》，《世界经济与政治》2012年第11期，第4-30页。

④ 樊勇明：《区域性国际公共产品——解析区域合作的另一个理论视点》，《世界经济与政治》2008年第1期，第11页。

⑤ 陈小鼎：《区域公共产品与中国周边外交新理念的战略内涵》，《世界经济与政治》2016年第8期，第43-44页。

⑥ 陈小鼎：《区域公共产品与中国周边外交新理念的战略内涵》，《世界经济与政治》2016年第8期，第44页。

部门授权与此问题最密切联系的机构来解决，条件是该机构具备能力，或能够获得能力来解决此问题，而规模经济和范围经济使一个更大范围的机构无法产生"①；应根据公共产品的受益范围由相应的供给主体来提供，否则就可能导致公共产品的成本与收益不匹配，削弱供给效果②。依据公共产品辅助性和匹配性的供给原则③，域内国家和地区组织是区域公共产品天然的供给者。

具体到上合组织，自2001年成立以来，其国际地位和影响力日益提升，为维护地区稳定和安全作出了重要贡献。"上合模式"逐渐成为新型区域合作模式的典范。对接成员国的发展需求和实现区域公共产品的有效供给，是实现上合组织持续发展的应有之义。纵观上合组织发展史，区域安全公共产品的供给具有十分重要的意义。所谓区域安全公共产品，就是由一国或多国提供的，能够同时满足一个以上国家共同安全需求的产品与劳务④。区域安全公共产品的供求关系深刻影响着上合组织的发展以及地区秩序的演变。

共同的安全需求是上合组织成员国探索新型安全合作实践、参与

---

① Ravi Kanbur, Todd Sandler, Kevin M. Morrison, *The Future of Development Assistance: Common Pools and International Public Goods*（Washington DC: Overseas Development Council, 1999）, pp.82–83.

② 樊勇明、薄思胜：《区域公共产品理论与实践——解读区域合作新视点》，上海人民出版社，2011，第51-52页；陈小鼎、王亚琪：《战后欧洲安全公共产品的供给模式》，《世界经济与政治》2015年第6期，第110页。

③ 在国内公共产品理论中，所谓辅助性原则（Subsidiarity Principle），即除非中央政府（或高一级的政府）确信它的行动会比下一级政府更有效，否则应该由最去中央化的层级作出（关于提供何种公共服务的）决策。所谓匹配性原则（Correspondence Principle），是指一个政府支出和提供公共产品的责任应当与这个政府服务的受益范围相一致。这两条供给原则主要用于确定不同层级政府提供公共产品的责任。据此可推广到区域公共产品的供给中。参见约翰·米克赛尔：《公共财政管理：分析与应用》，中国人民大学出版社，2005，第552页；樊勇明、薄思胜：《区域公共产品理论与实践——解读区域合作新视点》，上海人民出版社，2011，第51-52页。

④ 樊勇明、薄思胜：《区域公共产品理论与实践——解读区域合作新视点》，上海人民出版社，2011，第178页。

提供区域安全公共产品的动力所在①。苏联解体后，原中苏西段边界问题成为中国与俄罗斯、哈萨克斯坦、吉尔吉斯斯坦以及塔吉克斯坦之间的问题。此时，对俄、哈、吉、塔四国而言，"由于曾经长期可以依托的军事大国的瞬间消失而带来的空前军事安全危机"②，边界问题的解决相当紧迫。与此同时，中国的改革开放事业初见成效，要想营造良好的外部环境特别是维护周边稳定，就必须主动与周边国家发展睦邻友好关系，"上海五国"机制由此形成。随着边境安全问题的解决，"上海五国"及时回应时代的新变化以及地区安全形势的新趋势，将注意力转向了影响地区安全格局的新领域——非传统安全领域。2001年6月15日，"上海五国"协同乌兹别克斯坦共同宣布了上合组织的正式成立，深化成员国之间的合作，一定程度上满足了成员国对区域安全公共产品的基本需求。

具体而言：（1）中亚成员国：冷战后，中亚地区的地缘竞争日趋激烈，各种政治势力加紧对该地区的渗透和争夺，地区力量对比经历着新的分化组合③。与此同时，独立之后的中亚各国内部民族和宗教矛盾突出，深受阿富汗问题外溢的负面影响，国家安全面临"三股势力"、毒品走私等严重威胁。上合组织的安全供给功能是中亚成员国维护国家安全与稳定的重要依托。（2）俄罗斯：作为苏联的最大和直接继承者，冷战后维护周边安全尤其是高加索地区的安全关乎俄罗斯的国家安全。重新扩展在周边地区尤其是中亚地区的影响力，是俄罗斯"大国复兴"诉求的重要内容。"努力协调以巩固地区安全和稳定，这

---

① 李学保：《当代国际安全合作的探索与争鸣》，世界知识出版社，2006，第193页。

② 许涛：《上海合作组织地区安全合作进程与前景分析》，《国际观察》2006年第2期，第38页。

③ 李学保：《当代国际安全合作的探索与争鸣》，世界知识出版社，2006，第186页。

是成立上合组织最主要的动因之一"①。上合组织为俄罗斯维护周边安全、经营中亚、提升国际影响和战略分量增加了一个重要的途径②。(3)中国：上合组织是中国倡导并以中国城市命名的重要地区组织，也是中国在中亚地区非常重要的多边机制③。上合组织作用的顺利发挥，对维持中国西北边疆安全、促进中国与周边国家的良性互动具有重大现实意义。

上合组织对接成员国的共同安全需求，在区域安全公共产品的供给理念、供给内容和供给模式等方面特色鲜明，为创新区域合作模式奠定了基础。具体而言：其一，"上海精神"是支撑区域安全公共产品供给的根本理念。"互信、互利、平等协商、尊重多样文明、谋求共同发展"是"上海精神"的基本内容。这与上合组织成员国异质性突出密切相关，充分考虑到了成员国发展阶段的差异，对主权问题的敏感，坚持平等协商。基于此，上合组织区域安全公共产品的供给才得以可能与持续。其二，以非传统安全领域的区域公共产品为主要供给内容。上合组织不同于旧式军事同盟的多边合作安排，是一种多边主义的安全合作新模式，旨在解决以"三股势力"为代表的非传统安全问题，塑造稳定的区域安全环境。其三，形成了共同倡导、协商一致的供给模式。上合组织成员国差异显著，既有中俄这样的大国，也有中亚成员国这样的中小国家，成员国综合实力差距悬殊，经济发展水平不齐，政治和社会制度不一，宗教和文化迥异，但无论大小，各国享有平等参与区域安全合作的权利。就合作原则而言，遵循自愿合作、平等协商，不结盟、不对抗与不针对第三方的基本原则。

---

① Выступление на заседании Совета глав государств членов Шанхайской организации сотрудничества 28 августа 2008 года, http://www.president.kremlin.ru/appears/2008/08/28/1418_type63377_205835.shtml, 转引自赵华胜：《中俄关系中的上海合作组织》，《和平与发展》2010年第2期，第39页。

② 赵华胜：《中俄关系中的上海合作组织》，《和平与发展》2010年第2期，第39–40页。

③ 赵华胜：《中俄关系中的上海合作组织》，《和平与发展》2010年第2期，第41页。

目前，上合组织所供给的区域安全公共产品主要集中于以下几个方面：（1）军事互信机制。以1996年《关于在边境地区加强军事领域信任的协定》和1997年《关于在边境地区相互裁减军事力量的协定》的签署为开端，成员国开展了形式多样的军事安全合作，建立了较为完备的交流合作机制。军事互信机制通过公开、透明的方式推动了军事合作，为"和平使命"在内的联合反恐演习奠定了互信基础。（2）地区反恐机制。早在1998年阿拉木图峰会上，"上海五国"就明确提出"打击国际恐怖主义"。"9·11"事件之后，上合组织框架下的反恐合作逐步进入规范化轨道，相应的法律文件以及会议磋商机制不断完善。自2004年成立以来，位于塔什干的地区反恐机构发挥了重要的协调作用。以"和平使命""协作"等为代号的联合反恐演习定期举行。上合组织"不仅理解恐怖主义对全球的严重威胁，在短期内从法律上统一界定了恐怖主义的含义，而且为了上海合作组织成员国人民的利益，建立了打击'三股势力'的广泛阵线"[1]。（3）地区禁毒机制。与地区反恐机制建设相伴随，"上海五国"阿拉木图联合声明中明确指出，各方将采取措施，打击贩卖毒品和麻醉品以及其他跨国犯罪活动。2004年，上合组织成员国签署了《上海合作组织成员国关于合作打击非法贩运麻醉药品、精神药物及其前体的协议》；2011年，成员国禁毒部门领导人会议审议并通过了《2011—2016年上海合作组织成员国禁毒战略》草案[2]，并在当年的阿斯塔纳元首峰会上得以批准；2015年乌法峰会期间，成员国元首更是专门发表了《上海合作组织成员国元首关于应对毒品问题的声明》[3]。多年来，上合组织通过情报共享、联合行动、加强与其他国际组织的合作等形式深入开展"捕鼠器""上海蛛网"等禁毒工作，成效显著。（4）信息安全合作机制。鉴于恐

① 拉希德·阿利莫夫：《上海合作组织的创建、发展和前景》，王宪举等译，人民出版社，2018，第61页。

② 《上海合作组织成员国禁毒部门领导人会议召开 张新枫出席会议并提出五点合作建议》，http://www.mps.gov.cn/n2253534/n2253535/c4022233/content.html。

③ 《上海合作组织成员国元首关于应对毒品问题的声明》，https://chn.sectsco.org/documents/?year=2015。

怖主义和极端主义组织越来越广泛地使用现代信息技术，保障信息安全十分必要。2009年，上合组织在《上海合作组织成员国元首叶卡捷琳堡宣言》中明确指出，"信息安全是国际安全体系的重要组成部分，保障国际信息安全十分迫切"。成员国签署了《上海合作组织成员国保障国际信息安全政府间合作协定》，规定建立机制打击互联网上宣传恐怖主义、分裂主义和极端主义思想的违法活动，监督来自互联网的威胁并及时作出反应，建立相关的数据库和交换信息等。2015年1月，以上合组织成员国名义将《信息安全国际行为准则》修订稿作为联合国正式文件散发是朝此方向迈出的重要一步[1]。该领域的合作重点在于：在联合国主导协调下，制定打击使用信息和通信技术实施犯罪行为的国际法律文书，打击使用信息和通信技术从事有害活动特别是从事恐怖主义及犯罪活动[2]。"厦门-2017"是上合组织开展网络反恐演习的重要尝试。（5）执法安全合作机制。上合组织成员国安全会议秘书会议、公安内务部长会议、地区反恐怖机构理事会等一系列会晤机制分别协调解决不同领域的执法安全问题。同时，在打击"三股势力"、禁毒、边防等执法安全领域签署一系列法律文件，详细规定了执法安全合作的任务、措施、原则、程序和实施规则，为各方开展务实合作奠定了坚实基础[3]。（6）上合组织-阿富汗联络组机制。地理上的毗邻使上合组织成员国深受阿富汗问题的困扰。支持阿富汗政府和人民实现国家和平、稳定、繁荣，摆脱恐怖主义、极端主义和毒品犯罪，发挥联合国在促进阿富汗稳定和发展中的核心协调作用，是上合组织的一贯立场[4]。成员国支持通过推动"阿人主导，阿人所有"的包容性民族和解

---

[1] 《上海合作组织成员国元首乌法宣言（全文）》，http://www.xinhuanet.com/world/2015-07/11/c_1115889128.htm。

[2] 《上海合作组织成员国元首理事会青岛宣言》，https://www.gov.cn/xinwen/2018-06/11/content_5297717.htm。

[3] 《上合组织青岛峰会新闻中心举行首场新闻发布会 聚焦执法安全合作》，http://www.mps.gov.cn/n2253534/n2253535/c6144574/content.html。

[4] 《上海合作组织成员国元首阿斯塔纳宣言（全文）》，http://www.81.cn/dblj/2017-06/09/content_7634221_2.htm。

进程来解决阿富汗内部冲突①。成立于2005年的"上合组织-阿富汗联络组"是解决阿富汗问题的重要磋商机制，旨在推动上合组织与阿富汗之间的合作。自成立以来，联络组曾先后多次举行参赞级、副外长级会议，为阿富汗重建作出了积极贡献。

综上所述，上合组织区域安全公共产品建设取得了长足发展，安全合作的领域不断扩大，法制化和机制化进程加快，成效显著，在反恐领域的努力更是得到国际社会的高度认可。近年来，上合组织与时俱进，深化信息安全、执法安全等领域的合作，提升安全合作的层次，在区域合作治理中扮演着越来越重要的角色。

与此同时，随着成员国对区域安全公共产品的需求不断增加，供给不足已经成为制约上合组织安全合作成效和发展前景的主要因素。上合组织区域安全公共产品在供给机制、产品质量与种类以及市场竞争力等方面仍存在诸多不足，使得安全合作的形式化色彩浓厚而实质性合作较少②，离预期目标还有较长一段距离。具体表现为：其一，供给机制大多无法得到全面有效落实，象征意义大于实际效果。以反恐合作为例，尽管上合组织已经颁布了诸多涉及反恐合作的宣言和法律文件，成立了地区反恐机构，但如何落实这些文本、有效发挥地区反恐机构的职能、提升反恐行动能力等一直没有得到有效解决。例如，《上海合作组织反恐怖主义公约》第五条对同一犯罪行为或者同一犯罪嫌疑人只是笼统地规定"有关方可协商解决"，至于如何进行协商等操作层面的具体问题则尚未明确。又如，在情报合作、犯罪抓捕等反恐行动方面主要侧重针对具体事项进行临时性磋商，缺乏较为稳固的常态化机制，影响了反恐合作的实际效果③。同时，上合组织在反恐、禁毒、边防等领域的合作机制之间缺乏及时、有效的情报交流，没有形

---

① 《上海合作组织成立十五周年塔什干宣言（全文）》，http://www.xinhuanet.com/world/2016-06/25/c_129088765.htm。

② 曾向红、李孝天：《上海合作组织的安全合作及发展前景——以反恐合作为中心的考察》，《外交评论》2018年第1期，第95页。

③ 胡江：《区域合作组织与恐怖主义犯罪防控——以上海合作组织为例的分析》，《上海政法学院学报（法治论丛）》2019年第1期，第8页。

成合力，对恐毒结合问题的打击没有达到预期效果①。其二，既有区域安全公共产品的质量普遍不高、种类相对有限，难以满足成员国需求水平的提升。以执法安全合作领域为例，执法人员的综合素质以及技术保障水平参差不齐，所开展的执法合作层次较低，难以达到预期行动效果。此外，近年来上合组织不断强调信息安全合作与执法安全合作的潜力并着手相应机制的建设，以便更有效地回应内外形势的变化，从侧面反映了上合组织区域安全公共产品供给种类有待进一步完善的现状。其三，相较于域内其他机制所供给的区域安全公共产品而言缺乏竞争力。例如，相较于集安组织的快速反应部队，即使以"和平使命"为代表的联合反恐机制已经常态化，但上合组织能否克服高政治领域合作的脆弱性，支付主权让渡的成本，建立军事指挥权归属于地区反恐机构的联合反恐快速反应部队，赋予其享有越境执法特权，还有很长的路要走②。与各成员国针对毒品犯罪的国内法律法规及其实践相比较，上合组织虽然一直高度重视毒品问题，但是面对毒品犯罪愈演愈烈的态势，直至2018年尚未建立地区禁毒专门性机构或者赋予地区反恐机构禁毒职能，执行力不足③。

究其原因，区域安全公共产品供给不足可以归因于上合组织仍处于成长探索期，尚未进入成熟期的完备和稳定阶段④。究其实质，深层次原因在于受到以下三大困境的制约。

第一，组织定位困境限制了供给能力。具体表现为：

其一，由于区域定位不明确，上合组织所供给的区域安全公共产

① 曹旭：《浅议上海合作组织框架下禁毒合作现状与发展对策》，《山西警察学院学报》2018年第4期，第68页。

② 王健：《上海合作组织发展进程研究：地区公共产品的视角》，上海人民出版社，2014，第139页。

③ 张文伟：《上海合作组织禁毒安全合作》，《俄罗斯学刊》2016年第5期，第67-74页；曹旭：《浅议上海合作组织框架下禁毒合作现状与发展对策》，《山西警察学院学报》2018年第4期，第69页。

④ 朱永彪、魏月妍：《上海合作组织的发展阶段及前景分析——基于组织生命周期理论的视角》，《当代亚太》2017年第3期，第46-47页。

品存在受益范围不明、产品种类受限等问题，进而影响了供给能力。虽然中亚地区是上合组织重要的地理依托，但是中亚地区和上合组织在概念上并不能相互覆盖，不能简单地将上合组织的地理区域和功能区域界定为中亚地区。作为上合组织主导国的中俄，虽与中亚国家接壤，但并不属于中亚国家。成员国对上合组织的区域定位一直比较模糊。2010年塔什干峰会所批准的《上海合作组织接受新成员条例》中关于新成员的地域标准"地属欧亚地区"在一定程度上也佐证了这种模糊性。

其二，作为主导国和主要融资者，中俄在组织定位上的差异弱化了上合组织供给区域公共产品的能力，融资分歧明显。尽管上合组织是中俄与中亚成员国战略合作的结果，但由于历史渊源、地缘政治与现实需求的差异，作为主导国的中俄对上合组织的定位和发展方向有所区别[1]。俄罗斯试图通过区域一体化整合原苏联地区，以此应对北约东扩带来的战略压力。因此，俄罗斯将上合组织视为增强国际影响力、制约美国的重要载体，赋予其重要的地缘政治意义[2]。乌克兰危机之后，随着国际环境的恶化，俄罗斯更加强调上合组织的地缘战略价值，对安全合作给予更多关注，积极推动扩员进程。而作为中国参与中亚事务的唯一多边平台，上合组织在打击"三股势力"、维护西北边疆稳定、推动丝绸之路经济带等方面具有不可替代的战略价值。因此，中国着重强调发挥上合组织在非传统安全合作与区域经济合作方面的作

---

① Maria Raquel Freire, Carmen Amado Mendes, "Realpolitik Dynamics and Image Construction in the Russia-China Relationship: Forging A Strategic Partnership?" *Journal of Current Chinese Affairs* 38, no.2(2009):27–52; Yeongmi Yun, Kicheol Park, "An Analysis of the Multilateral Cooperation and Competition between Russia and China in the Shanghai Cooperation Organization: Issues and Prospects," *Pacific Focus* 27, no.1(2012):62–85; Song Weiqing, "Interests, Power and China's Difficult Game in the Shanghai Cooperation Organization(SCO)," *Journal of Contemporary China* 23, no.85(2014):85–101;赵华胜：《上海合作组织：评析和展望》，时事出版社，2012，第163–165页。

② Isabelle Facon, "Moscow's Global Foreign and Security Strategy: Does the Shanghai Cooperation Organization Meet Russian Interests?" *Asian Survey* 53, no.3(2013):463–464.

用，避免成为地缘政治竞争的工具①。虽然这种差异并非否定基本立场的一致，却往往会由于优先目标的不同而导致具体政策上的分歧，进而影响中俄在推进中亚区域合作中的一致性②。

第二，组织认同困境削弱了供给意愿。成员国的异质性和多元利益取向使得上合组织并未形成有效的组织认同，削弱了区域安全公共产品的供给意愿③。就主导国而言，尽管中国一直十分重视上合组织，但俄罗斯更倾向于发展集安组织等安全合作机制。就中亚成员国而言，尽管中亚地区是上合组织的重要地理依托，但中亚四国对上合组织安全合作的投入相对有限。原因有二：

其一，上合组织并非满足其安全需求的唯一机制。作为新独立国家，中亚成员国十分重视外交自主权，奉行多元平衡的外交政策，广泛参与国际组织。例如，吉尔吉斯斯坦不仅是集安组织的成员国，也与北约保持着密切联系，"9·11"事件后更是向美国提供了玛纳斯空军基地。

其二，基于特殊的国情，多边合作机制在中亚国家的对外政策选项中尚未受到足够的重视，无法深度参与上合组织安全合作④。自独立

---

① 陈小鼎、王亚琪：《东盟扩员对上海合作组织的启示与借鉴——兼论上海合作组织扩员的前景》，《当代亚太》2013年第2期，第119页。

② 俄罗斯基于地缘政治和历史联系，视中亚为"后院"，认为大多数中亚国家在政治制度上比其他任何国家都更接近俄罗斯的政治制度，恢复俄罗斯与中亚国家间数十年的经济文化联系，完全符合双方的利益。同时，俄罗斯一直防范其他国家在中亚扩大影响力，尤其关注中国在中亚的"经济优势"。虽然中俄在上合组织等框架下实现了在中亚地区的良性合作，但涉及具体领域时常会出现竞争态势。就能源领域而言，中国的核心利益在于获得多元化的能源进口渠道，维护国家能源安全；而俄罗斯的主要目标则在于通过中亚和中国建设通向东方的输油管道，扩大在中亚地区的控制权。

③ Jean-Pierre Cabestan,"The Shanghai Cooperation Organization, Central Asia, and the Great Powers, An Introduction: One Bed, Different Dreams?"*Asian Survey* 53, no.3（2013）：423-435.

④ 吴宏伟：《中亚地区发展与国际合作机制》，社会科学文献出版社，2011，第109-115页。

以来，中亚国家面临着民族国家构建和政治经济转型的双重任务，苦苦探寻符合本国国情的发展之路。苏联解体后，中亚国家相继独立，苏联时期划定边界的不合理性开始凸显，并牵扯到与之相关的一系列问题，比如水资源问题。中亚地区水的短缺，使水资源成为国家之间和国家内部陷入经常性低度紧张的根源①。"水资源的问题使中亚五国分成两派，致使整个中亚地区面临着分裂的威胁"②。乌塔两国在罗贡水电站建设问题上的矛盾便是典型例证。此外，中亚国家的特殊历史造就了"老人政治"，政权更替机制不完善隐藏着国家动乱的潜在危险，深刻影响了参与多边合作机制的意愿和能力。其中，吉尔吉斯斯坦分别于 2005 年和 2010 年两次发生"政权非正常更替"，严重危及地区稳定。

第三，制度整合困境妨碍了供给成效。除上合组织外，本地区还存在独联体、集安组织、中亚安全与合作论坛、亚洲相互协作与信任会议以及"伊赛克湖论坛"等区域性安全机制。此外，"北约和平伙伴关系计划"、欧安组织等也积极介入中亚地区的安全议题。域内安全机制之间的竞争愈演愈烈，对上合组织区域安全公共产品供给造成了冲击。具体表现如下：

其一，俄罗斯主导的集安组织在成员国构成和安全功能上与上合组织高度重合，制约了上合组织作用的发挥。作为军事联盟的集安组织，组建有联合快速反应部队，能够有效应对突发安全事件，比如2010 年吉尔吉斯斯坦南部事件。而不干涉内政的原则以及应对机制的弱势制约着上合组织的安全供给成效。二者在供给机制、内容与效用上的差异导致上合组织区域安全公共产品供给面临着"挤出效应"。当中亚成员国面临严峻安全问题时，倾向于求助集安组织而非上合组织。

---

① Nancy Lubin, Barnett R. Rubin, *Calming the Ferghana Valley: Development and Dialogue in the Heart of Central Asia* (New York: Century Foundation Press, 1999), p.64.

② 王晓军：《俄罗斯中亚地区军事安全战略与军事政策解析》，《俄罗斯中亚东欧研究》2011 年第 1 期，第 31 页。

其二，"9·11"事件之后，美国趁机强化了在中亚地区的战略存在。阿富汗战争期间，俄罗斯和中亚成员国在不同程度上均支援美国的反恐战争。美国借反恐之名在吉乌两国设立军事基地，塔吉克斯坦同意开放领空供美国军机执行到阿富汗的飞行任务。阿富汗战争之后，美国企图继续驻留在中亚地区的军事力量，地区安全形势进一步复杂化。例如，美国支持乌兹别克斯坦的反对派，抨击乌政府对安集延事件的暴力处理；软硬并施企图保留在中亚的军事基地。这一系列举动引发了俄罗斯和中亚国家的不安。2005年，《上海合作组织成员国元首宣言》中明确表示："鉴于阿富汗反恐的大规模军事行动已经告一段落，上海合作组织成员国认为，反恐联盟有关各方有必要确定临时使用上海合作组织成员国基础设施及在这些国家驻军的最后期限。"①此举导致美国为首的西方国家一度将上合组织视为"新版华约组织"。近年来，美国多次就上合组织举行专门听证会，加强对上合组织的关注。可以预见，未来美国对上合组织的干扰力度将不断加大。

作为重要的区域合作平台，上合组织的成立初衷和基本功能无疑是满足成员国对公共产品的需求。区域公共产品的有效供给是上合组织可持续发展的关键所在。扩员前，上合组织区域安全公共产品建设虽取得了一定成效，但组织定位、组织认同与制度整合三大困境制约了安全合作的成效，体现为区域安全公共产品供给与需求的不平衡以及供给意愿与供给能力的不对称。如何应对区域安全公共产品供给不足对安全合作造成的实质性影响，是摆在上合组织面前的一大难题。解决这一难题的关键在于实现区域安全公共产品的有效供给。扩员之后，新成员的加入无疑将对上合组织区域安全公共产品的供求关系产生重要影响，推动安全合作模式向新的形态演变。

---

① 《上合组织成员国：反恐联盟应确定驻军最后期限》，http://www.chinanews.com/news/2005/2005-07-05/26/595258.shtml。

第二节　扩员后上合组织区域安全
公共产品供求关系的变化

　　区域是"一组国家，它们由至少一种跨国的但却是局部的（或当地的）外部性影响着，这种外部性源自某一特定地理区域"①。安全作为一种公共产品，是建立在地理整合的逻辑基础之上的②。一方面，由于国际社会处于无政府状态，并不存在类似世界政府的机构在消除外部性方面发挥公共部门的作用，而国际舆论的道德约束作用具有非强制性和弱效性，通过区域性组织的扩展来涵盖外部性的地理范围、共同应对地区威胁和挑战，成为唯一有效的途径。另一方面，随着区域性组织的国际影响力和地区吸引力不断增强，扩员成为组织发展壮大的必经阶段，必然被提上议事日程。随着国际和地区安全形势发生深刻演变，上合组织重任在肩，承载着地区各国人民和国际社会更多期待，从顶层设计的高度和组织优化的大局出发实现了组织的扩员，旨在开创组织发展的新时代，为成员国全面深化务实合作、确保本地区可持续发展提供新的机遇。

　　上合组织地区安全环境异常复杂，既有"三股势力"、毒品走私、跨国有组织犯罪等威胁，更涉及域外大国的介入。维护地区安全和稳定，需要域内国家和国际组织携手合作，建立有效的区域安全公共产品供给机制。尽管既有的法律文件和实践活动在很大程度上已经界定了上合组织区域安全公共产品供给的基本原则、预期目标与主要类型，

---

　　① David A. Lake, Patrick M. Morgan, eds., *Regional Orders: Building Security in A New World* (University Park: Pennsylvania State University Press, 1997), p.48.

　　② 帕克里克·斯塔尔格林：《区域性公共产品与国际发展合作的未来——区域性公共产品文献综述》，载安东尼·埃斯特瓦多道尔、布莱恩·弗朗兹、谭·罗伯特·阮著《区域性公共产品：从理论到实践》，张建新、黄河、杨国庆等译，上海人民出版社，2010，第434页。

但组织定位、组织认同、制度整合三大困境制约着上合组织区域安全公共产品的供给。正是充分考虑到地区安全环境的复杂性、上合组织发展的不完善以及区域安全公共产品供给不足的现状，以开放包容、积极进取的方式实现扩员成为完善上合组织区域安全公共产品供给机制的重要契机。随着印巴的加入，上合组织区域安全公共产品的供求关系出现了新的格局，深刻影响着区域安全合作的前景。只有准确分析各个因素对供求关系的具体影响，才能避免以偏概全，作出正确的战略部署。

一、扩员对上合组织成员国安全需求偏好的影响

扩员后，成员国差异性的加剧必然会造成安全需求的偏好更趋多元化。作为上合组织新成员，印巴两国各具特色，与其他成员国在政治制度和地缘关切等方面也有所不同①。尽管如此，新老成员国的安全利益诉求依然具有相容性。印巴之所以希望并能够加入上合组织，安全考虑是重要因素。印度国内因民族和宗教等原因所引发的恐怖袭击，特别是2008年孟买恐怖袭击事件以及背后的"三股势力"，仅仅依靠印度自身是无法根除的。巴基斯坦的安全形势也不容乐观，以"基地"组织为代表的恐怖组织在国内根基深厚，难以有效打击。可以说，共同的安全需求仍然是新老成员国合作的主要动力所在。

同时，由于"三股势力"猖獗、毒品走私泛滥以及阿富汗和平进程缓慢等区域安全压力，上合组织地区的安全需求不断增强。具体而言：其一，反恐形势更加严峻。现代恐怖主义的突出特点是全球化、专业化、极端思想和无耻报复②。近年来，随着现代信息技术的广泛使用，以"伊斯兰国"为代表的极端组织吸引并招募全球范围内各国公民参与战斗，波及范围广、危害性大。尽管"伊斯兰国"在多国联合

---

① 白联磊：《上海合作组织扩员：新发展机遇与挑战》，《国际问题研究》2017年第6期，第66页。

② 拉希德·阿利莫夫：《上海合作组织的创建、发展和前景》，王宪举等译，人民出版社，2018，第27页。

的打击下已经溃败，但其扩散性以及潜在威胁不容忽视。中亚成员国与俄罗斯等深受其负外部性的影响①。当前，最大的威胁是"外国武装恐怖分子返回原籍国或在第三国寻找栖息地以在上合组织地区继续实施恐怖和极端活动的威胁上升"②，深化上合组织的反恐合作对于维护地区安全具有重要意义。其二，阿富汗和平进程依旧缓慢。"9·11"事件以后，阿富汗陷入漫漫无期的反恐战争中，严峻局势的溢出效应日渐明显。此外，毒品问题也是阿富汗及其周边地区的一大威胁。近年来，阿富汗和平重建进程推进缓慢，毒品制贩和滥用增多、"以毒资恐"加剧等问题对阿富汗和上合组织构成重大的安全威胁。其三，恐怖主义、毒品走私、武器走私、跨国犯罪、非法移民等各种非传统安全问题高度交织，严重威胁着上合组织地区的安全形势，要求各成员国进一步加强执法安全合作。可以说，扩员后成员国共同的安全需求的刚性特征并未发生明显变化，深化安全合作具有紧迫而重要的现实意义。

二、扩员对上合组织区域安全公共产品供给的影响

扩员对于一个组织而言，不仅仅是新成员的加入，更是涉及新成员加入所附带的一揽子事项，直接关系到组织的发展前景。与经济领域合作前景的乐观预期不同③，由于首次扩员吸纳了存在领土冲突的印巴两国同时加入，大多数学者对深化安全合作的前景持比较悲观的立

---

① 李捷、雍通：《外国恐怖主义战斗人员转移与回流对中亚和俄罗斯的威胁》，《国际安全研究》2018年第1期，第107-129页。

② 《上海合作组织成员国元首理事会青岛宣言》，https://www.gov.cn/xinwen/2018-06/11/content_5297717.htm。

③ 孙壮志：《印巴加入后上海合作组织经贸合作的新契机》，《欧亚经济》2017年第5期，第1-5页；刘华芹：《扩员后上海合作组织区域经济合作前景展望》，《欧亚经济》2017年第5期，第27-32页；白联磊：《上海合作组织扩员：新发展机遇与挑战》，《国际问题研究》2017年第6期，第56-69页。

场①，认为扩员后上合组织区域安全公共产品供给的前景充满不确定性。从根本上来讲，这种悲观判断的依据恰恰在于：制约上合组织区域安全公共产品供给的三大困境在扩员后很可能进一步加剧，使得供给更加不足，严重妨碍成员国间安全合作的深化。

第一，扩员后组织内部权力格局的变化直接关系到组织未来的发展方向，组织定位困境有可能进一步加剧，限制组织的供给能力。印巴同时加入在某种程度上可以被视为中俄之间一种"明智的妥协"（A Sensible Compromise）②。基于印度的实力和发展潜力，有学者认为印度将在上合组织中扮演重要的角色，并探讨了从中俄"双核"到"中俄印三国互动机制"的可能性和必要性③。当前，印度的角色定位有可能影响中国在上合组织内的话语权④。扩员后可能形成的中—俄—印、

---

① 赵华胜：《上海合作组织发展的可能性和限度》，《国际观察》2011年第3期，第28-34页；李进峰：《上海合作组织扩员：挑战与机遇》，《俄罗斯东欧中亚研究》2015年第6期，第36-44页；王宪举：《从乌法峰会看上海合作组织发展战略》，《俄罗斯学刊》2015年第6期，第29-34页；陈玉荣：《上海合作组织扩员的利与弊》，《欧亚经济》2017年第5期，第36-40页；李亮、曾向红：《上海合作组织扩员的风险前瞻》，《欧亚经济》2017年第5期，第20-27页；Swagata Saha, "The Future of the Shanghai Cooperation Organization," *East Asia Forum*, October 17, 2014, http://www. eastasia forum.org/2014/10/17/the-future-of-the-shanghai-cooperation-organisation/; William Piekos, Elizabeth C. Economy, "The Risks and Rewards of SCO Expansion," *The Council on Foreign Relations*, July 7, 2015, https://www.cfr.org/expert-brief/risks-and-rewards-sco-expansion;Eleanor Albert, "The Shanghai Cooperation Organization," *The Council on Foreign Relations*, October 14, 2015, https://www. cfr.org/backgrounder/shanghai-cooperation-organization.

② Richard Weitz, "The Shanghai Cooperation Organization's Growing Pains," *The Diplomat*, September 2015, https://thediplomat. com/2015/09/the-shanghai-cooperation-organizations-growing-pains/.

③ 李进峰：《上海合作组织扩员：挑战与机遇》，《俄罗斯东欧中亚研究》2015年第6期，第36-44页。

④ 李亮、曾向红：《上海合作组织扩员的风险前瞻》，《欧亚经济》2017年第5期，第25页。

中—巴或者俄—印的权力格局①，这将深刻影响上合组织的定位。上合组织有可能沦为大国的博弈场，而不再是区域合作的平台。基于此，强化成员国间的协调尤其是中俄之间的战略协调至关重要。此外，虽然印巴的加入对上合组织的区域定位并没有造成实质性影响，但地理区域的拓展在一定程度上冲击着中亚成员国在上合组织的地理中心位置，这也是中亚成员国对扩员事宜存在担忧的重要原因之一②。

第二，印巴同时加入在很大程度上对组织的凝聚力构成了威胁，组织认同困境有可能进一步加剧，使得成员国的供给意愿整体上更加复杂化。具体而言：其一，扩员后成员国数目的增多意味着信息交流更复杂，交易成本增高。在多个行为体博弈中，博弈者数目的增加也使得预期的多样化和复杂性相应增加，影响组织决策的变量增多。鉴于此，有学者甚至认为协商一致原则在扩员后可能成为阻碍性机制③。况且，在信息不完备的情况下，不确定性的增强将导致机会主义倾向和"搭便车"行为的普遍化④。基于此，相应的一系列技术性问题需要得到合理解决⑤。

---

① 李进峰：《上海合作组织扩员：挑战与机遇》，《俄罗斯东欧中亚研究》2015年第6期，第41-42页；雅科夫列夫：《俄罗斯、中国与世界》，孟秀云译，社会科学文献出版社，2007，第56页。

② 曾向红、李孝天：《中亚成员国对上海合作组织发展的影响——基于国家主义的小国分析路径》，《新疆师范大学学报》（哲学社会科学版）2017年第2期，第129页。

③ Денисов И. Е., Сафранчук И. А., Четыре проблемы ШОС в свете вопроса о расширении организации, http://www.vestnik.mgimo.ru/razdely/mirovaya-politika/chetyre-problemy-shos-v-svete-voprosa-o-rasshirenii-organizacii，转引自杨进：《俄罗斯学者谈上海合作组织》，载李进峰主编《上海合作组织黄皮书：上海合作组织发展报告（2017）》，社会科学文献出版社，2017，第344-353页。

④ Kenneth A. Oye, ed., *Cooperation under Anarchy* (Princeton: Princeton University Press, 1986), pp.19-20.

⑤ Stephen Grainger, "Meeting the Shanghai Cooperation Organization's (SCO) Challenges: What Role Can Technology Play?" *International Journal of Learning and Change* 7, no.1/2 (2013): 78.

其二，新成员的整合对成员国间关系构成了严峻的考验。处理得当，可以消除误解、减少误判，进而带动一系列相应问题的解决。处理不当，则将使成员国间关系日趋复杂化，组织面临"论坛化"风险。具体涉及两个维度的关系：（1）新老成员国之间的关系。尽管印巴自2005年以来就是上合组织的观察员国，但观察员国和正式成员国的权利和义务存在实质性差异。印巴的加入对于所有成员国而言都需要经历一个磨合适应的过程。（2）成员国间的双边关系。地理区域的扩展也意味着新问题、新矛盾的带入。印巴矛盾以及中印领土争端等问题使成员国间的关系复杂化①，或多或少会冲击组织的凝聚力。因此，有必要建立相应的冲突预警与调解机制，以强化组织认同。

其三，组织议题设置泛化的风险对成员国的分化作用。中亚地区是上合组织的地理依托，中亚事务一直以来都是上合组织的核心议题。扩员后，上合组织的问题领域②必将进一步拓展，而不恰当的拓展意味着组织议题设置泛化，这一风险具有潜在的分化作用③。其中，南亚议题的介入对中亚成员国认知的分化作用尤需谨慎应对。中亚成员国与中俄一样是上合组织的创始成员国，是"上海精神"的共同缔造者，具有中俄所不能代替的独特地位。哈、吉、塔、乌四国在上合组织中的定位和利益诉求有着诸多共性，在看待同一问题的视角上有别于中

---

① 陈玉荣：《上海合作组织扩员的利与弊》，《欧亚经济》2017 年第 5 期，第37 页。

② 所谓问题领域，是指某一组织合作的方向和着力解决的问题。James N. Rosenau, *The Scientific Study of Foreign Policy* (New York: Free Press, 1971), p.134.

③ 李亮、曾向红：《上海合作组织扩员的风险前瞻》，《欧亚经济》2017 年第 5 期，第 22 页。

俄两国，对扩员后组织议题的设置和本国影响力的变化存在担忧①。扩员后，中、俄、印是地区大国，中、俄、印、巴是有核国家。毋庸置疑，大国在某些议题中占据相对优势。而小国基于自身脆弱性，在大国博弈不断激化的时候更倾向于规避风险，或"不得不选边站"或"中立"或"投向第三方"。近年来最为显著的变化是：中亚一体化的趋势愈发明显，对上合组织的影响值得关注②。2016年，乌兹别克斯坦总统米尔济约耶夫执政后选择主动与中亚邻国改善关系。2018年3月13日，在阿斯塔纳举行的首届中亚国家元首磋商会议，标志着中亚地区的一体化出现新动向。

其四，印巴双边矛盾协调难度大。印巴分治以及克什米尔问题的悬而未决使得印巴两国间的安全猜疑和武装冲突成为影响南亚地区安全局势的关键因素。尽管印度表示不会将印巴双边矛盾带进上合组织，不会利用第三方平台来协调印巴冲突③，但实际上矛盾的带入不可避免。例如，印巴在恐怖主义问题上的分歧和相互指责很可能削弱上合组织的反恐成效。例如，印度将"穆罕默德军"（Jaish-E-Mohammed）和"虔诚军"（Lashkar-E-Taiba）列为巴基斯坦纵容支持的恐怖组织。巴基斯坦则宣称本国并非这两个组织的避风港，已经予以禁止。又如，

① 赵华胜：《上海合作组织：评析和展望》，时事出版社，2012，第266页；陈小鼎、王亚琪：《东盟扩员对上海合作组织的启示与借鉴——兼论上海合作组织扩员的前景》，《当代亚太》2013年第2期，第118页；杨成：《制度累积与上合、金砖发展的"中段陷阱"》，《世界知识》2015年第15期，第43页；Song Weiqing, "Interests, Power and China's Difficult Game in the Shanghai Cooperation Organization (SCO)," *Journal of Contemporary China* 23, no. 85(2014): 98; Stambulov Serik Berdibaevich, et al., "The Main Problems of SCO Enlargement at the Present Stage," *Asian Social Science* 11, no.13(2015): 8; Richard Weitz, "The Shanghai Cooperation Organization's Growing Pains," *The Diplomat*, September 2015, https://thediplomat.com/2015/09/the-shanghai-cooperation-organizations-growing-pains/.

② 张宁：《中亚一体化新趋势及其对上海合作组织的影响》，《国际问题研究》2018年第3期，第42-55页。

③ Ashok Sajjanhar, "India and the Shanghai Cooperation," *The Diplomat*, June 2016, https://thediplomat.com/2016/06/india-and-the-shanghai-cooperation-organization/.

巴基斯坦声称印度在印控克什米尔地区实行国家恐怖主义，而印度则指责巴基斯坦支持恐怖主义分子对其进行渗透，认为"印度是巴基斯坦恐怖主义受害者"①。在2001年印度议会大厦和2008年孟买的恐怖袭击事件中，印度政府将前者归责于巴基斯坦支持的克什米尔激进组织，将后者归责于位于巴基斯坦的"虔诚军"，导致印巴关系严重受挫。恐怖主义的影响也由于克什米尔问题而被进一步放大，甚至恶化到爆发战争的边缘②。2017年阿斯塔纳峰会期间，印度总理莫迪在会见巴基斯坦时任总理谢里夫时更是"暗讽"巴基斯坦是恐怖主义的"幕后支持者"③。基于此，协调印巴立场的差异性、培育新成员国对于培育组织认同而言至关重要。

第三，制度整合困境有可能进一步加剧，使得原本呈现重叠与竞争态势的多个区域安全机制相互掣肘，沦为大国竞争的工具，削弱区域安全公共产品的供给成效。尽管接纳印巴加入体现了上合组织的开放性与包容性，有利于其他国家客观中立地看待上合组织的发展历程，但外部力量的干扰作用不容忽视。西方国家曾认为上合组织是"集权国家集团"④。随着组织的壮大，西方国家对上合组织"反西方"的担忧将日益增强，极有可能在上合组织内部尚未完全整合好的情况下先发制人，分而治之。"警惕"和"防备"是近年来美国对上合组织的基本态度。把上合组织放到中国与现行国际体系关系的视野下去思考，

---

① 王伟华：《南亚恐怖主义与地区安全研究》，博士学位论文，复旦大学，2012，第67-78页。

② 王伟华：《南亚恐怖主义与地区安全研究》，博士学位论文，复旦大学，2012，第62-64页。

③ "PM Modi at SCO Summit: at SCO Summit, PM Modi Takes Veiled Dig at Pakistan in Strong Anti-Terror Pitch," *The Times of India*, Jun 9, 2017, https://timesofindia.india times. com/india/at-sco-summit-pm-modi-takes-veiled-dig-at-pakistan-in-strong-anti-terror-pitch/ articleshow/59075004.cms.

④ Thomas Ambrosio, "Catching the 'Shanghai Spirit': How the Shanghai Cooperation Organization Promotes Authoritarian Norms in Central Asia," *Europe-Asia Studies* 60, no.8: 1321-1344.

更是美国讨论上合组织的新角度①。与此同时，美日主导下的"印太战略"赋予印度的重要性，也使得印度在参与上合组织事务时具有潜在的离心倾向。若事态恶化，域外大国极有可能借此干扰上合组织的正常发展。此外，上合组织与集安组织的关系很大程度上取决于中俄之间的战略协调，需要充分重视。

从三大困境的维度来看，扩员后组织内外环境确实比较严峻，上合组织区域安全公共产品供给面临一系列挑战。基于此，印度学者明确指出："上合组织要想成为一个成功的区域组织，必须采取双轨措施。在宏观层面上，与集安组织等组织确立共同的愿景并相互信任；在微观层面上，成员国间双边的区域问题需要得到解决。"②尽管如此，深化安全合作的前景并不像大多数学者所预测的那样悲观，扩员后上合组织安全合作的潜力更明显③，区域安全公共产品的供给仍存在诸多机遇。理由如下：

首先，从个体贡献和公共产品总体水平的关联来讲，印巴的加入客观上提升了组织的影响力和融资水平，供给能力得以增强。具体而言：其一，非传统安全领域的安全供给，诸如地区反恐机制、地区禁毒机制等，基本属于"最弱环节型"区域公共产品供给④，即哪怕贡献最小者对于区域公共产品供给都具有核心意义，而且所有的供给是非相加和非替代性的⑤。面临"三股势力"的威胁，反恐等机制的有效运

① 王晨星：《美国学界对上海合作组织的看法综述（2011—2016年）》，载李进峰、吴宏伟、李少捷主编《上海合作组织黄皮书：上海合作组织发展报告（2016）》，社会科学文献出版社，2016，第305-314页。

② Swagata Saha, "The Future of the Shanghai Cooperation Organization," *East Asia Forum*, October 19, 2014, http://www. eastasia forum. org/2014/ 10/17/the-future-of-the-shanghai-cooperation-organisation/.

③ 《习近平集体会见上海合作组织成员国安全会议秘书会议外方代表团团长》，http://www.xinhuanet.com/politics/2018-05/22/c_1122871417.htm.

④ 王健：《上海合作组织发展进程研究：地区公共产品的视角》，上海人民出版社，2014，第115页。

⑤ Katharina Holzinger, *Transnational Common Goods: Strategic Constellations, Collective Action Problems, and Multi-level Provision* (New York: Palgrave Macmillan, 2008), p.77.

行对于所有国家而言都具有不可替代的作用。其二，印巴的综合实力较强，发展潜力明显。从军事实力角度来看，据"环球军力"（Global Firepower）2018年的数据，印度军事实力排名世界第四，位居美、俄、中三国之后，巴基斯坦排世界第17位[①]。就经济实力而言，据世界银行的数据，印巴经济近年来保持持续增长的势头[②]。其中，2017年印度更是超越法国位列世界第六大经济体。成员国整体实力的显著增强无疑将进一步提升上合组织区域公共产品的供给能力，拓展合作空间。此外，印巴的加入将中亚和南亚地区连为一体，一方面扩大了合作反恐反毒等的地域范围，为区域安全稳定弧的构建提供了地理空间；另一方面，由于印巴在阿富汗问题上的重要性，有助于发挥上合组织-阿富汗联络组的作用。

其次，上合组织内在的"供给动力"能够有效避免集体行动的困境，提升成员国的供给意愿。这种"供给动力"体现在两个方面：一是就中俄甚至印度而言，出于满足安全需求、区域合作主导权以及获得国际声望等战略考虑，即便"不成比例地"承担公共产品的供给成本，也具备较强的供给意愿[③]。二是就中亚成员国以及巴基斯坦而言，对区域安全公共产品的需求强烈，上合组织的吸引力恰恰在于所供给的区域公共产品能对接成员国的安全需求，因此，这些成员国即便供给能力有限，也愿意参与供给。上合组织的区域安全需求具有紧迫性和长期性的特点。基于共同安全需求，虽然理性而自利的行为体并不一定会采取集体行动，但是根据集体行动的逻辑，小规模集团成功采

---

① "2018 Military Strength Ranking," *Global Fire Power*, https://www.globalfirepower. com/countries-listing.asp.

② "GDP (Current US $) - India," *World Ban*, https://data. worldbank. org/indicator/NY. GDP.MKTP.CD?locations=IN&view=chart; "GDP (Current US$)-Pakistan," *World Ban*, https: //data.worldbank.org/indicator/NY.GDP.MKTP.CD?locations=PK&view=chart.

③ Mancur Olson, Richard Zeckhauser, "An Economic Theory of Alliances," *The Review of Economics and Statistics* 48, no.3（1966）:266-279; 王玉主：《区域公共产品供给与东亚合作主导权问题的超越》，《当代亚太》2011年第6期，第75-94页。

取集体行动的可能性较高①。这一点也与今后在扩员步伐和对象选择上更加审慎的态度相契合。首次扩员后，上合组织成员国的数目从6个上升为8个，数目相对有限，且印巴两国曾是上合组织的观察员国，信息成本和交易成本相对较低。此外，由于地理上的邻近所形成的相互制约比较明显，同时又面临共同的威胁和挑战，从而能够更加有效地防止区域安全公共产品被某个大国私物化②。基于此，尽管存在诸多担忧，但新老成员国对进一步深化安全合作均持积极态度，特别是在反恐领域，各方都表态愿意合力提升反恐水平。作为新成员，印巴积极参与上合组织"和平使命-2018"联合反恐军事演习就是代表性案例。

最后，技术性问题相对易于解决，"协商一致"的决策机制在一定程度上有助于包容和协调扩员后成员国的异质性。诚然，扩员后涉及一系列技术问题，诸如工作语言、机构设置、人事安排等问题都需要跟进解决。然而，技术问题相较于政治问题更易于得到解决。就工作语言而言，目前上合组织的官方语言为中文和俄文。扩员后即使印巴的官方语言为印地语、乌尔都语以及英语，所有会议也都有这些语言的口译，所有的官方文件也都会相应打印，或在网上出版这些语言的翻译版本，扩充官方语言也仅仅只是时间问题。就机构设置和人事安排而言，上合组织的所有机构都有相应的职能安排和人事任免机制。例如，秘书处是上合组织的日常行政机构。秘书长由成员国按国名的俄文字母顺序轮流担任，任期三年，不得连任。即使众多学者担忧协商一致原则在扩员后会成为上合组织运行的阻碍性机制，也不能忽视这一原则所具备的重要价值。协商一致原则是"上海精神"的重要组成部分，成就了上合组织的开放性和包容性，在整合异质性方面发挥着关键作用。当然，也可借鉴东盟决策的"Y-X"原则来补充和完善这一原则。所谓"Y-X"原则，即成员总数减去一个或几个成员的原则。

---

① 曼瑟尔·奥尔森：《集体行动的逻辑》，陈郁等译，上海人民出版社，1995，第19-28页。

② 樊勇明、簿思胜：《区域公共产品理论与实践——解读区域合作新视点》，上海人民出版社，2011，第17页。

如果组织中一个或少数几个成员国表示将暂不参加某个议案所规定的集体行动，但却又不反对该议案，而其他成员国不仅表示支持而且愿意参加该议案所规定的集体行动，则该议案可以作为组织的决议通过①。相较于技术性障碍问题，扩员是影响组织整体运作体系的重大事件，推动了组织机制的进一步完善。

总体而言，扩员既是上合组织顺应组织发展阶段的需要，也是应对全球和地区新形势的重大举措，对上合组织区域安全公共产品的供求关系产生了重要影响。一方面，尽管扩员后成员国间的差异性进一步拉大，但存在差异不注定走向对立冲突，共同的安全需求仍然是新老成员国合作供给区域安全公共产品、深化安全合作的基本动力。相较于传统安全领域的零和博弈特征，上合组织安全合作的优先和重点领域为非传统安全领域，这一领域问题所具有的跨国性以及合作的正外部性，使得组织具有重要的存在价值。可以说，历经二十余年的发展，上合组织的机制设置和运行不断完善、合作基础不断巩固、合作领域不断拓展，具备整合新成员的能力和应对内外挑战的潜力，仍在按照既有的政治设计稳步发展。另一方面，新成员的加入无疑为改变上合组织区域安全公共产品供给不足的现状提供了重要契机。与此同时，制约上合组织区域安全公共产品供给的三大困境在扩员后有可能进一步加剧，必须高度重视，尽量趋利避害。基于新老成员国共同而强烈的安全需求，如何实现上合组织区域安全公共产品的有效供给仍是深化安全合作的关键所在。上合组织应根据扩员后的新形势调整发展战略，实现区域安全公共产品的有效供给。

---

① 朱仁显、何斌：《东盟决策机制与东盟一体化》，《南洋问题研究》2002年第4期，第52页。

第三节　上合组织深化安全合作的路径选择

随着扩员后组织内外环境的变化，上合组织进入了深入发展的新阶段。新形势下，上合组织创新区域安全合作模式、推进安全合作迈上新台阶的关键在于对接成员国的安全需求，形成完整有效的区域安全公共产品供给机制。只有进一步明确组织定位，培育组织认同，深化与本地区内其他安全机制的合作，通过发挥中俄的主导国作用、协调供求关系、对接"一带一路"等路径来整合新老成员国的利益需求、提升区域安全公共产品的供给水平，才能不断深化安全合作，推进上合组织的新发展。具体而言：

第一，明确组织定位，进一步发挥中俄的主导国作用。在区域合作中，主导国的存在非常重要，其作用就是为合作提供必要的公共产品[1]。法德联手推进欧洲一体化就是代表性案例。上合组织的发展在很大程度上得益于中俄之间的战略协调。中俄不仅承担了上合组织运行的主要合作成本，而且积极为上合组织框架内的区域公共产品供给提供倡议和资金支持，在组织发展过程中起着主导作用。扩员后，基于印度的发展潜力，其在上合组织中无疑会扮演越来越重要的角色，但不可能动摇中俄的"双引擎"地位。因此，进一步发挥中俄主导国的作用至关重要。

作为主导国，中俄之所以在上合组织的定位和发展方向上存在差

---

[1] Walter Mattli, *The Logic of Regional Integration: Europe and Beyond* (Cambridge: Cambridge University Press, 1999), pp.41–67.

异，很重要的一个原因是各自在中亚的优先目标与议程上差异较大①。俄罗斯不仅将中亚视为周边地区，更将其看作原苏联地区。俄罗斯从不讳言在原苏联地区推行一体化政策，试图通过集安组织与欧亚经济联盟来构建安全、经济两大支柱以主导欧亚一体化进程，对其他大国在中亚地区影响力的上升持警惕态度。印巴的加入扩展了上合组织的地理区域，在一定程度上破除了上合组织与中亚相互覆盖的主观印象，有助于明晰中国的中亚政策与上合组织框架下的中国倡议之间的区别，减少俄罗斯对中国的中亚政策的误解，从而促进中俄在上合组织内加强政策协调②。中俄需要强化战略对表，切实尊重彼此的优先选择，进一步理顺组织定位和发展方向，强化上合组织区域公共产品的供给能力。

新形势下，首先需要强调的是：中亚曾经是、现在是、也将永远是上合组织空间的地理中心。这一举措的重要意义在于：一方面可以防止组织议题泛化；另一方面有助于消除中亚成员国对中亚中心地位可能被弱化的担忧。其次，作为综合性地区组织，安全合作始终是上合组织的发展动力所在。再次，俄罗斯应充分认识到推进上合组织经济合作的必然性以及经济发展对地区安全的促进作用。最后，针对扩员后组织内部协调的迫切性，中俄需要在增强成员国互信方面发挥关键作用。基于共同的安全需求，以合作为基本导向，以中俄、中巴、俄印等既有的战略伙伴关系为基础，协调中印、俄巴以及印巴双边关系，共同引导上合组织安全合作迈上新台阶。

第二，培育组织认同，协调供求关系。印巴加入后，上合组织包含了儒家文明、斯拉夫文明、伊斯兰文明、印度文明等多种文明，成

---

① Jean Pierre Cabestan, "The Shanghai Cooperation Organization, Central Asia, and the Great Powers, An Introduction: One Bed, Different Dreams?" *Asian Survey* 52, no.3（2013）：423-435; Teemu Naarajärv, "China, Russia and the Shanghai Cooperation Organization: Blessing or Curse for New Regionalism in Central Asia?" *Asia Europe Journal* 10, no.2/3（2012）：113-126.

② 李进峰：《上海合作组织扩员：挑战与机遇》，《俄罗斯东欧中亚研究》2015年第6期，第39-40页。

员国之间的异质性进一步凸显，在一定程度上加剧了组织认同的困境。基于此，要满足成员国对区域安全公共产品的刚性需求，必须培育组织认同，整合异质性较强的成员国；必须对接成员国共同安全需求、提升区域安全公共产品供给水平，进而协调供求关系。具体而言，可以从以下三个方面入手：

其一，继续弘扬"上海精神"，打造"上合组织命运共同体"。"上海精神"从多方面凝聚共识，为成员国合作供给区域安全公共产品奠定了理念基础。其中，共同、综合、合作、可持续的安全观顺应和平、发展、合作、共赢的时代潮流，有助于成员国增强战略互信，塑造和平稳定的地区环境。开放、融通、互利、共赢的合作观拒绝自私自利、短视封闭的狭隘政策，有助于成员国在维护核心利益的同时实现互利共赢。平等、互鉴、对话、包容的文明观超越意识形态和社会制度差异，在求同存异中兼容并蓄，有助于不同文明间的交流对话，凝聚组织认同①。"上海精神"具有超越时代和地域的生命力和价值②，是上合组织始终保持旺盛生命力、强劲合作动力的根本原因③。在2018年4月24日召开的上合组织成员国外交部长理事会例行会议上，新老成员国的外长一致表示：上合组织将在遵循"上海精神"的基础上，成为具有威望的新型国际组织以及国际关系体系中有影响力的参与者；上合组织成员国坚定奉行《上海合作组织宪章》的宗旨和原则，秉承"上海精神"理念，继续有效落实《上海合作组织成员国长期睦邻友好合作条约》和上合组织其他现行法律文件规定，全力发展和深化各领域务实合作，增进团结互信，共谋本地区和平稳定安全，促进持久发展

---

① 《习近平上合青岛峰会提出"五观"贡献新时代中国智慧》，http://politics.people.com.cn/n1/2018/0610/c1024-30048459.html。

② 本报评论员：《弘扬"上海精神"破解时代难题——二论习近平主席上合组织青岛峰会重要讲话》，《人民日报》2018年6月12日第1版，http://opinion.people.com.cn/n1/2018/0612/c1003-30051074.html。

③ 习近平：《弘扬"上海精神"构建命运共同体——在上海合作组织成员国元首理事会第十八次会议上的讲话》，https://www.gov.cn/xinwen/2018-06/10/content_5297652.htm。

与繁荣①。《上海合作组织成员国元首理事会青岛宣言》中重申了这一主张。在2018年10月11日—12日召开的上合组织成员国政府首脑（总理）理事会第十七次会议上，各代表团团长再次强调，要恪守《上海合作组织宪章》的宗旨和任务，遵循《上海合作组织至2025年发展战略》，继续加强政治、安全、贸易等领域合作，推动建设相互尊重、公平正义、合作共赢的新型国际关系，构建人类命运共同体理念②。中国在青岛峰会上所倡议的"上合组织命运共同体"不仅与"上海精神"一脉相承，也是"人类命运共同体"在区域层面的体现和实践，继承了求同存异、开放包容的核心价值，超越了文明冲突、零和博弈等陈旧观念，是新形势下构建组织认同、提升成员国区域安全公共产品供给意愿的重要举措。

其二，对接新老成员国的利益诉求，明确安全领域的合作重点。只有深度对接成员国的真实需求，才能发挥上合组织的比较优势，凝聚组织认同。针对成员国多元化的利益取向，上合组织需要依据组织的比较优势，灵活应对、综合平衡。例如，基于阿富汗问题对本地区的重要性以及印巴加入后上合组织在这一问题上不可忽视的潜力，可以通过进一步强化上合组织-阿富汗联络组的工作等方式"建设性介入"，但同时也要谨防被深度卷入阿富汗乱局而无法自拔③。当然，对接新老成员国的利益需求并不意味着组织议题设置的泛化。上合组织需要进一步明确组织的核心议题，避免"任务超载"。很显然，安全合作仍然是上合组织的优先方向所在，应继续坚持以非传统安全问题为核心议题。新成员加入后不能干扰上合组织的核心议题与合作重点，

---

① 《上海合作组织成员国外长理事会会议新闻公报（全文）》，http://www.mod.gov.cn/gfbw/sy/tt_214026/4810436.html。

② 《上海合作组织成员国政府首脑（总理）理事会第十七次会议联合公报（全文）》，https://www.gov.cn/xinwen/2018-10/13/content_5330155.htm。

③ 赵华胜：《上海合作组织：评析和展望》，时事出版社，2012，第254-262页；肖玛：《上海合作组织对未来阿富汗和平进程的作用》，《边界与海洋研究》2016年第3期，第68-77页。

新成员也可以有选择性地参加原有的议题①。未来上合组织在安全领域的重点仍将是：打击恐怖主义、分裂主义和极端主义，以及贩运毒品、武器、弹药和爆炸物、核原料和放射性物质；打击跨国有组织犯罪、非法移民和拐卖人口、洗钱、经济犯罪和腐败行为②。其中，反恐合作仍然是重中之重，完善地区反恐机构职能是提升上合组织反恐能力的重要举措。

其三，细化供给方式，提升区域安全公共产品的供给水平。就供给方式而言，上合组织区域安全公共产品主要由中俄主导提供或组织成员国集体提供，并未充分挖掘组织内多行为体参与提供、组织对外开放合作提供等供给方式的潜力③。相应地，上合组织在有效的融资机制和充足的财力支持方面仍显不足，直接影响了公共产品的供给水平。多渠道融资支持体系对上合组织区域安全公共产品的供给至关重要。随着中亚成员国经济的发展和新成员的加入，这种局面将会有所改善。除了发挥成员国政策性融资工具的作用外，还应该探索诸如构建与金融机构和企业的合作平台、注重与区域内外其他机构的合作交流等融资方式来提升上合组织区域安全公共产品的供给能力。就供给水平而言，上合组织区域安全公共产品种类有限，质量有待提高。基于此，有必要全面提升既有公共产品的质量，适时扩充安全类区域公共产品的种类。一方面，要继续供给并完善地区反恐机制、地区禁毒机制、上合组织-阿富汗联络组机制等既有的区域安全公共产品。其中，以地区反恐机制建设为例，应以扩员为契机，进一步发挥上合组织地区反恐机构的作用，继续定期举行以"和平使命"为代表的联合反恐军事演习。印巴两国加入"和平使命-2018"联合反恐军事演习朝此迈出了重要的步伐，对成员国间加强情报交流和联合行动、提升

① 李进峰：《上海合作组织扩员：挑战与机遇》，《俄罗斯东欧中亚研究》2015年第6期，第43页。

② 拉希德·阿利莫夫：《上海合作组织的创建、发展和前景》，王宪举等译，人民出版社，2018，第62页。

③ 王健：《上海合作组织发展进程研究：地区公共产品的视角》，上海人民出版社，2014，第131-135页。

安全领域的协调水平和行动能力具有重要意义。另一方面，应根据内外环境的变化进一步扩充区域安全公共产品的种类，拓展与地区安全问题相关的其他安全类公共产品，例如信息安全合作机制、执法安全合作机制等，从而不断提升上合组织应对复杂局面、处置复杂事态的能力。

第三，深化与域内其他安全机制之间的合作，形成互补型供给。成员国的安全需求具有综合性，仅仅依靠上合组织则无法满足。因此，域内的其他安全机制诸如集安组织等有其存在的合理性。就非传统安全问题而言，如恐怖主义，其外部性不仅具有跨国性，在一定程度上还具有跨区域性甚至全球性。因此，诸如美国等域外大国及其所提供的安全机制有其存在的空间。扩员后，上合组织所涵盖的地理范围进一步扩展，不可避免地会涉及更多竞争性机制。上合组织必须予以正视，问题的关键在于寻找契合点，促进上合组织与域内其他机制的良性互动，形成互补型供给。首先，需要明晰区域安全问题的管辖权。明晰区域内不同性质安全问题的管辖权，才能更好地划分不同主体在供给公共产品上的责任，提升区域治理水平。一方面要强化与域内其他组织以及域外大国的合作；另一方面要防范这些组织或国家对域内事务的非正当性介入和干预，审慎应对外部介入对成员国产生的负面影响。以反恐行动为例，域外大国和其他国际组织的参与和配合在一定程度上符合上合组织的安全利益，可以通过协商合作的方式建立广泛伙伴关系网，但同时也要谨防某些国家借反恐之名介入成员国的内政事务。其次，优势互补，实现双赢。自成立以来，上合组织始终秉持开放性原则，重视与联合国及其分支机构、集安组织与欧安组织等国际组织开展交流与合作，特别是在反恐、反毒、情报合作方面。基于地区安全形势的严峻性以及扩员后组织影响力的增强，上合组织在区域安全问题上发挥作用的潜力进一步提升，更需要加强对外合作。其中，集安组织无疑占有重要地位。上合组织地区反恐机构长于情报收集和分析，而集安组织拥有1.5万人的快速反应部队，若二者能以协商合作的方式共同努力，将为保障地区和平创造更多可能性。

第四，对接"一带一路"倡议，发挥经济合作对上合组织地区安全的促进作用。"发展与和平是同一枚硬币的两面"①。一方面，区域安全、打击跨国犯罪等区域安全公共产品供给是经济发展的必要条件。另一方面，区域发展合作可以有力地抵制在许多发展中地区存在的国内冲突和不确定性等破坏生产力的因素②。尽管上合组织经济合作相对滞后，但中国所倡导的"一带一路"倡议在操作框架上覆盖并超越了整个上合组织地区，与俄罗斯、哈萨克斯坦等上合组织成员国的发展计划实现了战略对接，中巴经济走廊、孟中印缅经济走廊也在不断推进。"丝路精神"与"上海精神"交相辉映，上合组织是推进"一带一路"倡议建设的重要合作平台。对接"一带一路"倡议，可以深化新老成员国间的合作基础，促进上合组织安全合作的深化。原因有三：其一，以上合组织为重要平台来推进"一带一盟"的战略对接③，一定程度上协调了中俄经济合作立场的差异化，为上合组织经济合作提供了驱动力和战略依托，对推动上合组织形成新型多边合作模式具有深

---

① Bjorn Hettne, Fredrik Soderbaum, "The New Regionalism Approach," *Politeia* 17, no.3(1998):6-21.

② 帕克里克·斯塔尔格林：《区域性公共产品与国际发展合作的未来——区域性公共产品文献综述》，载安东尼·埃斯特瓦多道尔、布莱恩·弗朗兹、谭·罗伯特·阮著《区域性公共产品：从理论到实践》，张建新、黄河、杨国庆等译，上海人民出版社，2010，第432页。

③ E.M.库兹米娜：《上海合作组织作为欧亚经济联盟与"丝绸之路经济带"对接平台的可能性》，农雪梅译，《欧亚经济》2016年第5期，第34-43页。

远意义①。其二，以上合组织为连接中枢来推进"一带一盟"与中巴经济走廊、孟中印缅经济走廊对接与合作②，契合成员国的发展需求，有利于整合成员国多元化利益需求，尤其是新成员国印巴的利益需求③，夯实成员国间的合作基础，提升组织的凝聚力与竞争力；同时有利于缓解上合组织公共产品供给的融资困境。其三，对接"一带一路"倡议，一定程度上也有利于消除上合组织域内"三股势力"等安全威胁滋生的经济土壤。

俄、哈、吉、塔、乌、巴六国在2018年《上海合作组织成员国元首理事会青岛宣言》中重申支持中国提出的"一带一路"倡议，"肯定各方为共同实施'一带一路'倡议，包括为促进'一带一路'和欧亚经济联盟对接所做的工作。各方支持利用地区国家、国际组织和多边合作机制的潜力，在上合组织地区内构建广泛、开放、互利和平等的伙伴关系"④。尽管印度对"一带一路"倡议并未作出明确回应⑤，但推动经济发展尤其是基础设施建设和能源合作也是印度加入上合组织

---

① 孙超：《"一带一盟"对接与上海合作组织发展前景》，《欧亚经济》2016年第5期，第97页；I.Gatev, G.Diesen, "Eurasian Encounters: the Eurasian Economic Union and the Shanghai Cooperation Organization," *European Politics and Society* 17, no.1 (2016): 1–18; Zhenis Kembayev, "Implementing the Silk Road Economic Belt: from the Shanghai Cooperation Organization to the Silk Road Union?" *Asia Europe Journal* 16, no.1 (2017): 37–50; Rashid Alimov, "The Shanghai Cooperation Organization: Its Role and Place in the Development of Eurasia," *Journal of Eurasian Studies* 9, no.2 (2018): 114–124; A. Lukin, "Russian-Chinese Cooperation in Central Asia and the Idea of Greater Eurasia," *India Quarterly*, January 30, 2019, https://doi.org/10.1177/0974928418821477.

② 薛志华：《上海合作组织扩员后的发展战略及中国的作为——基于SWOT方法的分析视角》，《当代亚太》2017年第3期，第75页。

③ 陈小鼎、马茹：《上合组织在丝绸之路经济带中的作用与路径选择》，《当代亚太》2015年第6期，第68页。

④《上海合作组织成员国元首理事会青岛宣言（全文）》https://www.gov.cn/xinwen/2018-06/11/content_5297717.htm.

⑤ 林民旺：《印度对"一带一路"的认知及中国的政策选择》，《世界经济与政治》2015年第5期，第42-57页。

的重要考量①。显而易见，现实主义者认为印度继续警惕中国在安全方面的活动并奉行谨慎的遏制政策是正确的。但正如一些评论家所倡议的，印度在经济方面需要积极与中国合作，从而刺激制造业、基础设施发展和就业。对于印度而言，最适合采取的政策可能是"如果你不能打败它，那么加入它"②。

结　语

上合组织因共同的安全需求俨然已成为"命运共同体"。维护地区和平、实现互利共赢，需要上合组织成员国携手共进、深化合作。扩员后，上合组织的国际影响力将显著提升。毋庸置疑，安全合作必将继续作为上合组织的发展方向与重要任务，为新老成员国带来更大的安全空间与合作机遇。与此同时，基于成员国的异质性与组织的独特成长阶段，深化成员国间的安全合作任重道远。区域安全公共产品的供求关系直接影响着上合组织深化安全合作的前景，进而关系到扩员后组织发展的整体前景。上合组织要继续以成员国共同的发展需求为出发点，以中亚及其周边地区事务，特别是非传统安全问题为核心议题③，强化经济、人文等领域的合作；同时，要与时俱进，克服组织内部现有问题的局限，与域内其他机制开展更为积极有效的合作，不断探索深化安全合作的路径，以实现区域安全公共产品的有效供给。值得一提的是，打造"上合组织命运共同体"将是上合组织未来深化安全合作的重要方向，其前景将关系到上合组织发展的整体布局。

打造"上合组织命运共同体"，必须充分考虑到以下问题：（1）如

---

① 谷永芳、温耀庆：《"一带一路"战略下中国与俄罗斯和印度经贸合作研究》，经济管理出版社，2016，第58页。

② Jeremy Garlick, "If You Can't Beat Them, Join Them: Shaping India's Response to China's 'Belt and Road' Gambit," *China Report* 53, no.2(2017):143-157.

③ 陈小鼎、王亚琪：《东盟扩员对上海合作组织的启示与借鉴——兼论上海合作组织扩员的前景》，《当代亚太》2013年第2期，第120页。

何塑造上合组织命运共同体的国际话语权，使得这一理念深入人心。
（2）如何协调成员国利益诉求的差异。利益相容是打造上合组织命运
共同体的基本前提。（3）如何对接成员国的多元化需求。满足成员国
的需求既是培育组织认同的重要路径，也是打造上合组织命运共同体
的关键所在。（4）如何夯实上合组织命运共同体建设的实践基础。离
开了有力的实践支撑，任何理念都是苍白无力的，必须以相应的战略
实践来支撑上合组织命运共同体的建设。这些议题将是上合组织研究
的重要增长点，有待进一步探索。

第三章

上合组织对接
"一带一路"的
基础与发展空间

　　自 2013 年 9 月 7 日习近平主席在哈萨克斯坦纳扎尔巴耶夫大学提出"丝绸之路经济带"战略构想以来，一直受到国内外的高度关注。现有研究大多围绕丝绸之路经济带的历史渊源、战略内涵、实施方式、挑战及与其他相关区域经济合作构想（美国的新丝路计划、俄罗斯的欧亚经济联盟）的异同等展开论述，对策性强，有助于充实、细化丝绸之路经济带的构想与实施方案，为相关决策提供学术论证，现实意义突出①。随着《推动共建丝绸之路经济带和 21 世纪海上丝绸之路的愿景与行动》（以下简称《"一带一路"的愿景与

　　① 胡鞍钢、马伟：《丝绸之路经济带：战略内涵、定位和实施路径》，《新疆师范大学学报》（哲学社会科学版）2014 年第 2 期，第 1-9 页；庞昌伟：《能源合作："新丝绸之路经济带"战略的突破口》，《新疆师范大学学报》（哲学社会科学版）2014 年第 2 期，第 11-18 页；赵东波、李英武：《中俄及中亚各国"新丝绸之路"构建的战略研究》，《东北亚论坛》2014 年第 1 期，第 106-112 页；何茂春、张冀兵：《"新丝绸之路经济带"的国家战略分析》，《学术前沿》2013 年第 12 期，第 6-13 页；杨恕：《中国西部地区需要什么样的新丝绸之路》，《学术前沿》2013 年第 12 期，第 14-19 页。

行动》）文件的发布，丝绸之路经济带的总体架构已经明朗，学界的研究重点已转向实施过程中的操作性环节，包括如何对接共建国家的发展战略、如何充实完善现有合作平台、如何推动互联互通等具体问题。其中，如何在关键地区与重要领域率先推进，发挥示范性作用，成为构建丝绸之路经济带的当务之急①。

无论是基于历史渊源还是现实考虑，中亚作为丝绸之路经济带的核心区域，具有不可替代的地缘价值与政治意义②。《"一带一路"的愿景与行动》明确指出，丝绸之路经济带的重点是畅通中国经中亚、俄罗斯至欧洲（波罗的海）。经过多年的经营，上合组织已成为中亚区域合作的重要平台，在区域内发挥着日益突出的作用，这为丝绸之路经济带的推进奠定了良好的基础。与此同时，丝绸之路经济带的推进紧密契合了上合组织扩员的需求，为上合组织的发展注入了新的动力，提升区域经济合作水平，推动上合组织的进一步发展。2015年7月10日，上合组织在"乌法峰会"上决定接纳印度和巴基斯坦为正式成员国。

扩员提升了上合组织的国际影响力，拓展了新的合作空间，壮大了区域经济合作的潜力，有助于实现中南亚之间的互联互通，进而推进丝绸之路经济带。但扩员也给上合组织带来了一定压力，尤其是在如何完善合作机制、包容印度与巴基斯坦的利益需求、协调成员国间的关系、提高对上合组织的认同度等方面。就现阶段而言，上合组织可以通过丝绸之路经济带来承接印度和巴基斯坦提升区域经济合作水平的需求，逐步消化扩员带来的整合压力。因此，如何充分对接丝绸之路经济带、提升区域经济合作水平、推动成员国经济发展，成为上合组织的重大议题。

鉴于此，本章以区域合作新模式为切入点，集中剖析上合组织在

---

① 赵华胜：《丝绸之路经济带的关切点与切入点》，《新疆师范大学学报》（哲学社会科学版）2014年第3期，第31页。

② 胡鞍钢、马伟：《丝绸之路经济带：战略内涵、定位和实施路径》，《新疆师范大学学报》（哲学社会科学版）2014年第2期，第6页。

丝绸之路经济带构建中的合作理念、制度建设与路径选择，并前瞻扩员后上合组织区域经济合作的新趋势与新挑战。

第一节　基于新型区域合作的理念契合

丝绸之路经济带的战略构想源自中国周边外交的转型升级，是创新区域合作模式的重要体现。自2001年成立以来，上合组织的作用与地位日益彰显，为创新型区域合作模式提供了重要借鉴。正是基于新型区域合作模式的理念契合，上合组织与丝绸之路经济带才能相互促进，致力于深化中国周边区域合作[①]。那么，何谓新型区域合作模式？如何在上合组织与丝绸之路经济带中予以体现？理念契合又将如何影响上合组织深入参与丝绸之路经济带的构建？下面将深入探讨这些问题。

新型区域合作模式的参照对象是以欧盟为代表的传统区域主义实践，是对既有地缘政治与地缘经济模式的超越，具备更充足的制度与利益包容性[②]。欧盟建立在成员国同质性较强的基础之上，历史进程、政治经济制度与宗教文化的接近等因素成就了欧洲一体化的广度与深度。而东盟与上合组织都面临着如何克服成员国异质性突出的挑战[③]。经过多年实践探索，以"东盟方式"和"上海精神"为代表的新型区

---

① 赵华胜：《丝绸之路经济带的关切点与切入点》，《新疆师范大学学报》（哲学社会科学版）2014年第3期，第30页。

② 冯维江：《丝绸之路经济带战略的国际政治经济学分析》，《当代亚太》2014年第6期，第80页。

③ Stephen Aris, "A New Model of Asian Regionalism: Does the Shanghai Cooperation Organization Have More Potential than ASEAN," *Cambridge Review of International Affairs* 22, no.3(2009):452−456.

域合作模式已逐渐成形并得到认可①。就"上海精神"而言，其核心是"互信、互利、平等、协商、尊重多样文明、谋求共同发展"，彰显了中国周边外交的新思路与亚洲区域合作的新特征，具体包括：第一，基于平等协商的新合作观。坚持大小国家主权平等、协商一致，以合作促和平，以合作谋发展，维护成员国核心利益，互利共赢。上合组织成员国在国家实力、政治经济制度和宗教文化上差别大，无法按照欧盟模式予以有效整合，只能因地制宜，以平等互利的方式推动区域合作。第二，基于共同安全、合作安全、综合安全与可持续安全的新安全观。上合组织秉承不结盟、不对抗与不针对第三方的基本原则，坚持不干涉内政，以开放合作的方式增强战略互信，为成员国的发展创造稳定的安全环境。第三，基于多元包容的新文明观。尊重文明的多样性与彼此的自主选择，倡导在求同存异中兼容并蓄，推动文明间的交流对话，促进区域认同的生成。

简言之，正是以"上海精神"为核心理念，并充分考虑成员国的异质性，上合组织实现了具有不同文化、宗教和社会制度的国家间的和谐共进，有效应对了各种威胁和挑战，维护了成员国经济社会的稳定发展，成为欧亚大陆深化区域合作的典范，也成就了新型区域合作模式。而丝绸之路经济带正是这一新型区域合作模式的实践与深化。以"和平合作、开放包容、互学互鉴、互利共赢"为核心的"新丝路精神"，正是"上海精神"基本内涵的充分体现②。总体而言，有别于传统的区域经济合作模式，丝绸之路经济带是一种复合、开放、共赢的合作方式，充分发挥了地缘优势，在不同发展水平、不同文化传统、不同资源禀赋、不同社会制度的国家之间，开辟了一条开展平等合作、共享发展成果的有效路径。丝绸之路经济带旨在推动共建国家实现经济政策协调，开展更大范围、更高水平、更深层次的区域合作，共同

①陈小鼎、王亚琪：《东盟扩员对上海合作组织的启示与借鉴》，《当代亚太》2013年第2期，第105-106页。

②张德广：《新丝绸之路与上海合作组织》，《西安交通大学学报》（社会科学版）2007年第6期，第1-3页。

打造开放、包容、均衡、普惠的区域经济合作架构①。可以说，"上海精神"与"新丝路精神"的高度契合奠定了上合组织致力于丝绸之路经济带建设的政治基础，有助于推动中国周边外交的转型升级，具体体现在以下几个方面。

第一，理念契合赋予了上合组织推动丝绸之路经济带建设的使命感。作为首个由中国发起并以中国城市命名的地区性国际组织，上合组织在中亚地区的政治、安全、经济与人文合作中发挥了十分重要的作用。将上合组织作为向世界展现中国突破冷战模式和传统地缘政治思维、积极践行外交新理念、参与中亚事务的重要平台②。丝绸之路经济带也是由中国首先倡议的，体现了国家安全战略、周边外交战略和经济战略的重大调整，承载着和平发展的重大使命。丝绸之路经济带的成功将对中国、中亚、欧亚地区乃至世界产生深远影响，最大程度彰显新型区域合作模式的生命力。作为中亚最重要的区域组织之一，上合组织应以丝绸之路经济带为突破口，深入推进区域经济合作。

第二，丝绸之路经济带为上合组织的发展注入了新的活力。2015年的"乌法峰会"开启了上合组织新的十年，制定了《上海合作组织至2025年发展战略》，致力于实现更高层次的政治互信、安全合作、经济融合与文化包容。当前，如何完善组织定位、拓展合作空间、推动组织的可持续发展，成为上合组织的核心关切。自成立以来，上合组织在打击"三股势力"、维护中国西北边疆稳定、推动中国与中亚国家合作、区域经济合作以及协调中俄在中亚的关系等方面发挥了重要作用。但是由于中亚地区经济相对落后、区域发展不平衡、工业体系不健全、贸易壁垒以及对中国经济实力的警惕，区域经济一体化水平偏低，这制约了上合组织推动区域经济合作的能力③。较之区域安全合

① 《推动共建丝绸之路经济带和21世纪海上丝绸之路的愿景与行动》，https://www.mfa.gov.cn/web/zyxw/201503/t20150328_332173.shtml。

② Yuan Jingdong, "China's Role in Establishing and Building the SCO," *Journal of Contemporary China* 67, no.19：855-866.

③ 孙壮志、张宁：《上海合作组织的经济合作：成就与前景》，《国际观察》2011年第3期，第12-14页。

作，上合组织的多边经济合作相对滞后，很大程度上影响了组织的凝聚力与发展潜力。发展经济是上合组织成员国尤其是中亚成员国的核心需求，如果上合组织不能满足这一需求，就无法实现组织的可持续发展。丝绸之路经济带的"五通"目标——政策沟通、道路联通、贸易畅通、货币流通、民心相通十分契合中亚、南亚地区的需求，将成为上合组织发展的重要动力①。上合组织在2014年的"杜尚别峰会"与2015年的"乌法峰会"上都明确表示要积极把握丝绸之路经济带的发展机遇，并采取具体举措予以有效对接。俄罗斯与中亚成员国也多次表示积极参与丝绸之路经济带建设的意愿。与共建国家的发展战略进行有效对接关系到丝绸之路经济带的成败。简言之，丝绸之路经济带立足区域经济合作，坚持共商、共建、共享原则，兼顾了政治、安全和文化的均衡发展，有助于夯实经济合作的基础，提升成员国的经济发展水平，推动人文交流，强化上合组织的民意基础与竞争力。

第三，丝绸之路经济带有助于上合组织消化扩员带来的整合压力。随着印度与巴基斯坦成为上合组织成员国，组织的整合能力面临着更高的要求。如何将印巴纳入合作进程，拓展新的合作空间，强化组织的执行效率与凝聚力，已成为当务之急。贯通中亚与南亚是丝绸之路经济带的题中应有之义。印巴的加入拓展了上合组织的地缘空间与合作范畴，为丝绸之路经济带的顺利推进提供了更有效的制度保障。与此同时，丝绸之路经济带所蕴藏着的丰富的经济合作潜力将有助于实现新老成员国之间的整合，实现更高层次的经济融合。就现阶段而言，推动基础设施建设、促进互联互通、深化中亚与南亚的区域经济合作是新老成员国最具共识与可行性的领域。一方面，巴基斯坦与印度是丝绸之路经济带与海上丝绸之路的交汇点，中巴经济走廊与孟中印缅

---

① 由于基础设施的严重滞后，互联互通是中亚、南亚国家的优先发展战略。2006年，哈萨克斯坦就制定了《2015年前哈萨克斯坦共和国国家交通领域发展战略》。2014年，新一届吉尔吉斯斯坦政府执政伊始，便提出了拟修建7条国际交通走廊的草案。印度与巴基斯坦也都严重受制于基础设施（电力短缺、运力不足、港口阻塞）的落后。

走廊是"一带一路"的重要组成部分；另一方面，由于地理毗邻，印度与巴基斯坦在互联互通上与中亚国家具有明显的互补性①。此外，丝绸之路经济带也将有利于推动印度与巴基斯坦之间的经济合作。当前，随着中巴经济走廊的深入推进，巴基斯坦已将丝绸之路经济带视为推动经济发展的历史机遇。而印度虽然对丝绸之路经济带有一定疑虑，警惕中国借此主导区域经济一体化，但也担心自身经济被边缘化，无法漠视"一带一路"倡议的经济潜力。可以说，丝绸之路经济带为上合组织消化扩员压力提供了重要契机。

综上所述，上合组织与丝绸之路经济带既深化了新型区域合作模式，也彰显了中国周边外交转型升级背后的新理念与新举措，具有深远的战略意义。当前，中国的发展对周边格局影响显著，表现为结构性矛盾凸显，传统安全竞争回归，周边形势日益复杂化、尖锐化。传统战术层面的努力已经很难弥补战略层面的不足，必须推动战略转型，才能开拓周边外交新格局②。基于此，在全球经济整体低迷、贸易保护主义抬头的背景下，中国借鉴上合组织的成功经验，进一步推进新型区域合作模式，实现包容式发展，打造利益共同体与命运共同体，成就周边关系新格局，丝绸之路经济带应运而生。在丝绸之路经济带的构建中，中亚因连接欧亚获取了地缘优势，因上合组织而具备了良好的合作平台，进而率先推进，发挥了示范性作用。问题的关键在于，如何评估上合组织在丝绸之路经济带构建中的作用与不足，从而规划具体的实施路径。

---

① 例如，巴基斯坦的瓜达尔港将成为中亚国家（内陆国）重要的出港口，印度在连接中亚国家与阿富汗、伊朗的公路交通上发挥着重要枢纽作用。

② 高程：《周边环境变动对中国崛起的挑战》，《国际问题研究》2013年第3期，第42-45页。

第二节　作为"一带一路"合作平台的上合组织

丝绸之路经济带涉及地域广泛，情况复杂，面临政局动荡、"三股势力"、毒品问题、跨国有组织犯罪等多重潜在风险。只有得到共建国家的充分支持，塑造一个稳定和可预期的区域秩序，丝绸之路经济带才有推进的可能。其中，如何发挥与整合现有多边合作机制的作用尤为重要。"上海精神"与"新丝路精神"的高度契合为上合组织深度参与丝绸之路经济带的构建奠定了坚实的政治基础。上合组织一直致力于"将本组织建设成为维护地区和平、稳定，促进地区繁荣的可靠保障"①。实践证明，上合组织的努力在很大程度上得以奏效。作为中国、俄罗斯与中亚国家最重要的合作平台，上合组织能够兼顾各方利益关切，寻求利益契合点和最大公约数，推动政治互信与政策协调，支撑丝绸之路经济带的深入推进。问题的关键在于，上合组织的合作平台作用能否得以充分发挥？如何改进才能满足丝绸之路经济带的需求？具体而言，上合组织在区域合作中的成效与作用主要体现为以下几个方面。

首先，上合组织为丝绸之路经济带提供了重要安全保障。安全合作一直是上合组织的优先发展方向，也是其基本动力所在。其中，以打击"三股势力"为重点的非传统安全合作成效显著，得到了本地区与国际社会的高度认可。当前，上合组织已成为维护中亚区域安全不可或缺的重要支柱，为丝绸之路经济带创造了较为稳定的安全环境。

上合组织是基于成员国的安全需要而建立的，成立之初就签署了《打击恐怖主义、分裂主义和极端主义的上海公约》，奠定了安全合作

---

① 《上海合作组织成员国元首理事会第十次会议宣言》，《光明日报》2010年6月12日第2版，https://epaper.gmw.cn/gmrb/html/2010-06/12/nw.D110000gmrb_20100612_3-02.htm。

的法律基础①。自成立以来，安全合作机制逐渐完善，合作领域不断拓展，合作水平日益深化。鉴于中亚的安全需求与现实条件，上合组织在地区反恐、禁毒、打击跨国犯罪等领域开展了密切合作，通过了《上海合作组织反恐怖主义公约》《上海合作组织成员国保障国际信息安全政府间合作协定》《上海合作组织成员国关于合作打击非法贩运麻醉药品、精神药物及其前体的协议》《上海合作组织关于应对威胁本地区和平、安全与稳定事态的政治外交措施及机制条例》等一系列重要文件，成立地区反恐机构，举行反恐联合军演，推动情报合作、司法合作与执法合作等。此外，上合组织还积极与联合国、独联体、集安组织等展开安全合作。当前，上合组织已经形成了多层次、多领域的安全合作机制。这些举措有力遏制了"三股势力"的蔓延，沉重打击了毒品走私和非法移民等跨国犯罪行为，为区域经济合作提供了基本安全保障。就丝绸之路经济带而言，互联互通是关键环节，跨国交通网络、能源管道、经贸流通以及人员往来都需要稳定的安全环境。特别是，随着中亚成员国进入新一轮的总统（议会）大选周期，安全形势更加严峻，面临体制安全（"颜色革命"）、经济安全、"三股势力"重趋活跃与阿富汗安全问题外溢等诸多隐患，丝绸之路经济带必须认真应对上述问题，否则难以推进。

当前，效率低是制约上合组织安全合作水平的主要障碍。一方面，由于不干涉内政、不针对第三方的基本原则，上合组织难以应对包括2010年吉尔吉斯斯坦内乱在内的安全挑战，应急能力不足；另一方面，区域安全公共物品供给意愿与能力存在不足，无法及时有效地应对传统安全与非传统安全交织的新形势②。鉴于此，上合组织应致力于提升安全合作水平与行动能力，形成健全的执法安全合作网络，维护成员

---

① 赵华胜：《上海合作组织：评析和展望》，时事出版社，2012，第245页。

② 潘光：《稳步前进的上海合作组织》，时事出版社，2014，第38页。

国的安全与稳定，为丝绸之路经济带提供更加全面有效的安全保障①。

上合组织安全合作的基本定位在于非传统安全，应扬长避短，不应过多卷入力不能及的传统安全领域。区域经济合作所涉及的相关安全问题大多属于非传统安全领域。上合组织应根据丝路经济带建设的需求进一步充实、细化反恐和禁毒，打击跨国犯罪等安全合作机制，提升非传统安全合作水平。同时，中俄应充分考虑中亚成员国的安全需求，强化成员国间的协调，提高区域安全公共产品的供给水平，有针对性地完善供给。此外，妥善处理阿富汗问题。阿富汗安全、毒品问题的外溢首先波及中亚，影响到丝绸之路经济带的推进。随着印巴的加入，上合组织更是直接面临阿富汗问题的冲击。为了应对美国撤军造成的阿富汗安全形势的恶化，上合组织应进一步把阿富汗纳入区域合作框架内，推动经济合作，加大反恐、禁毒行动的力度。

其次，上合组织是丝绸之路经济带的重要经济合作平台。深化经济合作是区域组织持续发展的基本动力。中亚成员国整体经济实力较弱，处于欧亚大陆之间的"经济下沉带"，均面临着发展经济、改善民生、巩固政权合法性的迫切任务。同时，中亚国家地处内陆，没有出海口，加之产业结构单一、融资能力有限、基础设施薄弱等不足，严重影响了其参与国际经济合作的能力。在成立之初，上合组织就将发展区域经济合作列为组织的重要发展方向。经过多年经营，上合组织区域经济合作取得了长足发展，为丝绸之路经济带的推进塑造了良好的经济合作平台，具体体现在以下三个方面。

一是区域经济合作机制日益健全。2001年9月，成员国首次政府首脑（总理）会议签署了《上海合作组织成员国政府间关于地区经济合作的基本目标和方向及启动贸易和投资便利化进程的备忘录》，明确区域经济合作的目标、任务与措施。2003年，政府首脑（总理）会议通过了《上海合作组织成员国多边经贸合作纲要》，进一步规划了经贸合

---

① 上合组织也明确意识到了这一点，本次乌法峰会签署了《边防合作协定》，提出加快建立应对安全挑战和威胁中心，这有助于提升上合区域安全合作水平与执行能力。

作的实施路径。2009年，政府首脑（总理）会议批准了《上海合作组织成员国关于加强多边经济合作、应对全球金融危机、保障经济持续发展的共同倡议》，为成员国应对国际金融危机、深化经济合作指明了方向。与此同时，上合组织又先后启动了经贸部长会议、交通部长会议、科技部长会议、农业部长会议以及财长和央行行长会议等机制，构建了银联体、实业家委员会等平台，建立了多个官方、半官方和专业工作组。区域经济合作机制的健全为丝绸之路经济带提供了制度保障，有助于凝聚共识，深化区域经济合作。

二是区域经济合作水平逐渐提升。上合组织框架内经贸环境有所改善，贸易及投资规模和领域逐渐扩大，并启动了一批大型合作项目，如中哈石油管道建设和油气开发、中俄油气管线建设、中乌油气资源开发等，推动了中亚经济的转型升级。2013年，中国与中亚成员国贸易额突破400亿美元。中国已分别成为哈萨克斯坦的第一大贸易伙伴、乌兹别克斯坦与吉尔吉斯斯坦的第二大贸易伙伴以及塔吉克斯坦的第三大贸易伙伴。区域金融合作也在积极推进中，提出了建立上合组织开发银行和专门账户的倡议。能源俱乐部的启动也在加紧进行中。印巴成为新成员后，能够推动中亚与南亚的经济合作，提升上合组织的经济影响力，为丝绸之路经济带提供了更广阔的发展空间。

三是区域经济合作的经验借鉴。上合组织在促进区域经济合作，尤其是在如何实现渐进、包容式发展以及处理好与其他区域组织之间的关系等方面积累了丰富经验。上合组织在区域经济合作中一直考虑到成员国的利益需求与舒适度，注重循序渐进。虽然构建自贸区的设想由来已久，但是上合组织并没有采纳希望建立超出现有经济合作水平的提议，而是立足实际，积极推动贸易便利化，培育区域经济发展的动力。这些经验对处理丝绸之路经济带与中亚国家经济战略的对接以及处理与欧亚经济联盟的关系等，都具有重要的借鉴意义。

总体而言，上合组织为丝绸之路经济带塑造了良好的经济合作平台，但当前上合组织的经济合作水平还不足以有效支撑丝路经济带的深入发展。一方面，议题导向大于行动导向，以致经济类公共物品供给不足，包括能源俱乐部、贸易便利化、融资制度化等难以落实，区域经济一体化水平落后于同期的经济全球化水平①。其中，金融合作的滞后严重制约了区域经济合作的深化。上合组织尚未建立起共同而有效的融资平台与渠道。银联体仅仅只是区域融资的协商机构，并非金融实体，无法提供长期稳定与大规模的融资。另一方面，较之上合组织，欧亚经济联盟（如关税同盟、欧亚开发银行等）在中亚区域经济一体化进程中的作用更加突出，影响了中亚成员国参与上合组织经济合作的积极性。例如，2015年由于国际能源价格大幅下调，俄罗斯与中亚成员国的经济都受到很大影响，对相关区域经济合作有更高的期许。同时，发展经济也是印巴积极加入上合组织的重要考虑之一。基于此，上合组织应以丝绸之路经济带为契机，协调与欧亚经济联盟的关系，提高公共物品的供给水平，为区域经济合作注入新的活力。

此外，上合组织为丝绸之路经济带塑造了人文合作基础。民心相通是丝绸之路经济带持续深入推进的重要保障。历史上，丝绸之路就是文明交会的桥梁。如今，上合组织秉承"上海精神"，尊重多样文明，积极推动不同文明和谐共处，人文合作成效明显。就合作机制而言，上合组织先后签署了《上海合作组织成员国政府间文化合作协定》《上海合作组织成员国政府间教育合作协定》《上海合作组织成员国政府间卫生合作协定》《上海合作组织成员国政府间救灾互助协定》《上海合作组织成员国政府间科技合作协定》等文件，奠定了人文合作的制度基础。同时，通过上合组织论坛、上合组织艺术节、上合组织大学、孔子学院等合作形式，促进了各国人民之间的交流、理解与信任，增强了上合组织持续发展的动力。但总体而言，由于投入有限、层次较低、多边合作力度较弱、重点不够明确等原因，上合组织的人文合作还不能有效满足丝绸之路经济带对民意与社会基础的需求，亟须改

---

① 朱显平、邹向阳：《上海合作组织框架下的区域经济一体化：进展与动力》，《俄罗斯东欧中亚研究》2010年第3期，第49页。

进①。当然，人文合作远非一朝一夕之功。现阶段最迫切的任务是要细致、耐心地化解深层次的价值观与政治体制等差异导致的猜疑与误解，如"中国威胁论"、俄罗斯威胁论、伊斯兰威胁论等②。否则，即便是存在强大的利益驱动与制度约束，丝绸之路经济带也可能无法得到各国人民的广泛认可，区域经济合作的有效性与持续性无法得到保障。

综上所述，上合组织为丝绸之路经济带奠定了良好的合作基础，但也存在诸多制约，不足以有效满足丝绸之路经济带持续深入推进。当前，问题的关键在于，上合组织应如何以丝绸之路经济带为契机实现转型升级，完善组织建设，以便更有效地提升区域经济合作水平。

第三节　上合组织与"一带一路"倡议的良性互动

随着国际形势与区域形势的演变，上合组织进入了深入发展的新阶段。如何在复杂的制度环境中提升区域一体化水平，增强竞争力与吸引力，是现阶段的重要任务。丝绸之路经济带为上合组织提供了重大战略机遇。但当前上合组织现有机制作用的发挥仍不足以高效参与丝绸之路经济带的构建，那么，是否需要构建一个新的合作机制来对接丝绸之路经济带？答案是否定的。因为缺乏政治基础的区域经济合作是无法持续深入下去的。上合组织塑造了较为稳定的合作预期，培育了成员国间的政治互信，为丝绸之路经济带的发展提供了难以替代的政治架构。那么，通过哪些路径才能促进上合组织深度参与丝绸之路经济带发展？具体而言，有以下三种路径。

———————

① 以上合组织大学为例，该大学依然停留于非实体的合作网络，并没有发展成能够独立授予学位的实体高校，不利于为区域合作提供充足的人才储备以及民意基础。

② 强晓云：《人文合作与丝绸之路经济带建设》，《俄罗斯东欧中亚研究》2014年第5期，第30-31页。

　　第一，加强成员国间的协调尤其是中俄战略协调。中国、俄罗斯与中亚成员国共同塑造了上合组织作为中亚区域合作组织的政治属性。显然，在拥有共同利益的同时，成员国的利益取向有区别，对上合组织的功能定位与发展前景也有差异，亟须强化内部协调。政治关系在很大程度上影响区域经济合作的进展[1]。一般而言，政治逻辑侧重相对收益，关注在合作中谁获益较多；而经济逻辑强调绝对收益，认为只要有所获益即可[2]。因此，区域经济合作的前提是要理顺政治关系。之所以俄罗斯与中亚成员国对中国倡导的区域经济合作一直有所警惕，很重要的一个原因就是担忧对中国的不对称依赖将影响自身的经济自主性[3]。成员国间的有效协调是上合组织现有合作机制发挥作用的重要保障。随着印度与巴基斯坦的加入，利益取向的多元化导致上合组织内部协调的重要性与迫切性日益突出，尤其是中俄印之间的战略协调。就丝绸之路经济带而言，成员国只有达成政治共识，消解对中国借助经济实力强化地缘政治优势的担忧，上合组织才能有效地参与丝绸之路经济带的建设。

　　成员国如何就组织定位达成共识，关系到上合组织的发展与前景，也决定了上合组织参与丝绸之路经济带的程度、方式与成效。作为上合组织的核心成员国，中俄之间的战略协调尤为重要。由于地缘政治、历史渊源与现实需求的差异，中俄对上合组织的定位有所区别。俄罗斯一直试图通过区域一体化整合原苏联地区，应对北约东扩带来的沉重压力，"乌克兰事件"之后更是如此。因此，俄罗斯将上合组织视为增强国际影响力、制约美国的有效手段，赋予其重要的地缘政治意

---

　　[1] 罗伯特·吉尔平：《全球政治经济学》，杨宇光、杨炯译，上海世纪出版集团，2003，第23页。

　　[2] Joseph M. Grieco, "Anarchy and the Limits of Cooperation: A Realist Critique of the Newest Liberal Institutionalism," *International Organization* 42, no. 3（1988）: 485-507; Robert Power, "Absolute and Relative Gains in International Relations Theory," *The American Political Science Review* 85, no.4(1991):1303-1320.

　　[3] 王维然、陈彤：《关于建立上海合作组织自由贸易区的回顾与反思》，《俄罗斯东欧中亚研究》2014年第6期，第54页。

义①。同时，俄罗斯通过集安组织与欧亚经济联盟构建安全、经济两大支柱主导欧亚一体化进程，尤其警惕上合组织对其主导区域经济合作的冲击②。作为中国参与中亚事务的重要多边平台，上合组织对打击"三股势力"、维护新疆稳定、推动中国与中亚国家合作以及协调中俄关系具有不可替代的意义。中国强调上合组织应强化非传统安全合作与区域经济合作，塑造繁荣稳定的区域环境③。这一定位与中亚成员国的立场比较接近。中亚事务是上合组织的核心任务，任何没有得到中亚成员国支持的议题都无法落实。中亚成员国既重视上合组织维护地区安全的作用，也期待符合中亚实际的区域经济合作，并将上合组织视为平衡大国势力、增强国际影响力与拓展外交空间的重要平台④。边界安全、打击"三股势力"、禁毒、跨国犯罪等，都是中亚成员国十分重要的安全关切。当前，发展经济尤其是完善基础设施、交通网络、融资与能源合作等更是中亚成员国稳定国内政局的迫切需求。中亚成员国一直奉行多元平衡的外交政策，以利益最大化为目标，广泛参与各类区域组织，上合组织只是合作选项之一。一旦中亚成员国的利益难以得到体现，上合组织就无法得到相应支持。此外，印度与巴基斯坦的加入也意味着上合组织不得不面临克什米尔问题、中印边界问题所带来的冲击，这些问题都加大了整合难度，甚至可能影响组织的发展方向。可以说，成员国的凝聚力决定了上合组织功能作用的发挥，丝绸之路经济带的战略协调与政策沟通就显得尤为迫切。

就丝绸之路经济带而言，中国已尽量考虑到了俄罗斯与中亚成员国的利益需求与发展战略，但还必须进行及时有效的协调与对接。问

---

① Isabelle Facon, "Moscow's Global Foreign and Security Strategy: Does the Shanghai Cooperation Organization Meet Russian Interests?" *Asian Survey* 53, no.3(2013):463–464.

② 陈小沁：《关于深化上海合作组织区域经济合作的思考》，《国际论坛》2010年第3期，第15页。

③ Song WeiQing, "Interests, Power and China's Difficult Game in the Shanghai Cooperation Organization," *Journal of Contemporary China* 23, no.85(2013):88–89.

④ Ezeli Azarkan, "The Interests of the Central Asian States and the Shanghai Cooperation Organization," *Ege Academic Review* 10, no.1(2010):402–406.

题的关键在于，如何在上合组织框架内就共建丝绸之路经济带进行战略协调与政策沟通，消除俄罗斯与中亚成员国的疑虑①。丝绸之路经济带并不是要构建新的实体组织，推行新的一体化机制，而是充分尊重中亚地区的多样性与差异性，包容现有合作机制，实现合作共赢②。与此同时，"乌克兰事件"以及由此引发的西方制裁对俄罗斯造成了重大压力，俄罗斯对中俄战略合作赋予了更高的期许。政治互信的强化推动了中俄以上合组织为基本平台推动丝绸之路经济带的合作进程。2014年索契冬奥会上，习近平主席与普京总统就中俄共建丝绸之路经济带达成基本共识。2015年，外交部部长王毅在十二届全国人大三次会议记者会上表示，中国将与俄罗斯签署"丝绸之路经济带"合作协议并启动对接③。中俄战略协调为上合组织在丝路经济带中作用的发挥提供了政治保障。

与此同时，如何与中亚成员国进行有效对接，关系到上合组织现有机制在丝绸之路经济带中作用发挥的程度。毕竟，中亚成员国是丝绸之路经济带的主要承载者，只有充分考虑其真实需求与发展战略，区域经济合作才能取得实质性进展。总体而言，中亚国家对丝绸之路经济带的态度较为积极，希望以上合组织为合作平台，提升在区域经济合作中的话语权与经济发展水平④。但中亚成员国对丝绸之路经济带同样存在疑虑，即不能确定是否在丝绸之路经济带中获益。中亚成员国希望在中国强大经济实力的带动下完善基础设施、实现产业升级、提升经济竞争力，而不是仅仅成为原材料的供应地与商品的销售地。中吉乌铁路之所以一波三折，很重要的一个原因就是缺乏有效的政策

---

① 赵华胜：《浅析中美俄三大战略在中亚的共存》，《国际观察》2014年第1期，第103-104页。

② 李建民：《丝绸之路经济带、欧亚经济联盟与中俄经济合作》，《俄罗斯学刊》2014年第5期，第10-11页。

③ 《王毅：中俄签署"丝绸之路经济带"合作协议》，http://world.huanqiu.com/hot/2015-03/5854330.html。

④ 周明：《地缘政治想象与获益动机——哈萨克斯坦参与丝绸之路经济带构建评估》，《外交评论》2014年第3期，第145-148页。

协调，且吉尔吉斯斯坦认为自身获益有限。因此，有效的政策沟通与重点项目的落实就成为促进中亚成员国真正致力于丝绸之路经济带建设的关键所在。为了增信释疑，中国作了大量工作，包括对中亚的大规模投资与多层次多领域的政策沟通。其中，习近平主席提出的"决不干涉中亚国家内政、不谋求地区事务主导权、不经营势力范围"的"三不承诺"更是从政治高度缓解了中亚成员国的猜疑。与此同时，《"一带一路"的愿景与行动》承诺兼顾各方利益和关切，寻求利益契合点和合作最大公约数，这让中亚成员国对未来收益有更明确的预期。概括而言，当前成员国之间的战略协调与政策沟通为上合组织有效对接丝绸之路经济带的启动提供了基本动力。随着丝绸之路经济带的深入推进，各种深层次问题（中亚成员国的边界、水资源与区域主导权之争）与矛盾必将浮出水面，甚至有所激化。上合组织应积极强化内部协作，为成员国的战略协调与政策沟通提供制度保障。

第二，提高区域公共物品供给水平。公共物品的供给水平是衡量组织功能作用与发展潜力的重要指标。公共物品供给不足一直是制约上合组织区域经济合作的症结所在。成员国的实力差距与多元利益取向直接体现为公共物品供给意愿与供给能力的不对称以及供给与需求的不平衡[1]。就区域经济合作而言，最具供给能力的中俄两国在供给意愿上区别明显。中国一直致力于推动贸易、投资的便利化，是经济领域公共物品的最大供给者。而俄罗斯对上合组织框架内的中亚区域经济合作有所保留，除能源合作之外的投入比较有限。中亚成员国虽倾向于推动经济合作，但除哈萨克斯坦之外，其他成员国限于经济实力无法有效参与公共物品的供给，并对公共物品的需求也有明显差异。正是由于供给意愿与供给能力的不对称导致了供需不平衡，严重制约了供给水平。为了把握丝绸之路经济带的契机，上合组织必须完善公共物品供给机制，为区域经济合作创造新的发展动力。笔者认为，可以从以下三个方面入手。

---

① 王健：《上海合作组织发展进程研究：地区公共产品的视角》，上海人民出版社，2014，第68-174页。

一是协调供需关系，提高供给效率。当前，上合组织公共物品供给标准偏低、种类有限，严重制约了区域经济合作水平[1]。上合组织要充分对接丝绸之路经济带，就必须考虑中亚成员国的利益需求：一方面，全面提升经济类公共物品的供给水平，中、俄、印三国应发挥主导作用，承担大部分成本，并引导其他成员国积极参与；另一方面，调整公共物品供给结构，在顾及成员国经济实力差异与区域经济容纳能力的基础上，厘清区域公共物品的类别、需求度与成效，调整供给结构，提高供给效率。就现阶段而言，只有完善银联体、实业家委员会等经济合作机制，充分发挥其作用，上合组织才有能力深度参与丝绸之路经济带的建设并从中获益。以2006年成立的实业家委员会为例，作为由成员国实业家委员会组成，联合上合组织成员国实业和金融界的非政府组织，该委员会旨在发挥市场作用，提升区域经济合作水平，意义重大。但实业家委员会的成效并不显著，没有充分发挥市场力量在区域经济合作中的作用，基本还是以政府推动为主[2]。事实证明，仅仅依赖政府主导而没有市场力量支持的区域经济合作是无法深入持久的。因此，如何培育市场力量，提升市场运作在区域经济合作中的作用，成为上合组织改善公共物品供给，推动丝绸之路经济带的重要方向。

二是以完善财政金融合作机制为突破口，全面提升组织效能。充足的资金支持是组织正常运转的基本前提。自成立以来，上合组织一直是在有限预算下运作，缺乏足够的财力支持与有效的融资机制，严重制约了区域经济合作的深入。就经济实力而言，中亚成员国除哈萨克斯坦之外，基本不具备对外投资的能力，无法为区域经济合作提供高标准的资金支持。而俄罗斯基本是在欧亚经济联盟框架内为区域经济合作注资。例如，2009年欧亚经济共同体成立反危机基金，基金总

① 陈小鼎、罗润：《俄乌冲突背景下上合组织区域经济合作》，《国际展望》2023年第3期，第137-140页。

② 朱显平、邹向阳：《上海合作组织框架下的区域经济一体化：进展与动力》，《俄罗斯东欧中亚研究》2010年第3期，第54页。

额为85.13亿美元，俄罗斯提供了75亿美元[①]。事实上，中国是上合组织最主要的资金来源国。以应对国际金融危机为例，除中国在双边和多边场合同意并承诺向上合组织成员国提供450亿美元外，其他成员国均无实际投入。但仅仅依靠中国的融资还不足以满足区域经济合作深入开展的需求，也无法确保其他成员国参与的积极性。丝绸之路经济带以"互联互通"为优先方向，以重大基础设施为突破口，对融资机制提出了更高的要求。金融合作的滞后已经成为上合组织承接丝绸之路经济带的重大瓶颈。鉴于此，上合组织必须下决心建立现代金融服务机制。首先，提升银联体与实业家委员会的开放度与执行效率，尽快推进上合组织开发银行与上合组织发展基金的落实，为丝绸之路经济带提供融资保障。其中，中国应秉承"亲、诚、惠、容"的周边外交新理念，在力所能及的范围内承担更多责任义务，就金融合作提供更高效的公共物品，引导其他成员国采取相应措施予以有效对接。其次，上合组织也应积极拓展资金来源，争取从丝路基金、亚洲基础设施投资银行、金砖国家新开发银行、亚洲开发银行、世界银行等金融机构获取更多的融资。一旦金融合作机制得以有效运作，能源合作、基础设施建设、重大民生项目、人文合作等就能够顺利开展，区域经济合作的整体水平才能得以有效提升。

三是提升组织的认同度。认同不足一直是制约上合组织发展的深层次问题。中亚国家仍然处于转型期，存在诸多变数，很可能影响到对待上合组织的态度。只有形成有效的组织认同，上合组织才能实现可持续发展。上合组织的成立是基于欧亚地缘政治格局的调整与国际权力转移的变化，是对外部冲击的一种应激反应，并没有足够的内生性动力。同时，成员国异质性突出与利益分化明显限制了区域合作的层次。虽然上合组织以功能性合作为导向，取得了重大进展，但是负面作用逐渐显现。这样，上合组织就难以明确组织定位，凝聚共识，响应中国关于丝绸之路经济带的倡议。与此同时，中亚制度环境十分复杂，存在诸多一体化机制，呈现出制度重叠、过剩与竞争的局面。

[①] 赵华胜：《上海合作组织：评析和展望》，时事出版社，2012，第151页。

上合组织是中国参与中亚事务的唯一一个多边机制，但对其他成员国而言，上合组织只是选项之一。除了上合组织，在中亚能够发挥综合性、战略性作用的还有独联体、集安组织与欧亚经济联盟[①]。可以说，上合组织对中亚成员国的吸引力是相对有限的。合作机制的复杂性与多样性加大了上合组织内部协调的难度，降低了合作效率以及成员国的认可度。与此同时，印巴的加入更是给上合组织的组织认同带来了严峻挑战。扩员之后，上合组织的地域范围从中亚拓展至南亚，组织结构从中俄主导到中俄印并重，这也意味着上合组织的核心任务、决策机制与发展方向很可能会有所调整。当下，以"上海精神"为核心，实现新老成员国间的整合，提升组织认同度，是上合组织持续发展的关键所在。因此，上合组织的核心竞争力有赖于组织认同的培育，具体有以下几种方式：

其一，以提升制度认同（Institutional Identity）为基本导向。现阶段，以欧盟式基于价值观高度融合的集体认同难以切合上合组织的实际。上合组织与欧盟所处阶段不同：前者致力于构建利益共同体，后者已经迈向命运共同体。相对而言，制度认同比较适宜于上合组织的异质性特征与发展阶段。制度认同指的是成员国对组织制度的自我认同，体现了组织核心持久、不可分割的根本特征，界定了组织的构成原则、基本使命、主要功能、决策模式与发展方向[②]。制度认同是实现集体认同的必经之路，欧盟也不例外[③]。制度认同取决于组织的执行效率、满足成员利益需求的能力与价值规范的吸引力。上合组织应从这三个维度入手，进一步明确组织定位，树立价值规范，提升现有机制的执行效率，培育比较优势，逐步增强成员国对组织的制度认同。丝绸之路经济带的深入推进对上合组织的整合能力与合作效率提出了更

---

① 吴宏伟：《中亚地区发展与国际合作机制》，社会科学文献出版社，2011，第131-143页。

② Andrea Oelsner, "The Institutional Identity of Regional Organizations, or Mercosur's Identity Crisis," *International Studies Quarterly* 57, no.1(2012):5.

③ 从以功能主义为导向的煤钢联营发展到基于制度认同的欧共体直至集体认同的欧盟。

高的要求。现阶段，当务之急是要强化组织建设，提升制度认同，解决成员国因无法在上合组织内实现自身诉求而滋生离心力的问题。

其二，夯实上合组织的民意与社会基础。成员国的民意与社会基础很大程度上影响了该国对上合组织的认同度。尤其是中亚成员国正处于复杂的政治经济转型中，无论是领导人还是政治体制的变更，都可能在很大程度上影响对上合组织的认同。只有强大稳定的民意与社会基础，才能保障上合组织的持续发展。丝绸之路经济带的构建将是一个长期而艰巨的任务，必须充分考虑到相关国家的民意与社会基础。上合组织应该双管齐下，一方面，应完善人文合作的长效机制，充分挖掘各层次的合作潜力，细致扎实地推进人文合作，促进民心相通；另一方面，应强化民生类公共物品的供给，促进成员国整体福利与民生水平的提升，赢得成员国人民的认可。其中，中国应当强化大国责任，调整外交服务于经济的思路，通过带动成员国经济的发展与人民生活水平的提升来获得认可，以增强政治影响力。民意与社会基础的巩固将有助于把"丝绸之路经济带"打造成利益共同体与命运共同体，强化上合组织的组织认同感。

其三，协调与欧亚经济联盟的关系。詹尼斯·坎巴耶夫指出，丝绸之路经济带建设能否成功的关键在于，上合组织能否与欧亚经济联盟取得富有成效的合作[①]。上合组织在丝路经济带的推进中必须妥善处理与欧亚经济联盟的关系。由于成员国与地域范围的高度重叠，上合组织与欧亚经济联盟存在一定竞争，但鉴于目标定位与发展阶段的差异，二者可以在中俄合作关系的框架下分工协作，开展务实合作[②]。欧亚经济联盟旨在实现类似欧盟的经济联盟，已经从关税同盟发展到统一经济空间，并规划在2025年前全面实行商品、资本、服务与劳动力

①詹尼斯·坎巴耶夫：《如何从"上海合作组织"通往"丝绸之路"》，载中国人民大学重阳金融研究院主编《欧亚时代：丝绸之路经济带研究蓝皮书2014—2015》，中国经济出版社，2014，第17页。

②李建民：《丝绸之路经济带、欧亚经济联盟与中俄经济合作》，《俄罗斯学刊》2014年第5期，第16页。

的自由流动。而上合组织的区域经济合作目标仍停留于贸易与投资便利化的阶段,离自贸区还有很大距离。丝绸之路经济带的推进是以开放性为导向,以具体项目为落脚点,无意挑战欧亚经济联盟在中亚经济一体化中的主导地位。事实上,丝绸之路经济带不仅不会对高度整合的欧亚经济联盟构成冲击,而且能够给俄罗斯带来重大发展机遇[1]。因此,上合组织在协调与欧亚经济联盟关系中应进一步明确和细化分工,共同推进丝绸之路经济带的建设。

第三,有效包容、整合印巴的利益需求。中亚与南亚地理毗邻,在文化、宗教、民族上存在密切联系,同样面临着"三股势力"的威胁,尤其受到阿富汗问题外溢的影响。这也是上合组织能够接纳印巴的基础所在。印巴的加入将有助于上合组织在地理空间、经济容量与政治影响力方面实现质的突破,大幅增强上合组织在全球治理中的分量。前提是,上合组织必须有效整合新成员国的利益需求,提升印巴对上合组织的组织认同度,否则很可能因扩员而引发内耗,降低合作效率,得不偿失。印度与巴基斯坦之所以选择加入上合组织,主要是基于利益的驱动。对于印度而言,加入上合组织的益处主要有:推动经济发展,尤其是完善基础设施建设、推动能源合作与拓宽融资渠道;推动反恐,维护国内安全与稳定;平衡中国在中南亚地区日渐增强的影响力;协调与中俄的关系,以新兴大国的身份共同推动全球治理,提升印度的国际影响力。而巴基斯坦之所以选择加入上合组织,理由主要有:寻求新的战略依托,推动反恐进程,妥善解决阿富汗问题,维护政治稳定;重振经济,以提供战略性出海口为核心,实现中亚国家的互联互通,解决基础设施落后与能源短缺问题;通过有力的机制平台稳定与印度的关系,抗衡印度的实力优势[2]。

---

① 亚历山大·卢金:《丝绸之路经济带需要中俄联手》,载中国人民大学重阳金融研究院主编《欧亚时代:丝绸之路经济带研究蓝皮书2014—2015》,中国经济出版社,2014,序五。

② 陈继东、张仁枫:《巴基斯坦加入上海合作组织:必要性与问题》,《学术探索》2010年第5期,第62-64页。

结　语

众所周知，中亚地区是俄罗斯的传统"后院"，中国只有通过上合组织才能有效介入中亚事务，实现丝绸之路经济带与欧亚经济联盟的对接。更为重要的是，上合组织成员国之间差异性突出，经济实力的差距更是非常明显，无论是俄罗斯还是中亚成员国，都担心中国凭借强大的经济实力主导区域经济。而上合组织"平等协商"的决策模式与"互利共赢、不干涉内政"的合作理念，能够在很大程度上缓解其他成员国对中国的担忧。同时，中国也可以通过上合组织的制度约束实现自我克制，赢得更广泛的支持。可以说，上合组织是在中亚推行丝绸之路经济带不可或缺的机制平台。上合组织现有合作机制的问题在于不深入而非不全面，并不需要另起炉灶，付出额外成本构建前景并不明朗的新机制。安全、经济与人文是构建丝绸之路经济带的三大支柱，上合组织都有相应的机制安排，关键在于整合、充实现有机制，充分发挥潜力。

鉴于此，就组织发展的战略规划而言，上合组织应强化中、俄、印之间的大国协调，稳定组织发展方向，培育政治互信；应推动印巴与中亚国家间的政策沟通，凝聚共识，拓展合作领域。其中，积极推动丝绸之路经济带与共同推动阿富汗问题的解决是整合新老成员国的两大抓手。其一，通过丝绸之路经济带解决成员国共同的经济关切，推动中南亚的互联互通与经济合作进程，有效提升区域经济实力；其二，通过推动阿富汗问题的解决，大力打击"三股势力"与毒品犯罪活动，缓解成员国共同的安全关切，维护区域安全与稳定。这样能够有助于成员国之间发展战略的对接，并提升上合组织的竞争力与组织认同。

总体而言，基于新型区域合作模式的理念契合与组织转型升级的需求，上合组织具备充足的动力参与丝绸之路经济带。目前，就中亚而言，上合组织是协调中国、俄罗斯与中亚国家唯一的、不可或缺的平台。没有上合组织作用的充分发挥，政治互信、安全保障、经济合作与人文交流就无法得以提升，丝绸之路经济带也无法达到预期目标。当然，丝绸之路经济带的实施具有很强的灵活性，上合组织只是其中一个十分重要的平台。上合组织应通过强化中俄战略协调以及成员国之间的政策沟通，完善公共物品供给机制，提升组织认同与整合新成员国等路径激活组织活力，才能全面、深入地对接丝绸之路经济带。

第三编

上合组织的发展路径

扩员后的上合组织以中亚为地理依托，辐射东亚、北亚、南亚及东欧地区，在非传统安全合作、经济合作与人文合作等领域提供区域公共产品，成员国合作水平和国际影响力不断提升，成为亚欧地区区域治理不可或缺的行为体。但不可忽视的是，扩员后的上合组织在区域合作中议题导向往往大于行动导向，以致公共产品供给不足，严重制约了组织的凝聚力与竞争力。

基于此，本编从两个方面对上合组织发展新路径进行探讨：

一方面，通过考察东盟扩员的历程，分析上合组织成功实现扩员的必要条件。作为与上合组织具有相似宗旨和原则，并面临类似扩员挑战的区域性国际组织，东盟成功实现了扩员，其扩员经验对上合组织具有重要的启示与借鉴意义。第四章指出，根据成员国在扩员问题上的基本共识，上合组织在选择扩员对象与时机上应遵循包括政治原则、主旨原则和效能原则等基本原则。

另一方面，通过考察上合组织区域公共产品的供给现状，分析上合组织区域公共产品供给的有效路径。一是，总结中俄印三角互动的可能模式，探讨以中俄印三角关系的机制化管理来促进上合组织区域公共产品有效供给的机遇。自冷战结束以来便一度被提及的中俄印"战略三角"在上合组织内重新焕发生机，并直接影响着其区域公共产品供给。通过正视中俄印之间的竞合并存、塑造"三人共处型"三角关系来打造安全与经济两轮驱动，进而实现上合组织区域公共产品的供求平衡。

二是，从安全、经济及人文合作三个层面对上合组织区域公共产品的供给状况进行梳理和评估，探讨中国如何在塑造周边外交新格局的同时深化上合组织区域合作。当前，上合组织区域公共产品供给成效显著，但供需不均衡、资金短缺、组织认同不足、机制建设滞后及区域机制重叠等问题严重制约了上合组织区域公共产品的有效供给。区域公共产品供给的优化对整合新老成员的发展需求、激活上合组织发展动力具有十分紧迫的现实意义。中国作为上合组织重要成员国之一，应当积极促进区域公共产品供给，以此拓宽上合组织发展的新路径。

第 四 章

东盟扩员对
上合组织的
经验启示

自 2001 年成立以来，上合组织作为重要的地区与国际政治现象，其对区域治理乃至国际格局都发挥出日益重要的作用。随着全球地缘政治格局的调整以及国际格局的演变，上合组织因其所处的地缘环境、独特的成员构成以及新的合作理念与实践而广受关注。其中，上合组织如何进一步完善组织定位、挖掘合作潜能成为关注的重点。上合组织的走向，尤其是能否发展成为中俄联手制衡美国的战略平台，更是成为迫切而重要的研究议题。

近年来，国内外学术界逐渐强化了对上合组织的研究。由于上合组织对中国的特殊意义，中国学术界对其投入了高度的研究热情，研究成果也较为突出，尤其在动态性跟踪与政策研究上作出了独特贡献①。但是，由于上合组织成立时间较短，相关研究在一定程度上存在流于空泛、研究视角模糊、研究方法不明确以及低水平重复等不足。国外学界在上合组织研究上虽然规模较小，但对开拓国内研究视野有积极的借鉴意义，并有助于我们了解非成员国对上合组织的具体关切。

当前，国外学术界，尤其是西方学术界的关注点主要在上合组织的定位、发展方向以及政策应对上，主要有以下四种研究视角：其一，基于联盟的视角。虽然上合组织视中亚为其地理依托，把自身界定为地区组织，但由于中俄两大国的参与，上合组织就具有了全球战略层面的意义，很可能演变为中俄结盟的组织平台②。"9·11"事件后，美国发动阿富汗战争并驻军中亚，中亚逐渐成为美国重要的利益关切，但美国却成为上合组织的"局外人"。因此，某些西方学者认为上合组织具有所谓反美性质，是中俄排挤、制衡美欧的战略联盟，是"东方北约"，而且，随着中俄的进一步崛起与上合组织扩员进程的加速，这一趋势将更加明显③。其二，基于意识形态的视角。西方学者根据上合组织的成员国与观察员国构成情况，将上合组织视为集权国家俱乐部，在意识形态上与西方对立，反对民主，推行集权体制④。其三，基于地区秩序维护者的视角。上合组织是中亚地区公共物品的重要提供者，并没有对美国构成明确的战略威胁，它的存在对中亚国家以及地区秩

① 关于上合组织的主要研究成果，参见邢广程、孙壮志：《上海合作组织研究》，长春出版社，2007，第122页；李敏伦：《中国"新安全观"与上海合作组织研究》，人民出版社，2007，第47页；须同凯：《上海合作组织区域经济合作：发展历程与前景展望》，人民出版社，2010，第82页；刘振林：《上海合作组织经济合作研究》，商务印书馆，2010，第79页；赵华胜：《上海合作组织：评析和展望》，时事出版社，2012，第64页。此外，自2009年起，每年都会出版一份年度报告，即《上海合作组织发展报告》。

② Adrian Blomfield, "Putin Praises Strength of Warsaw Pact 2," *Daily Telegraph*, no.17 (2007).

③ Yuan Jingdong, "China's Role in Establishing and Building the Shanghai Cooperation Organization," *Journal of Contemporary China* 19, no.67(2010):855–869.

④ Robert Kagan, *The Return of History and the End of Dreams* (New York: Alfred A. Knopf, 2008), pp.69–75.

序都有积极意义，在某些领域与美国存在共同利益与合作的可能[1]。其四，基于政策应对的视角。无论上合组织是否对美国以及西方价值观构成现实威胁，它都是一个异己的存在，必须高度警惕并积极应对[2]。欧美国家提出了相关政策措施：（1）利用上合组织内部分歧，尤其是中亚国家希望美国能够平衡中俄在中亚的力量的诉求，扩大美国在中亚的影响；（2）积极发展与中亚国家的双边关系，并推动中亚国家与北约、欧盟、欧安组织之间的关系，增强中亚国家对上合组织的离心力；（3）提供公共物品，平衡推广民主与安全、经济利益的关系，防止伊朗成为正式成员国[3]。简言之，由于国家利益分歧以及价值理念差异，西方对上合组织研究的政治性、意识形态性与政策性较强，缺乏扎实的经验实证研究与理论性较强的学理研究，研究结论的可靠性与普适性较低。

鉴于国内外在上合组织定位与发展方向研究上的不足，本章试图以扩员问题为切入点，采用案例比较的方法进行实证研究，分析其扩员前景，强化研究的可靠性与前瞻性。具体而言，首先，扩员问题的提出与解决很好地反映了上合组织的组织定位与发展方向。扩员问题关系到上合组织的可持续发展，意义重大。扩员是组织外延的拓展，必须建立在明确的组织定位的基础上，否则就无法界定扩员的基本标准。扩员时机与扩员对象的选择则在很大程度上体现了组织的发展方

---

① Roy Allison, "Regionalism, Regional Structures and Security Management in Central Asia," *Foreign Affairs* 80, no. 3（2004）: 476–480; Marc Lanteigne, "In Medias Res: The Development of the Shanghai Cooperation Organization as A Security Community," *Pacific Affairs* 79, no. 4（2007）: 605–622; Steven Aris, "The Shanghai Cooperation Organization: 'Tackling the Three Evils' A Regional Response to Non-Traditional Security Challenges or An Anti-Western Bloc?" *Europe-Asia Studies* 61, no.3（2009）:457–482.

② Ezeli Azarkan, "The Relations between Central Asian States and United States, China and Russian within the Framework of the Shanghai Cooperation Organization," *Alternatives*, 8, no.3（2009）.

③ Martha Brill Olcott, "The Great Powers in Central Asia," *Current History* 104, no.684（2005）:332–335.

向。因此，以扩员问题为切入点，能够深入剖析上合组织的定位与走向。其次，以东盟扩员作为参照对象进行比较，一方面能够为上合组织扩员问题的解决提供有益的借鉴，另一方面也有助于提升论证的严密性与结论的可靠性。此外，以前瞻性视角剖析上合组织的扩员前景，既可以服务于中国外交的现实政策需求，也有利于进一步了解上合组织的未来发展以及与美国等西方国家的关系。

鉴于此，本章拟以上合组织扩员为中心，重点回答以下三个问题：第一，上合组织与东盟在扩员问题上的相似性；第二，东盟扩员对上合组织扩员的启示与借鉴；第三，上合组织的扩员前景。

第一节　上合组织与东盟在扩员问题上的相似性

随着上合组织成员国合作水平和国际影响力的不断提升，上合组织的扩员进程愈发明朗。作为一个开放性的国际组织，《上海合作组织宪章》第十三条中明确规定：本组织对承诺遵守本宪章宗旨和原则及本组织框架内通过的其他国际条约和文件规定的本地区其他国家实行开放，接纳其为成员国。在 2008 年杜尚别峰会上，成员国元首决定成立特别专家组，综合研究上合组织扩员问题，并于 2010 年、2011 年分别批准和通过了《上海合作组织接收新成员条例》以及《关于申请国加入上海合作组织义务的备忘录范本》，明确了扩员的标准与程序，为扩员提供了法律基础。2012 年 6 月 7 日，在上合组织北京峰会上，成员国元首一致同意接收阿富汗为上合组织观察员国、土耳其为上合组织对话伙伴国，这使得上合组织的扩员问题愈发引人注目。上述各条例，尤其是《上海合作组织接收新成员条例》的制定与通过，表明各成员国对上合组织的扩大已达成基本共识。因此，当前的关键问题在于，上合组织应如何扩员，即何时扩员和将哪些国家作为扩员对象。

面对同样的问题，东南亚国家联盟（ASEAN）已经走出了一条较为成功的扩员之路。自1967年成立后，东盟先后将文莱（1984年）、越南（1995年）、缅甸（1997年）、老挝（1997年）和柬埔寨（1999年）吸收为正式成员，成长为包括所有东南亚国家的地区性国际组织，并成功解决了柬埔寨问题，设立了东盟地区论坛（ARF），建成了东盟自由贸易区（AFTA），为东南亚地区的和平与发展作出了重要贡献。在扩员问题上，上合组织与东盟具有明显的相似性，二者的组织宗旨相近，且面临类似的扩员挑战。因此，东盟的扩员经验对上合组织有着重要的借鉴意义。

一、组织宗旨

《上海合作组织成立宣言》中将上合组织的组织宗旨表述为："加强各成员国之间的相互信任与睦邻友好；鼓励各成员国在政治、经贸、科技、文化、教育、能源、交通、环保及其他领域的有效合作；共同致力于维护和保障地区的和平、安全与稳定；建立民主、公正、合理的国际政治经济新秩序。"[①]与1967年东盟《曼谷宣言》中有关条款相比，前者的绝大部分内容都能在后者中找到相对应的条款。在对外关系方面，上合组织提出"建立国际政治经济新秩序"，东盟则强调"所有外国基地都是暂时的，只有在有关国家明白表示同意的情况下才能保留，并且不直接或间接用以破坏本地区国家的独立和自由，或者损害各国的发展进程"。可见，二者在成立时确定的组织目标和任务十分相似，基本可归纳为维护地区和平、安全与稳定，促进地区政治、安全、经济和文化等诸领域合作，并在对外关系中协调立场。不同之处在于，由于历史背景的差异，上合组织更关注改革不公正的国际秩序，而东盟则注重阻止大国干预地区事务。

二、扩员挑战

上合组织与东盟在扩员问题上的相似性还体现为共同面临的扩员挑战。传统地区主义研究大多将欧盟视为区域合作的典范，认为只有

---

① 《上海合作组织成立宣言》，https://chn.sectsco.org/documents/?year=2001。

在经济相互依赖的自由民主国家之间才能实现有效合作，地区共同体的建立也必须以此为基础①。然而，东盟的成立与发展为区域合作提供了新的范例。在东盟接收的5个新成员中，既有实行君主制的富足小国文莱，又有贫穷落后的社会主义国家老挝；既有曾积极对外扩张试图建立"印支联邦"的越南，又有饱受国内政治动荡困扰的柬埔寨与缅甸。各国之间不仅存在巨大的政治、经济和文化差异，甚至还发生过直接军事冲突，但东盟最终成功整合了这些新成员，实现了"一个东南亚"的目标，成为"欧盟之外唯一成功的区域主义典范"②。换言之，与成员国同质性较强的欧盟不同，东盟的扩员进程是异质性较强国家间进行区域整合的成功实践。

当前，上合组织的扩员对象在政治制度、意识形态、经济发展水平以及历史文化传统上差异明显。此外，印巴之间的领土争端仍未平息；阿富汗政局动荡，面临反恐、反毒以及国家重建等多重压力；伊朗在核问题上与美国不断对抗；白俄罗斯因乌克兰危机屡遭西方国家的"追加制裁"。如何在不影响内部凝聚力的前提下将这些国家进行整合，成为上合组织扩员所面临的挑战。

三、"东盟方式"与"上海精神"

一直以来，"东盟方式"在推动东盟地区一体化方面发挥了十分关键的作用，在扩员问题上也不例外。较之欧盟，东盟各成员国在政治经济制度和文化价值观方面差异明显。同时，东南亚国家大多曾经受殖民统治，并经常成为大国博弈的筹码。独立之后，它们对主权问题相当敏感，这使得东盟缺乏进行主权让渡、建立超国家机构、实现深度一体化的基础。因此，东盟另辟蹊径，确立了一套符合自身特点的

---

① Stephen Aris, "A New Model of Asian Regionalism: Does the Shanghai Cooperation Organization Have More Potential than ASEAN?" *Cambridge Review of International Affairs* 22, no.3(2009):452.

② 张振江：《"东盟方式"：现实与神话》，《东南亚研究》2005年第3期，第23页。

合作模式——"东盟方式"。这一模式的核心是坚持互不干涉内政，坚持通过非正式协商达成一致的原则，在组织和决策上有非正式、非强制性的特点，强调主权的神圣不可侵犯，追求国家的绝对平等①。在"东盟方式"的指导下，东盟坚决反对干涉成员国内政，各成员国无论大小强弱一律平等，以平等协商的方式、在"自愿主义"（Volunteerism）的基础上形成决策②，形成了"6-X"（后发展为"10-X"）的决策模式③。这有效地避免了个别国家（如印尼、马来西亚）主导东盟的情况发生，消除了小国在主权问题上的顾虑，也减少了东盟接纳社会主义的越南和军人执政的缅甸的阻力。简言之，"东盟方式"将东盟塑造成一个灵活、松散的组织，使其更具开放性与包容性，为东盟扩员创造了有利条件。

与"东盟方式"类似，"上海精神"的提出也与上合组织特殊的成员构成密切相关。上合组织成员国在政治经济制度和宗教文化上同样存在巨大差别，且问题更为复杂。首先，上合组织成员国之间实力悬殊。在上合组织成员国中，中俄是具有世界影响的大国，与之相比，中亚国家无论在国土面积、人口数量还是综合实力上，都相对弱小。其次，中亚国家都是在苏联解体后新独立的国家，它们所面临的最重要任务是国家政权的建设与巩固④，因此，它们在主权问题上更为敏感，对于要求主权让渡的地区一体化合作模式更是难以接受。上合组织所选择的合作模式更接近于东盟而非欧盟，即建立一个强调成员国主权平等、以协商方式形成决策的相对松散的地区性国际组织。这在其组织原则上得到了明显体现，即以"互信、互利、平等、协商、尊

---

① 陈寒溪：《"东盟方式"与东盟地区一体化》，《当代亚太》2002年第12期，第47页。

② Stephen Aris, "A New Model of Asian Regionalism: Does the Shanghai Cooperation Organization Have More Potential than ASEAN?" *Cambridge Review of International Affairs* 22, no.3（2009）:456.

③ 只要大多数成员国赞成，少数其他成员国也不反对，即可通过决议，这是一种寻求以最低限度的共识形成决策的方式。

④ 赵华胜：《上海合作组织：评析和展望》，时事出版社，2012，第19页。

重多样文明、谋求共同发展"为基本内容的"上海精神"。

总之，作为与东盟宗旨相近的地区组织，上合组织也要遵循相应基本原则来应对扩员难题。上合组织的成员构成和潜在扩员对象的实际情况决定了欧盟式的区域整合道路难以为上合组织借鉴，而东盟整合异质性国家的扩员经验则对上合组织意义重大。正是基于上合组织与东盟的相似性与可比性，本章选取东盟作为上合组织扩员的参照对象。尽管这并不意味着上合组织可以复制东盟的扩员道路，但进一步考察东盟扩员历程，总结扩员对东盟发展的影响，能够为上合组织扩员提供必要的借鉴。

第二节　东盟的扩员进程及其启示

东盟之所以能够成功扩员，"东盟方式"发挥了重要作用——各国主权神圣不可侵犯且一律平等的原则消除了小国加入东盟的疑虑，协商一致的原则有助于弥合各国在扩员问题上的分歧，不干涉内政的原则提升了东盟的包容性。然而，在实际的扩员过程中，这些原则的贯彻并非总是出自成员国自愿，也并非总能对东盟的发展产生积极作用。因此，我们有必要了解究竟是哪些因素促进了"东盟方式"的成功贯彻，并全面认识扩员对东盟带来的影响，为上合组织坚持"上海精神"、实现成功扩员提供借鉴。

一、东盟扩员历程分析

（一）文莱和老挝

文莱于1984年1月1日独立，1月7日正式加入东盟。这一过程可谓迅速，但并非毫无阻碍。自1888年起，文莱一直是英国的被保护国。20世纪50年代末，随着文莱民族意识的觉醒和英国国力的衰弱，为摆脱其不再能防卫、也不可能无限期保留的殖民地①，英国开始支持马来西亚推动"大马来西亚联邦"计划，希望将文莱纳入马来联邦加以管控。然而，文莱始终不愿将丰厚的油气收入交给吉隆坡，这一计划最终搁浅。与此同时，文莱人民党领导下的民族主义运动高涨，并于1962年爆发了民族大起义，加速了英国的撤出。东盟成立后，东南亚其他国家敦促马来西亚在东盟框架内重新思考对文莱的政策。1978年5月，在东盟非正式首脑会议上，印尼要求马来西亚首先应联系本地区的安全和稳定来讨论文莱问题②。因此，马来西亚在文莱问题上采取了更加务实的态度，寻求在互利和政治平等基础上同文莱建立可行的关系。1979年7月和1980年7月，马来西亚总理和文莱苏丹实现了互访。访问期间，文莱苏丹同马来西亚官员进行了四天的会谈，为双方社会、经济和政治交流奠定了基础，使马来西亚成为文莱的一个重要伙伴而不再是对手③。文莱也发现东盟的成员国资格和不干涉原则可以减少其在面对马来西亚时的脆弱性④，从而消除了对英军撤出后自身安全问题的担忧。因此，文莱实现独立后，其入盟便水到渠成。

老挝的入盟也较为简单。东盟成立时，老挝仍处于国内战争时期。1975年12月2日，老挝人民民主共和国建立，实行社会主义制度，奉行独立、中立、友好和不结盟的外交政策，对东盟采取敌视态度，认为东盟是"美帝国主义的帮凶"。因此，老挝的对外政策成为其加入东盟的最大阻碍。20世纪80年代末至90年代初，随着冷战的缓和及苏联的解体，在摆脱了越南的控制后，老挝对东盟逐渐采取了更加开放的态度，加入东盟的最大阻碍不复存在。老挝领导人认为，在两极格局

---

① 约翰·弗兰克·卡迪：《战后东南亚史》，姚楠译，上海译文出版社，1984，第14页。

② 唐纳德·E.韦瑟比：《文莱与东盟其他国家的关系》，马宁译，《东南亚研究》1984年第3期，第104页。

③ 唐纳德·E.韦瑟比：《文莱与东盟其他国家的关系》，马宁译，《东南亚研究》1984年第3期，第105页。

④ Amitav Acharya, *Constructing A Security Community in Southeast Asia: ASEAN and the Problem of Regional Order*（New York: Routledge, 2003）, p.48.

瓦解、地区经济一体化迅速发展的形势下，加入东盟不仅可以改变老挝在政治上的孤立和封闭状态，融入国际社会，还可以充分利用东盟其他国家的资金和技术，促进经济发展和社会稳定①。但同时，老挝担心东盟国家的多党制和自由主义思想会给其政治制度带来冲击，与东盟国家的经济合作也可能使老挝丧失经济自主性。此外，老挝既缺乏参加东盟工作的专业人才，也无力负担东盟年费及主办各类会议的费用。对此，东盟进行了灵活调整，根据老挝的经济情况减免了部分年费，同意暂不要求老挝主办东盟各项会议，并为老挝免费培训相关人才。权衡利弊后，老挝于1997年正式加入东盟。

文莱与老挝的入盟充分体现了"东盟方式"在扩员中的作用。主权平等原则为文莱在与马来西亚的关系中提供了安全保障；非正式协商的方式为文莱与马来西亚关系的改善提供了有效渠道；不干涉内政原则降低了实行社会主义制度的老挝对自身政权稳定的担忧；灵活的组织方式则减轻了老挝入盟的经济负担。然而，与文莱和老挝不同，越南、缅甸和柬埔寨的入盟则给"东盟方式"带来了重大挑战。

（二）越南

越南的加入是东盟历次扩员中最艰难的一次。东盟成立时，正值越美战争激烈进行之时。越南当时认定东盟是美国控制下的反共同盟，并宣称不会加入东盟，因为"东盟的实质是为了保护美国新殖民主义在东南亚的利益"②。1978年12月，越南对柬埔寨的入侵更是公然践踏了东盟倡导的不干涉内政、不使用武力、和平解决争端的原则，这对以维护东南亚地区和平稳定为基本目标的东盟无疑是一个重大打击。然而，东盟在强烈谴责越南侵略、敦促其从柬埔寨撤军的同时仍然表示："我们从未将越南当成敌人，而是把它当成犯错误的朋友……东盟

---

① 张良民：《老挝与东盟的关系》，《东南亚纵横》2008年第7期，第43–44页。

② 黄云静：《越南与东盟的关系：从对抗到合作》，《东南亚研究》1995年第3期，第43页。

和越南之间没有像越美关系中的那种仇恨。"①但东盟的诚意并没有打动越南，真正迫使越南撤军的是冷战的缓和与苏联的解体。失去苏联支持的越南无力承担占领柬埔寨的经济和军事成本，开始寻求与东盟国家和解，从柬埔寨撤军，并于1986年启动了国内改革进程。

面对越南的转变，泰国最先伸出橄榄枝。当东盟其他国家仍在孤立越南，迫使其结束对柬埔寨的占领时，泰国却认为越南的国内改革会为柬埔寨问题的解决带来转机。因此，时任泰国总理的差猜在1988年提出"把印度支那战场变为商场"的新政策。该政策旨在通过投资与贸易推动印支地区经济自由化，弱化越南的地区影响力。然而，东盟其他成员国对该政策却非常不满，因为它破坏了东盟的协商一致原则，瓦解了东盟在柬埔寨问题上的统一立场。这将使越南占领柬埔寨的行为合法化，减少越南所受的国际压力，阻碍柬埔寨问题的解决。但事实证明，泰国的选择是明智的。越南于1989年4月5日宣布无条件从柬埔寨撤军，东盟因而重新开始考虑接纳其入盟。但对于能否将越南结束侵略作为允许其加入东盟的充分依据，东盟成员国之间再次出现了分歧。马来西亚和印度尼西亚认为，只要越南真正完成撤军，并切实遵守东盟的各项原则，就应当允许其加入东盟，而不考虑其国内政治制度，这不仅有利于东南亚地区的和解，也符合东盟不干涉内政原则。马来西亚前总理马哈蒂尔表示："只要越南同意东盟的主张，其国内实行的政府体制不应成为加入东盟的一个障碍。"②新加坡则反对这一观点。新加坡前总理李光耀认为，印支国家想要加入东盟，就需要改革它们的政治经济制度，因为"敌人不可能一夜之间成为知心朋友"③。但上述分歧并未阻碍越南与东盟关系的继续改善。随着1991年《巴黎协定》的签署，柬埔寨问题正式解决，越南与东盟的关系也取得

①陈敏华：《"东盟方式"中的"皮格马利翁效应"》，《国际观察》1997年第5期，第16页。

② Amitav Acharya, *Constructing A Security Community in Southeast Asia: ASEAN and the Problem of Regional Order*(New York: Routledge, 2003), p.105.

③ Amitav Acharya, *Constructing A Security Community in Southeast Asia: ASEAN and the Problem of Regional Order* (New York: Routledge, 2003), p.105.

突破性进展。同年，武文杰成为自1978年以来首位访问东盟总部的越南总理。1992年，东盟在新加坡召开首脑会议，宣布"在柬埔寨问题解决以后，东盟将与印支国家在友好与合作的关系基础上缔结一种更为紧密的关系"①。1992年4月，李光耀访问越南，并被聘为越南改革设计顾问。1995年7月，越南被东盟接纳为正式成员。

在越南入盟过程中，"东盟方式"的两个主要原则——协商一致与不干涉内政——都受到了严重挑战。面对越南的国内改革和撤军行动，东盟国家出现了两次明显分歧，有些东盟国家并不信任越南的表态，但这最终未能阻止越南与东盟国家的和解，原因有二：其一，东盟有着强烈的区域整体意识。东盟在成立宣言中就明确宣布，东盟向东南亚地区所有愿意遵守其目标、原则和倡议的国家开放。1976年签订的《东南亚友好合作条约》第十八条中也明确规定，对东南亚所有国家开放。自成立之日起，东盟就致力于建立一个和平、自由和中立的东南亚，并明确地意识到这一目标的实现有赖于所有东南亚国家的加入。因而，东盟全力追求所谓"一个东南亚"的目标。受此驱动，东盟才不断对越南释放善意，并坚定地对越南敞开大门。其二，国际环境变化推动了柬埔寨问题的解决。冷战后期，苏联在戈尔巴乔夫"新思维"指导下进行全面战略收缩，放弃了对越南的支持，越南的扩张政策因而失去了最主要的支撑。长期的战争负担也使得越南国内出现了严重的政治经济危机，对外寻求和解、摆脱战争负担，对内实行改革、维护政权稳定，成为越南的当务之急。因此，越南才愿意在东盟国家的质疑声中坚持推动和解进程。

（三）缅甸和柬埔寨

在越南入盟时，新加坡就对东盟不干涉内政的原则提出了质疑。而在缅甸和柬埔寨的入盟问题上，这一原则再次使东盟陷入了困境。1988年9月，缅甸军人发动政变并掌握了政权。随后，该政权开始大规模镇压、逮捕反对派人士，并拒绝召开议会、移交权力。于是，西方

---

① 王子昌：《东盟的地理整体和利益整体意识——东盟意识与东盟的发展（Ⅱ）》，《东南亚研究》2003年第5期，第5页。

国家停止了对缅甸的援助，并指责缅甸军人政府侵犯人权、破坏民主进程。面对这一形势，东盟认为缅甸问题是东南亚地区的问题，理应由东南亚国家自己解决，并提出了"建设性接触"（Constructive Engagement）政策。这一政策的实质是不孤立缅甸政府，坚决反对外部势力，尤其是西方大国的干涉，以一种积极而坦诚的方式与缅甸沟通，改变缅甸政府的政策。但东盟国家在这一问题上的态度并没有保持一致。新加坡采取了与印尼一致的态度，反对干涉缅甸内政。而在国内外舆论和国内非政府组织的强大压力下，菲律宾和泰国对缅甸的入盟不甚积极。他们认为"建设性接触"政策并未能使缅甸出现明显转变，因此，有必要对缅甸采取更强硬态度。1997年东盟外长会议前，泰国外长明确表示，在缅甸入盟问题上，缅甸的内政是需要考虑的重要因素。

当东盟国家分歧逐渐扩大之时，美国对缅甸的制裁却弥合了它们的分歧。美国明确表示制裁旨在阻止缅甸入盟。美国国务院发言人宣称："我们试图运用我们的影响，给缅甸一个强烈的信息，使缅甸明白，它并不受欢迎。"[①]美国的态度使得东盟无法在缅甸的入盟问题上继续拖延。因为若东盟推迟缅甸入盟，则意味着东盟屈服于美国的压力，这不但与东盟实现区域自治的目标相悖，更会严重损害东盟的整体形象。1997年5月31日，东盟外长特别会议同意缅甸、柬埔寨和老挝在7月的第三十届东盟外长会议上入盟。7月23日，缅甸与老挝一同加入东盟。

按照1997年东盟外长特别会议的决定，柬埔寨本应与老挝和缅甸同时加入东盟，但事实却并非如此。1993年，柬埔寨在联合国的监督下举行大选，并成立了一个由拉那烈王子领导的亲王室力量和洪森领导的柬埔寨人民党组成的联合政府。然而，1997年7月5日—6日，洪森以拉那烈为红色高棉士兵提供庇护为由将其驱逐出境，从而完全控制了政府。对此，已同意接收柬埔寨的东盟在1997年7月10日的外长

---

① Amitav Acharya, *Constructing A Security Community in Southeast Asia: ASEAN and the Problem of Regional Order*（New York: Routledge, 2003）, p.113.

会议上作出了如下决定:"在重申不干涉内政原则的同时,外长们认为,由于柬埔寨使用武力所导致的不幸局势,将柬埔寨的入盟推迟一段时间是一种明智的做法。"①这是东盟扩员历程中唯一一次因一国内政问题而推迟其入盟,这已明显违背了东盟不干涉内政的原则。面对东盟的这一决定,洪森政府反应激烈,他们认为这是对柬埔寨内政的蛮横干涉,并威胁撤回入盟申请。尽管柬埔寨最终于1999年4月30日被接纳为东盟的第十个成员国,但对于柬埔寨入盟的争议并未平息,东盟国家也开始了对不干涉内政原则的反思。

在接纳缅甸和柬埔寨的过程中,围绕着是否坚持不干涉原则,东盟国家间出现了难以调和的分歧。而来自外部,尤其是美国的压力则促使东盟国家达成了一致。面对美国的制裁,反对外来干涉、维护东南亚区域自治成为东盟优先考虑的问题。因为如果无法实现这一目标,东盟存在的意义将受到根本性质疑。这是促使东盟国家顶住外部压力,接收缅、老、柬三国的关键因素。

二、扩员对东盟的影响

随着柬埔寨的入盟,东盟最终实现了囊括东南亚所有国家的目标。扩员使东盟的成员结构发生了重大变化,进而对东盟的发展产生了重要影响。

一方面,通过扩员,东盟的规模得以扩大,国际地位显著提高,有利于东盟宗旨与目标的实现。首先,通过接纳印支三国和缅甸,东盟彻底结束了东南亚地区内的对立与动荡。在东盟的框架下,越南、老挝、柬埔寨和缅甸接受了《东南亚友好合作条约》,这意味着它们必须遵守东盟维护各成员国领土主权完整以及和平解决争端的行为准则。这为东南亚地区的长期和平与稳定奠定了良好基础。其次,扩员后的东盟拥有450多万平方公里土地、5亿人口和宽广的海域,自然资源与劳动力资源极为丰富,市场广阔,经济发展迅速。近年来,东盟还通

---

① Amitav Acharya, *Constructing A Security Community in Southeast Asia: ASEAN and the Problem of Regional Order*(New York: Routledge, 2003), p.116.

过不断推进自由贸易区建设，为东南亚的经济繁荣作出了重大贡献。最后，东盟的成功扩员使其成为东亚地区合作与地区一体化的先行者。利用这一优势，东盟获得了东亚地区安全与经济合作的主导地位，国际影响力大幅提升。不论是东盟地区论坛，还是"10+1""10+3"等合作机制，都以东盟为中心开展。这使东亚地区出现了罕见的"大国围着小国转"的情况。在地区事务的处理中，中、美、日等大国都必须充分尊重东盟的意见，东盟国家的利益得到了有力保障。

另一方面，扩员也给东盟带来了新的内外矛盾，影响了东盟的进一步发展。首先，扩员后，东盟各成员国在政治制度和经济发展水平上差距更加明显，东盟各国通过非正式协商的方式达成一致更为困难，降低了东盟的决策效率和行动能力。在面对亚洲金融危机和印尼森林大火时，这一不足充分暴露出来。其次，扩员使得东盟在对外关系上面临更大压力，典型的例子就是东盟被迫卷入越南、菲律宾等国与中国的南海争端。越南不断宣传"东盟各国对中国南海政策的共同恐惧"，这明显不利于东盟与中国关系的发展[①]。此外，缅甸的入盟也使得东盟在处理与美欧等西方国家间的关系上承受了巨大压力。

三、东盟扩员的经验与启示

根据上述分析，除了文莱和老挝，"东盟方式"在其他三国的入盟过程中并未得到自觉的贯彻，甚至还受到质疑与反对。越南、缅甸和柬埔寨最终能够入盟，一方面是由于东盟对"一个东南亚"目标的坚定信念，另一方面则是由于有利的国际环境。

东盟的成立，对内是为了维护地区和平与稳定，促进经济发展与繁荣；对外则是为了保证东南亚国家的主权独立，防止外来干涉，实现区域自治，提升东南亚国家的国际地位。总之，是为了建立一个和平、自由和繁荣的东南亚。要实现这一目标，东盟就必须将东南亚十国联合在一起。无论是深陷民族主义运动浪潮的文莱、封闭贫穷的老挝、处于敌对状态的越南，还是国内政治动荡不安的缅甸与柬埔寨，

---

① Leszek Buszynski, "ASEAN's New Challenges," *Pacific Affairs* 70, no.4：559.

都将给东盟目标的实现带来巨大困难。而同样，在处理与大国关系时，东南亚国家只有团结一致，在国际社会发出统一的声音，才能够提升它们讨价还价的能力。换言之，东盟始终将东南亚十国视为一个不可分割的命运共同体。正因如此，东盟才对自身的发展方向有了明确定位，即东盟必须成长为包括所有东南亚国家的国际组织。这一观念是促使东盟克服内部分歧、排除外部阻力、坚持扩员的根本动力。此外，国际环境对东盟扩员的影响也不可忽视。一方面，冷战的缓和与结束推动了东盟国家与印支三国的和解。如果世界仍处于两极格局下，东盟接收社会主义的老挝和越南是不可想象的。另一方面，由于对主权完整与国家平等的高度重视，外部力量的干涉反而强化了东盟内部的团结，消除了东盟国家在扩员问题上的分歧。可以说，如果没有美国的制裁行动，东盟可能无法在缅甸入盟问题上迅速达成共识。

大体而言，东盟的成功扩员对上合组织具有以下四点重要启示：第一，地区性国际组织扩员的成败取决于现有成员国在扩员对象与时机上能否达成一致。由于成员国在政治经济体制和历史文化传统上的较大差异，东盟与上合组织缺乏建立超国家机构的基础，也无法像欧盟那样提出统一的标准以判断一国是否具备入盟资格的明确依据①。在此条件下，要在扩员问题上达成一致，就有赖于各成员国对组织定位和未来发展方向达成共识。以此为前提，成员国才能弥合彼此间的分歧，顺利实现扩员。第二，对于东盟和上合组织这样成员国异质性显著的地区性国际组织，强调主权独立与平等、尊重成员国的多样性、以协商一致为主要决策方式的组织原则，有助于促进成员国间实现互信与合作，提升组织的包容性与灵活性，为成功扩员奠定组织基础。第三，国际环境对国际组织的扩员影响巨大，积极营造良好的国际环境有助于扩员的成功。而在选择扩员对象时也必须慎重考虑接收该国

---

① 欧洲理事会于1993年6月在丹麦首都哥本哈根制定了"哥本哈根标准"，用以衡量某国家是否有资格加入欧盟。政治方面，它要求候选国有稳定的民主制、尊重人权、法制和保护少数民族；经济方面，它要求候选国真正实行市场经济；法律方面，它要求候选国接受欧盟法系中的公共法、规则和政策。

对本组织国际形象的影响。第四，吸收新成员可以扩大组织规模，提升组织影响力，促进组织宗旨的实现，但也可能带来更多的矛盾，破坏成员国间的合作基础，动摇组织的合作重心。成功扩员的关键在于确保新成员的加入符合组织的发展需求，并将扩员带来的消极影响最小化。

第三节　上合组织与东盟扩员的内外条件比较

从东盟的扩员历程来看，适宜的组织原则、内部明确的组织定位和发展方向以及外部有利的国际环境，是促使东盟各国坚持贯彻"东盟方式"、实现成功扩员的关键因素。在扩员问题上，上合组织与东盟具有较大的相似性与可比性。下面将对上合组织与东盟扩员所面临的内外条件进行比较，在此基础上，借鉴东盟经验，为上合组织扩员提出合理建议。

一、上合组织与东盟扩员的内部条件比较

与东盟不同，上合组织各成员国对组织的定位与发展方向有着明显分歧，这使得上合组织成员国在扩员方向和时机上难以达成一致。东盟各国基于地理联系而树立的利益共同体意识，为东盟形成明确的组织定位与发展方向奠定了坚实基础。自成立起，东盟就将东南亚作为地理归属，其组织宗旨是促进东南亚的和平与发展，其扩员对象为所有东南亚国家，各成员国对将东南亚十国全部纳入东盟的目标有着稳定共识。上合组织的地理归属则相对模糊。从上合组织的组织宗旨和核心议题来看，中亚及其周边地区才是上合组织的活动中心。然而，上合组织的两个主导性成员国——中国与俄罗斯，虽与中亚国家接壤，并在中亚地区有着重要利益，却都不是中亚国家。根据《上海合作组织接收新成员条例》的规定，有意愿加入上合组织的国家需"地属欧

亚地区"。这一限制也较为宽泛,亚洲和欧洲的所有国家理论上都符合这一条件。此外,随着印度、巴基斯坦、伊朗的加入,上合组织的地理范围逐渐扩大到南亚地区和中东地区。可见,上合组织不能被简单地界定为中亚的国际组织,也难以仅仅将中亚国家作为其扩员对象。因此,上合组织各成员国无法完全以地理联系为基础,对组织定位和发展方向形成稳定共识,而只能依据本国利益采取有利于自身的扩员立场。

作为首个由中国发起并以中国城市命名的地区性国际组织,上合组织对中国的意义重大。中国视上合组织为自身以全新姿态参与国际事务的象征,将上合组织作为向世界展现中国突破冷战模式和传统地缘政治思维,积极践行以"新安全观"和"上海精神"为核心的国际关系与外交新理念的重要平台。更为关键的是,上合组织对打击"三股势力"、维护中国西北边疆稳定、推动中国与中亚国家合作以及协调中俄在中亚的关系,具有不可替代的作用。在美国"重返亚太"的背景下,上合组织在维护中国战略后方稳定和巩固中俄关系上的意义更加凸显。基于上述考虑,中国虽不否认扩员对上合组织长远发展的必要性,但更重视上合组织的内部建设。中国认为,提升上合组织打击"三股势力"、应对非传统安全事务的能力,充实并加强成员国间的政治、经济和文化合作,完善合作机制与组织机构,集中精力解决地区内部事务,不仅符合中国对上合组织的利益诉求,也是上合组织可持续发展的重要保障。扩员应当以促进组织宗旨的实现为目标,盲目扩大将使上合组织失去其存在与发展的意义。同时,中国赋予上合组织的新型外交理念与价值也不允许上合组织成为大国地缘政治竞争的工具,草率地扩员将使上合组织被视为"东方北约"式的政治军事同盟,损害上合组织的国际形象。总之,慎重对待、有序扩员是中国在上合组织扩员问题上的基本立场。

而俄罗斯则更多地以一种全球性视野来看待上合组织,将其定位为重塑后冷战国际格局的工具。上合组织成立之时,俄罗斯的战略空间正受到美国的严重挤压:北约和欧盟双双东扩;美国对独联体国家加紧渗透，并利用经济援助拉拢中亚国家；"9·11"事件之后，美国租用了乌兹别克斯坦的汉纳巴德军事机场和吉尔吉斯斯坦的玛纳斯机场，在中亚建立了军事存在。面对美国的压力，俄罗斯尽管同样重视上合组织在应对非传统安全和促进地区经济文化合作方面的作用，但更大程度上仍将上合组织视为增强其国际影响力、抗衡西方的有效手段，赋予其重要的地缘政治意义。俄杜马国防委员会副主席巴比奇曾明确指出："谁也不会掩饰，上合组织是对北约利益的制衡。"①因此，俄罗斯对上合组织的扩员持积极态度，希望以此扩大上合组织的地缘政治规模，提升俄罗斯的国际影响力，推动国际格局多极化。

中亚成员国对上合组织扩员的态度则较为保守。目前，中俄虽然在上合组织中占据主导地位，但上合组织的核心议题是中亚事务。因此，中亚各成员国不仅重视上合组织在打击"三股势力"、维护地区安全与稳定、推动地区经济发展和多领域合作中的作用，更将上合组织视为增强国际影响力、拓展外交空间的有效手段。上合组织的组织原则与决策方式为中亚国家提供了平衡大国势力、维护并扩展自身权益、提升国际话语权的重要平台。随着上合组织吸纳新成员，特别是印巴这样的南亚地区大国，中亚事务在上合组织议程中的地位将有所下降，上合组织也很可能成为"大国俱乐部"，中亚国家在中俄平衡中"左右逢源"的地位将不复存在。鉴于此，中亚国家同样强调要谨慎扩员，避免因扩员而改变上合组织的组织宗旨，以及为追求规模的扩大而阻碍成员国之间合作的深入发展。哈萨克斯坦前总统纳扎尔巴耶夫表示："上合组织的未来扩员是一个客观进程，但扩员本身不应成为最终目的，更不能损害本组织的利益或违背其存在的真正意义。"②

---

① 赵华胜：《透析俄罗斯与上海合作组织关系》，《国际问题研究》2011年第1期，第18页。

② 《哈萨克斯坦总统撰文谈上合组织成立十周年》，https://www.chinanews.com/gn/2011/06-08/3098153.shtml。

二、上合组织与东盟扩员的外部环境比较

冷战的缓和与终结为东盟扩员提供了良好契机，而以美国为首的西方国家的干涉与制裁则促使东盟国家在扩员问题上达成一致。如果说外部环境对弥合东盟成员国分歧、推动东盟扩员进程起到了重要作用，那么上合组织所面临的国际环境对扩员所起的作用正好相反。

上合组织成立之初，中俄同时面临美国的战略压力，两国关系迅速升温，两国在推动上合组织发展、加强在上合组织内的合作方面意愿强烈。而上合组织成立十年后，中美俄三国关系出现了深刻变化。首先，俄美都意识到在中亚地区的竞争难以在短期内取得显著进展，因而双方在这一地区的对抗一度出现缓和；其次，美国将中国视为战略竞争对手，并采取措施对中国加以遏制，美国的"印太战略"明显具有"围堵"中国的性质；最后，俄罗斯对中国的中亚政策仍持疑虑态度，尤其是在上合组织经济合作的问题上，俄罗斯十分担忧中国在中亚的经济"渗透"和"扩张"，对中国致力于推动上合组织经济一体化的政策持消极态度。

上述变化对上合组织的扩员进程产生了深刻影响。一方面，俄罗斯对上合组织的扩员，特别是印度的加入十分积极。2010年12月，俄罗斯总统梅德韦杰夫访印时，两国发表的联合公报中明确提出，俄罗斯支持印度加入上合组织①。另一方面，中国在扩员问题上较为被动。在乌克兰危机和美国推行"印太战略"的背景下，中国西北边疆稳定的重要性日益凸显，巩固和提升上合组织现有合作成果、完善组织内部建设，才是中国的利益所在，仓促扩员很可能扰乱上合组织的组织定位，降低组织效能。此外，鉴于上合组织自成立起就被视为"中俄反美同盟"，而崛起中的中国尤其需要稳定的发展环境，因此必须谨慎处理扩员问题。而俄罗斯则没有上述顾虑。简言之，国际环境变化带来的利益分歧导致中俄在上合组织扩员尤其是扩员对象的选择上存在

① 《俄印签署联合声明俄支持印度安理会"入常"努力》，http://www.china.com.cn/international/txt/2010-12/21/content_21590051.htm.

较大分歧。

上合组织扩员在外部环境上面临的另一个重大挑战是同区域内其他国际组织的竞争。在中亚地区，上合组织是中国参与的唯一一个多边机制。但对于上合组织的其他成员国而言，无论是俄罗斯还是中亚四国，上合组织并非不可替代。俄罗斯还拥有其主导下的集安组织和欧亚经济共同体。此外，美欧主导的北约、欧安组织等在中亚地区也相当活跃，尤其是在基础设施建设、能源合作和文化教育领域起到了重要的作用，甚至在某些方面得到了中亚民众的认可，具有一定的竞争力。总体而言，目前在中亚地区能够发挥综合性、战略性作用的国际组织除了上合组织外，还有集安组织与欧亚经济共同体。

随着俄罗斯的重新崛起，其在原苏联地区重建势力范围的意图愈发明显。为实现这一目标，俄罗斯将集安组织打造为一个半政治军事同盟性质的组织；将欧亚经济共同体作为推动地区一体化的基本框架，并提出了明确的发展规划，分为海关联盟、共同经济空间、欧亚经济联盟和欧亚联盟四个步骤。俄罗斯希望以这两个组织为引擎，最终实现苏联地区在政治、经济乃至军事上的整合。然而，集安组织和欧亚经济共同体的活动范围局限于原苏联地区，缺乏上合组织的广泛性和国际影响力。因此，俄罗斯十分看重上合组织在地缘政治中的作用，将推动上合组织扩员作为实现其利益诉求的主要手段，而对上合组织的组织建设和经济一体化目标则持消极态度。

中亚成员国作为苏联解体后新独立的国家，十分重视外交自主权，在多元平衡外交政策的指导下，广泛参与该地区的国际组织，包括上合组织、集安组织和欧亚经济共同体。目前来看，分别由中俄主导的这些国际组织在成员和地理范围上高度重叠，功能上局部重合，中亚国家则处于"待价而沽"的地位。从中亚国家的角度来讲，上合组织的成员和组织结构使其成为中亚国家平衡中俄、提升地区事务话语权和国际地位的有效机制，这是上合组织的优势所在。而迅速扩员将使上合组织面临"论坛化"风险，成为中、俄、印、巴等大国的博弈场，中亚事务将不再是上合组织的核心议题，中亚国家参与上合组织的热情也将大大降低，很有可能转而专注于当时发展速度更快、质量更高、前景更加清晰真实的"欧亚联盟"的建设①。因此，面对同区域其他国际组织的竞争，上合组织不可轻率推进扩员，否则将给自身带来严重后果。

总之，较之于东盟，上合组织虽然在组织原则上与前者具有较强的相似性，但其面对的内外条件却更加不利。因此，如何进行适当调整，为扩员创造有利的内外条件，成为上合组织亟待解决的问题。

第四节　上合组织扩员前瞻

扩员是上合组织发展的必然趋势，我们有必要未雨绸缪，深入探讨上合组织未来的扩员前景。其一，上合组织面临一定的扩员压力。阿富汗在成为上合组织的观察员国后立即表达了正式加入上合组织的意愿②。目前，上合组织已经吸纳了印度、巴基斯坦、伊朗和白俄罗斯。上合组织成员国的增加给组织内部的协调带来一定的挑战。其二，上合组织内部对扩员与否存在初步共识。《上海合作组织宪章》明确规定，上合组织对承诺遵守宪章宗旨和原则及上合组织框架内通过的其他国际条约和文件规定的本地区其他国家实行开放。随着上合组织扩员进程的推进以及上合组织长远发展的需要，上合组织成员国对扩员的必要性已达成初步一致，《上海合作组织接收新成员条例》《关于申请国加入上海合作组织义务的备忘录范本》等相关文件的出台表明了这一点。其三，上合组织成员国在扩员问题上的分歧已初露端倪。各成员国虽然都认识到了扩员的必要性，但对扩员的时机和对象却未达成一致。倘若成员国在扩员问题上的分歧不能得到妥善处理，必将破

---

① 赵华胜：《上海合作组织：评析和展望》，时事出版社，2012，第266页。

② 《阿富汗副总统希望阿方能正式加入上合组织》，http://news.sina.com.cn/o/2009-10-16/141916449524s.shtml。

坏上合组织内部的团结，干扰成员国间的合作，妨碍上合组织的健康发展。鉴于此，下面将对上合组织未来扩员所必需的基本条件和扩员对象的选择进行初步探讨。

一、上合组织扩员的必要条件

作为一个开放性的地区组织，上合组织的扩员有其必要性。但必须认识到，扩员的根本意义在于通过吸收新成员以扩大组织影响力、增强组织活力，更好地实现组织的宗旨与目标。因此，组织外延的扩大应服务于组织内涵的深入发展。上合组织的扩员应以明确的组织定位为基础，谨慎选择扩员对象与时机，趋利避害，防止因盲目扩员导致组织效能的降低，影响组织的可持续发展。对照东盟的扩员经验，慎重对待、有序扩员应是上合组织扩员的基本方针，而进一步明确组织定位、营造良好的国际环境，则是上合组织扩员的必要条件。

中俄对上合组织的组织定位和未来发展方向存在明显分歧，这是阻碍上合组织成员国在扩员问题上形成共识的主要原因。因此，要实现上合组织的成功扩员，中俄必须首先进行战略"对表"，协调双方立场。两国要在上合组织的未来规划上达成一致，就必须以各成员国立场中的基本共识为基础，其中，中亚国家的意见至关重要。当前，中亚国家在组织定位上与中国的立场较为接近，即强调巩固并加强上合组织在维护地区和平与稳定、应对非传统安全问题和促进地区经济文化合作中的作用，拒绝将上合组织作为地缘政治竞争的工具，反对因扩员而干扰上合组织的合作重心。但在上合组织的未来发展方向上，中亚国家的立场则与俄罗斯相近。出于对中国在中亚的"经济扩张"的担忧，俄罗斯对上合组织的发展方向规划一直是重政治、轻经济。而中国则积极推动上合组织在经济领域内的合作，将经济合作作为上合组织未来发展的重要方向，并提出了建立自由贸易区、推动经济一体化的远景目标①。然而，中亚国家担心中国主导的经济合作将使其成为中国的能源、原料产地和商品市场，从而过度依赖中国经济，因此，中亚国家对上合组织经济合作不甚积极，反而倾向于通过上合组织与中国进行基础设施建设领域的项目合作，获取中国的贷款与援助，而不是与中国开展大规模贸易。1995—2006年，上合组织六国区域内贸易占各国总贸易的比重一直处于4.6%~7.2%的低水平，而同期东亚和东南亚国家的区域内贸易比重则为40%。由此可见，上合组织内部的经贸合作潜力有待挖掘。

综合上述考虑，上合组织的组织定位应包括以下三点基本内容：其一，坚持以"上海精神"为处理成员国关系的基本原则；其二，以中亚及其周边地区事务，特别是非传统安全问题为核心议题；其三，鼓励和推动区域内经济、文化、能源和交通等多领域合作。在组织的未来发展方向上，上合组织仍应以完善和强化地区安全合作为重，这是上合组织的核心价值所在。经贸方面的合作则需充分考虑中亚国家的客观需要，循序渐进，不可操之过急。应以能带来实际效益的项目性合作为主，改善成员国人民生活，逐步构建成员国间的经济联系，构建集体认同，为一体化的长远目标奠定坚实基础。2012年6月7日通过的《上海合作组织中期发展战略规划》指出，未来十年，成员国的优先任务仍是巩固互信，保障地区安全稳定，继续推动地区经济平衡增长和社会文化发展，不断提高成员国人民生活水平，这反映了上合组织成员国在组织定位和发展方向上的基本共识。这些共识应成为上合组织选择扩员对象与时机的基本标准。

在上合组织扩员的外部环境方面，随着乌克兰危机的爆发，俄罗斯更加重视上合组织的地缘政治效用，将其视为与北约相对抗的"临时的联盟"，这能够进一步分化成员国内部的扩员共识和组织凝聚力。

① 2003年，温家宝在上合组织第二次总理会议上提出了经济合作的三点倡议：一是推进贸易投资便利化，二是确定若干大的经济技术合作项目，三是逐步建立自由贸易区位的长远目标。在2011年上合组织第十次经贸部长会议上，中国正式提出了启动自由贸易区联合研究的建议。

面对西方国家的战略压力，俄罗斯希望通过推动上合组织扩员与之相对抗，而中国则担心扩员会降低上合组织的组织效能，危及西北边疆稳定，使自身在亚太局势中陷入被动。此外，中国将上合组织作为实践"新安全观"的代表，但俄罗斯的扩员立场却使上合组织的"反美同盟"色彩更加明显。要消除美国因素对上合组织扩员的不利影响，同样需要中俄间的有效协调。中俄在上合组织扩员上的立场差异是客观存在的，两国应正视分歧，积极沟通。中方可与立场相近的中亚国家加强配合，避免使上合组织的扩员争议演变为中俄两国的对峙。应使俄方充分认识到，上合组织的扩员决不能成为单个成员国实现国家利益的工具。扩员必须符合成员国的共同利益，以成员国在组织定位和发展方向上的共识为基础。

为上合组织营造有利的扩员环境，还需要正确处理上合组织与俄罗斯主导的集安组织和欧亚经济共同体之间的关系。由于地理范围、成员构成和组织功能上的重合，上合组织与二者之间的确存在一定的竞争，但不应将此视为中俄两国主导下的国际组织间的势力范围争夺。中俄关系的主流仍是合作，中俄在该地区的共同利益远大于分歧，双方在政治、安全、能源乃至经济等领域的合作仍需扩大而非缩减。从一定意义说，上合组织本身就是中俄两国在意识到双方利益差异的前提下，寻求理性沟通与协调的产物。上合组织与集安组织和欧亚经济共同体同样可以在中俄合作关系的框架下分工协作，变竞争为配合。上合组织分别于2006年、2007年与欧亚经济共同体和集安组织签署了《谅解备忘录》，对三者的活动范围进行了一定的划分与协调。

具体而言，上合组织反恐机构的功能主要集中于收集和分析信息，缺乏直接的军事手段，而集安组织在2009年组建的拥有1.5万人的快速反应部队将有助于打击中亚地区的恐怖主义和极端主义。作为一个单纯的政治军事组织，集安组织维护地区安全与稳定的目标也需要上合组织的协助。上合组织前秘书长努尔加利耶夫表示："解决目前各成员国面临的社会经济问题将是解决地区安全与稳定问题的重要保障。"①
此外，上合组织与欧亚经济共同体也展开了务实合作。自2008年起，
欧亚经济共同体秘书长或副秘书长已多次列席上合组织国家元首峰会，
两个组织还共同主办了欧亚经济论坛。总之，在可预见的未来，上合
组织与集安组织和欧亚经济共同体之间的合作是可能且必要的，这不
仅可以减少上合组织扩员所面临的外部压力，对中亚及其周边地区的
稳定与发展也具有重要意义。

综上所述，以东盟为鉴，为有序推进扩员进程，上合组织有必要
进一步明确组织定位与发展方向，营造良好的扩员环境。这一系列的
内外准备都要以中俄两国的坦诚沟通与协作为基础。而中俄之间的妥
协与合作则必须以充分尊重中亚国家的基本利益为前提。只有如此，
上合组织各成员国才能在扩员问题上达成最大限度的一致，为成功扩
员奠定基础。

二、上合组织扩员对象的选择

《上海合作组织接收新成员条例》规定，上合组织的扩员对象必须
具备以下基本条件：第一，上合组织对承诺遵守《上海合作组织宪章》
宗旨、原则以及上合组织内通过的国际条约和文件的本地区其他有关
国家开放。第二，有意愿加入上合组织的国家应符合以下标准和条件：
（1）地属欧亚地区；（2）与上合组织所有成员国建立外交关系；（3）具
有上合组织观察员国或对话伙伴国地位；（4）与上合组织成员国保持
积极的经贸与人文交往；（5）所承担的国际安全义务不应与上合组织
框架内通过的相关国际条约和其他文件冲突；（6）不与一国或数国存
在武装冲突；（7）自觉履行《联合国宪章》规定的义务，遵守公认的
国际法准则；（8）未受联合国安理会制裁。这是上合组织对扩员对象
最基本的硬性要求。

根据中俄与中亚国家各自的扩员立场，现将上合组织成员国在扩

---

① 杨恕、张会丽：《评上海合作组织与独联体集体安全条约组织间的关系》，《俄
罗斯中亚东欧研究》2012年第1期，第72页。

员问题上的基本共识总结为三条基本原则：第一，政治原则。新成员必须接受和认同上合组织以"上海精神"为代表的核心理念，遵守上合组织宪章及各项规章制度和组织原则。第二，主旨原则。新成员应来自中亚及其周边地区，其加入不应干扰上合组织的核心议题与合作重心。第三，效能原则。新成员的加入一方面不应给上合组织带来结构性的内部矛盾，破坏成员国间的互信与合作，降低上合组织的工作效率；另一方面不应使上合组织卷入严重的国际纠纷或冲突，增加上合组织的负担，损害上合组织的国际声誉。

总而言之，随着国际形势与地区形势的深刻变化以及组织自身的发展需求，上合组织先后将印度、巴基斯坦、伊朗和白俄罗斯吸收为新成员国，拓展了组织发展的新空间。当然，规模的扩大在短期内势必影响上合组织的凝聚力与执行力，因此，通过区域公共产品的有效供给来整合新老成员国，提升组织的竞争力与吸引力尤为必要。

结　语

随着制度化水平和国际地位的提升，上合组织成员国关于组织扩员方面已达成基本共识，但关键在于如何实现有序扩员，即扩员速度和扩员对象的选择。上合组织与东盟在组织宗旨、扩员挑战和合作模式等方面具有一定相似性，东盟的扩员经验对上合组织具有重要借鉴意义。就扩员挑战而言，上合组织和东盟的扩员进程都需要在不影响组织凝聚力与发展稳定性的前提下，对异质性较强的新老成员国进行有效整合。

虽然上合组织不能完全复制东盟的扩员之路，但是东盟的扩员历程可以为上合组织提供借鉴。通过考察文莱、老挝、越南、缅甸和柬埔寨的入盟历程可以发现，有利的国际形势、明确的组织定位和组织原则是东盟成功扩员的关键所在。与东盟不同的是，无论是组织内部的分歧，还是外部国际环境的变化，都影响了上合组织的扩员进程。随着大国博弈与地缘政治冲突的加剧，上合组织必须进一步明确扩员的必要条件和扩员的对象选择。一方面，保持适宜的扩员速度、不断审视和完善自身定位与深刻认识国际局势的变化是上合组织扩员的前提；另一方面，严格遵守上合组织的扩员章程，成员国在政治原则、主旨原则和效能原则上对扩员问题达成基本共识。其中，鉴于当前上合组织的组织构成，现有10名正式成员国，2名观察员国，14名对话伙伴国，今后可能需要着重考虑观察员国的扩员问题。大体而言，扩员实现了组织的物理变化，但要成就"1+1>2"的化学变化，推进上海合作组织由大到强的发展，就必须不断凝聚成员国的身份认同，促进战略对表与政策沟通，构建上合组织命运共同体。

第五章

扩员后上合组织区域公共产品供给的新挑战与新思路

历经二十余年的发展，上合组织的机制设置不断完善、合作基础不断巩固、合作领域不断拓展，国际影响力和感召力日益提升。在此背景下，扩员作为组织发展壮大的必经阶段，被提上了议事日程。2017年阿斯塔纳峰会赋予印度和巴基斯坦正式成员国地位，则标志着上合组织完成了首次扩员。如何在新形势下提升区域一体化水平、增强凝聚力与竞争力，是上合组织现阶段的重要任务。纵观国际关系理论与实践，公共产品的供给水平是衡量组织功能与发展潜力的重要指标[①]。对接成员国的需求，促进区域公共产品的有效供给，是实现上合组织持续发展的题中应有之义。其中，主导国的存在更是对区域公共产品的供给成效具有特殊价值。上合组织是中俄与中亚成员国之间战略合作的结果，其发展在很大程度上得益于中俄之间的战略协调。随着印度和巴基斯坦的加入，上合组织区域公共产品的供给环境发生了新变化，供给主体呈现出了新的格局。基于印度的实力和发展潜力，从中俄

---

① Mancur Olson, Richard Zeckhauser, "An Economic Theory of Alliances," *The Review of Economics and Statistics* 48, no.3(1966):266–279.

"双核"到"中俄印三国互动机制"的可能性和必要性逐步显现①，使得自冷战结束以来便一度被提及的中俄印"战略三角"以上合组织为框架重新焕发生机②。不言而喻，随着印度在上合组织中扮演越来越重要的角色，中俄印三角互动将直接关乎上合组织区域公共产品的供给成效与前景。基于此，适时前瞻中俄印三角互动的可能模式并评估其对上合组织区域公共产品供给的影响，进而探索有效的应对方案，成为上合组织现阶段发展的重要议题。

第一节　扩员后上合组织区域公共产品 供给环境的新变化

区域公共产品指的是区域内国家联合起来共同设计出一套只服务于本区域、只适用于本区域、成本由域内国家共同分担的安排、机制或制度③，其最大的优点便在于深度对接区域需求、遵循"受益人支付"原则，旨在尽可能弥补国际公共产品的供给不足、避免霸权国"私物化"现象④。作为重要的区域合作平台，上合组织的成立初衷和基本功能无疑是满足成员国对公共产品的需求。与此同时，有效供给区域公共产品也是上合组织可持续发展的关键所在⑤。而扩员对于上合

---

① 李进峰：《上海合作组织扩员：挑战与机遇》，《俄罗斯东欧中亚研究》2015年第6期，第36-44页。

② 李亮、曾向红：《上海合作组织框架下中俄印互动模式前瞻——模型构建与现实可能》，《新疆师范大学学报》（哲学社会科学版）2018年第6期，第96-97页。

③ 樊勇明：《区域性国际公共产品——解析区域合作的另一个理论视点》，《世界经济与政治》2008年第1期，第11页。

④ 陈小鼎：《区域公共产品与中国周边外交新理念的战略内涵》，《世界经济与政治》2016年第8期，第43-44页。

⑤ 陈小鼎、王翠梅：《扩员后上合组织深化安全合作的路径选择》，《世界经济与政治》2019年第3期，第121-122页。

组织而言，不仅仅意味着新成员的加入，更是直接关系到其区域公共产品的供给前景，为成员国全面深化务实合作、确保本地区可持续发展提供了历史性机遇。

一、打造安全与经济两轮驱动的可能性日益提升

原中苏西段边界问题在苏联解体后的紧迫性催生了"上海五国"机制的诞生。迈入21世纪以后，传统的安全威胁还未完全消除，新的威胁又开始出现，特别是以"三股势力"为代表的非传统安全问题。"这已经不是一个国家思考如何应对另外一个国家的安全威胁问题了，而是国家群体思考如何合力应对共同的安全威胁问题，是大家如何共同维护和改善全球公地的问题"[1]。面对新形势下的新问题，"上海五国"携手乌兹别克斯坦，实现了机制建设的提质升级，于2001年正式成立了上合组织。纵观上合组织发展史，从消除边境地区军事对峙、实现军事互信、解决边界问题，到共同打击"三股势力"、遏制毒品和武器走私、打击跨国犯罪问题，共同的安全需求推动着成员国之间安全合作领域的不断扩展和深化，以军事互信、地区反恐、地区禁毒、信息安全合作、执法安全合作、上合组织-阿富汗联络组等机制为代表的特色区域安全公共产品建设取得了长足发展[2]。与之形成鲜明对比的是，尽管区域经济合作机制日益完善、水平逐渐提升[3]，以上合组织实业家理事会和银行间联合体为代表的合作机制业已取得一定成效，但上合组织多边经济合作仍相对滞后，区域经济公共产品供给尚未有效对接成员国的发展需求，很大程度上制约了组织的发展潜力。

深化经济合作、提升区域经济公共产品供给是上合组织持续发展的重要支柱之一。《上海合作组织宪章》《上海合作组织成员国政府间

---

① 秦亚青：《全球治理失灵与秩序理念的重建》，《世界经济与政治》2013年第4期，第6-7页。

② 陈小鼎、王翠梅：《扩员后上合组织深化安全合作的路径选择》，《世界经济与政治》2019年第3期，第113-115页。

③ 陈小鼎、马茹：《上合组织在丝绸之路经济带中的作用与路径选择》，《当代亚太》2015年第6期，第71-72页。

关于地区经济合作的基本目标和方向及启动贸易和投资便利化进程的备忘录》《上海合作组织成员国到 2020 年发展多边经贸合作纲要及实施计划》《上海合作组织至 2025 年发展战略》等基础性文件，都将发展区域经济合作列为上合组织发展的重要方向之一。与此同时，发展经济是上合组织成员国特别是中亚成员国的核心需求。中亚成员国受制于历史渊源、地理位置、自然资源等因素，其经济结构单一、经济实力整体较弱，发展经济、改善民生是其迫切任务所在。2008 年国际金融危机后，世界经济尽管有所恢复，但仍处于风险之中。在此大背景下，无论是中国的"一带一路"倡议，还是俄罗斯的"欧亚经济联盟"，都致力于以新型区域合作模式促进区域经济合作的深化。事实上，中国已尽量考虑到俄罗斯与中亚成员国的利益需求与发展战略，丝绸之路经济带不仅不会对欧亚经济联盟构成冲击，反而能够给俄罗斯带来重大的发展机遇。2015 年，在中俄合作关系的框架下，以上合组织为平台实现了丝绸之路经济带与欧亚经济联盟协议层面的对接，这一对接无疑有利于提升上合组织区域经济公共产品供给。当然，现实操作层面的具体务实合作有待进一步开展，也有赖于中俄之间发展战略的进一步协调。至于新成员印巴两国，推动经济发展同样是其重要任务，也是其之所以选择加入上合组织的重要原因之一。扩员后，上合组织的经贸合作迎来新契机[1]，借此推进区域经济合作的制度安排、构建合作机制、拓展合作领域，可以提升上合组织区域经济合作的层次。从安全角度来看，印巴的加入有望促进上合组织成员国间打击"三股势力"的合作，防范阿富汗动荡因素的外溢等[2]。

上合组织既是中俄正视彼此分歧、进行战略合作的产物，也是中亚成员国借以发挥影响的重要机制，印巴的加入使得这一平台的重要性进一步凸显。基于印巴两国的经济现状与发展潜力，学术界和政策

---

[1] 孙壮志：《印巴加入后上海合作组织经贸合作的新契机》，《欧亚经济》2017 年第 5 期，第 1–5 页。

[2] 丁晓星：《上海合作组织当前面临的主要挑战》，《欧亚经济》2017 年第 5 期，第 13–16 页。

界对扩员后上合组织深化经济合作的前景均持比较乐观的态度①。倘若新老成员国能够不断探索新型合作实践，在以安全合作为基础的同时，利用扩员后的历史性机遇深化经济合作，打造安全与经济两轮驱动，合作供给区域公共产品，那么上合组织的发展将迈上一个新的台阶，合作效率将不断提高，对地区事务和全球治理的参与力度将不断加大。

二、平衡供求关系的紧迫性不断加剧

由于上合组织仍处于成长期，尚未进入成熟期的完备和稳定阶段②，不论是安全领域还是经济领域，实质性合作整体而言均有待加强，区域公共产品的供给水平与现实需求还存在一定差距。因此，平衡区域公共产品的供求关系，将是上合组织面临的一项长期任务。

就安全领域而言，上合组织区域安全公共产品建设在扩员前虽取得一定成效，但组织定位、组织认同与域内制度整合所面临的困境制约了成员国之间安全合作的成效与前景，直接体现为区域安全公共产品供给与需求的不平衡以及供给意愿与供给能力的不对称③。就经济领域而言，区域经济公共产品供不应求的现状亟须上合组织实现转型升级。如何应对区域公共产品供给不足对成员国之间合作造成的实质性影响，是摆在上合组织面前的一大议题。

新成员的加入无疑将推动组织合作模式向新的形态演变，对上合组织区域公共产品的供求关系产生重要影响。印巴的发展潜力为上合组织深化经济合作带来了新契机，但与此同时，由于印巴、中印之间

① 刘华芹：《扩员后上海合作组织区域经济合作前景展望》，《欧亚经济》2017年第5期，第27-32页；许涛：《扩员后上海合作组织经济合作必须面对的问题》，《欧亚经济》2017年第5期，第32-36页；赵常庆：《互信是提升经济合作水平的关键》，《欧亚经济》2017年第5期，第16-20页；白联磊：《上海合作组织扩员：新发展机遇与挑战》，《国际问题研究》2017年第6期，第56-69页。

② 朱永彪、魏月妍：《上海合作组织的发展阶段及前景分析——基于组织生命周期理论的视角》，《当代亚太》2017年第3期，第46-47页。

③ 陈小鼎、王翠梅：《扩员后上合组织深化安全合作的路径选择》，《世界经济与政治》2019年第3期，第119页。

均存在领土问题，扩员后上合组织区域安全公共产品供给的前景充满不确定性。显然，上合组织既有的区域公共产品供给结构已经无法反映新的供给格局，更无法满足新老成员国对区域经济与安全公共产品的新期待，亟须重新平衡上合组织区域公共产品的供求关系。此外，重新平衡上合组织区域公共产品供求关系的举措也将有助于新老成员国间的磨合与协调，必须高度重视，尽早提上日程。

三、从中俄"双核"转变为"中俄印三国互动机制"的必要性逐步显现

在区域合作中，主导国的存在是一个重要因素，能够为合作提供必要的公共产品[①]。上合组织的发展很大程度上得益于中俄之间的战略协调。中俄不仅承担了上合组织运行的主要合作成本，而且合力为区域安全公共产品供给提供了倡议和资金支持，在组织发展过程中起着主导作用。然而，正是由于最具供给能力的中俄两国在供给意愿上区别明显，严重制约了上合组织区域经济公共产品的供给水平，限制了组织的发展潜力。就区域经济合作而言，中国一直致力于推动贸易、投资的便利化，是区域经济公共产品的最大供给者。而俄罗斯对上合组织框架内的区域经济合作有所保留，除能源合作之外，基本表现为兴趣不大、投入有限。之所以如此，很重要的一个原因就在于俄罗斯一直试图通过区域一体化整合原苏联地区，应对北约东扩带来的沉重压力，试图通过集体安全条约组织与欧亚经济联盟构建安全、经济两大支柱主导欧亚一体化进程，尤其警惕上合组织对其主导区域经济合作的冲击。中亚成员国虽倾向于推动经济合作，但除哈萨克斯坦之外，其他成员国限于经济实力无法有效参与公共产品供给，并对公共产品的需求也有明显差异。印巴同时加入在某种程度上也可以被视为中俄

---

① Walter Mattli, *The Logic of Regional Integration: Europe and Beyond* (Cambridge: Cambridge University Press, 1999), pp.41-67.

之间一种"明智的妥协"（A Sensible Compromise）①，为上合组织注入新活力的同时也加剧了组织内部的紧张②，直接影响着组织的运行效率与机制的连贯性。

扩员后，新老成员国将共同塑造上合组织的属性和定位。但应当看到的是，印巴双边矛盾协调难度大，寻求加入的利益预期与加入后的立场表态呈现差异化在所难免，而印巴的加入也可能使得其他中亚成员国像乌兹别克斯坦一样担心自身影响力的下降③。显然，扩员后上合组织的首要任务是强化内部协调。其中，中俄印之间战略协调的重要性尤为突出。原因如下：从全球层次来看，中国的崛起举世瞩目，俄罗斯的国际影响力久盛不衰，印度的发展潜力也不容小觑。作为新兴大国的典型代表，中俄印三国之间的互动模式不仅塑造着国际体系结构的宏观变化，更是会直接投射到不同层次、不同领域的微观层面，上合组织框架内的合作也不例外。从地区层次来看，中俄印无疑都是地区大国，而上合组织地理空间恰恰处于这三个大国地区辐射力的重合地带。不同于金砖国家合作机制下成员国实力地位的相对均衡状态，上合组织框架下的中俄印三国相较于其他成员国，具有明显的实力优势。从双边层次来看，中俄、中印、俄印任意一组双边关系都在国际关系中占据举足轻重的地位，不仅依赖于双边的共同经营，更是直接受到国际环境变化以及各领域互动实践的影响。

---

① Richard Weitz, "The Shanghai Cooperation Organization's Growing Pains," *The Diplomat*,September18,2015,https://thediplomat.com/2015/09/the-shanghai-cooperation-organizations-growing-pains/.

② William Piekos, Elizabeth C.Economy, "The Risks and Rewards of SCO Expansion," *Council on Foreign Relations*, July7, 2015, https://www.cfr.org/expert-brief/risks-and-rewards-sco-expansion; Eleanor Albert, "The Shanghai Cooperation Organization," *Council on Foreign Relations*, October 14, 2015, https://www.cfr.org/backgrounder/shanghai-cooperation-organization.

③ Richard Weitz, "The Shanghai Cooperation Organization's Growing Pains," *The Diplomat*, September 18, 2015, https://thediplomat.com/2015/09/the-shanghai-cooperation-organizations-growing-pains/.

综合来看，上合组织区域公共产品的建设在扩员前已经取得一定成效，既有的法律文件和实践活动在很大程度上也已经界定供给内容与预期目标，但供给不足是客观事实，也是制约组织发展前景的要害所在。以开放包容、积极进取的方式实现扩员，为上合组织的新发展提供了重要契机。扩员后，上合组织区域公共产品的供给环境发生新变化，主要体现在：打造安全与经济两轮驱动的可能性日益提升，平衡供求关系的紧迫性不断加剧，从中俄"双核"转变为"中俄印三国互动机制"的必要性逐步显现。如何完善上合组织区域公共产品供给机制迫在眉睫。其中，中俄印三角互动无疑直接影响着前两者的变化趋势及其重要性程度，无论是安全与经济两轮驱动的实现，还是区域公共产品的供求平衡，在很大程度上都依赖于中俄印三角互动的结果。因此，有必要进一步分析中俄印三角互动对于上合组织区域公共产品供给的作用机制并探索应对路径，以实现上合组织区域公共产品的供求平衡。

第二节　中俄印三角互动对上合组织区域公共产品供给的影响

国际关系史上不乏潜在的或正式的三方互动实践案例①。较早对三方互动进行理论分析的当数希欧多尔·卡普罗（Theodore A.Caplow），他依据均势理论的逻辑，认为三方互动趋于形成两方联合对抗第三方的局势，且互动结果经常是弱者联合对抗强者，并据此提出了6种权力

---

① Geoffrey Barraclough, *An Introduction to Contemporary History* (New York: Basic Books, 1964); Henry Kissinger, *Diplomacy* (New York: Simon & Schuster, 1994); F. R. Bridge, Roger Bullen, *The Great Powers and the European States System*, 1815–1914 (Harlow: Pearson Longman, 2005); Akira Iriye, *Pacific Estrangement: Japanese and American Expansion*, 1897–1911 (Cambridge: Harvard University Press, 1972).

分配结构下的三方联盟类型①。20世纪70年代，随着中美苏"大三角"的凸显，英国学派的代表人物马丁·怀特（Martin Wight）较早提及了这一潜在三角，以体育竞赛为类比区分了决战型或世界冠军型、半决赛型、首轮比赛型、预赛型四种三角互动类型②，但他的研究更倾向于通过分析历史上的具体案例来佐证这种类型区分的合理性，并未过多关注中美苏"大三角"，也并未引发学者们对三角关系的充分重视。直到20世纪80年代初，美国学者洛厄尔·迪特默（Lowell Dittmer）将中美苏"大三角"互动视为一种"三个博弈者之间的交易"，并从社会学中汲取灵感，基于两性关系的意象，简约而形象地提出了三人共处型（由三个行为体之间的对称性和睦关系构成，三者互为朋友）、浪漫三角型（其中存在着"枢纽"行为体与两个"侧翼"行为体之间的和睦关系，而两个"侧翼"行为体之间则相互对立）、稳定婚姻型（其中两个行为体之间具有和睦关系，两者互为伙伴，并与第三者处于对立关系）三种基本类型，并套用此模型对中美苏三角关系进行了分阶段实证分析③。自此，"战略三角"这一术语开始受到重视乃至引起热议，成为分析大国权势关系以及战略选择的有力工具。在迪特默的三分法基础上，后来的学者还补充了第四种类型——单位否决型（每一行为

---

① Theodore A. Caplow, "A Theory of Coalitions in the Triad," *American Sociological Review* 21, no.4（1956）：489–493; Theodore A. Caplow, *Two against One: Coalitions in Triad* (Prentice-Hall, Inc.), 1968.

② 决战型或世界冠军型，即一国击败另外两国位居第一，另外两国分属第二与第三；半决赛型，即两国联合击败第三方，两国要么势均力敌，要么是较强一国接着对抗进入体系的新挑战者；首轮比赛型，即三国间因互相竞争而耗尽实力，最后被外来者征服；预赛型，即结成紧密伙伴关系的两国无法与第三者发生冲突，三角关系消失。Martin Wight, *System of States* (Leicester: Leicester University Press, 1977), pp.174–200.

③ Lowell Dittmer, "The Strategic Triangle: An Elementary Game Theoretical Analysis," *World Politics* 33, no.4（1981）：485–515.

体都与另外两个行为体处于对立之中，三者互为敌人）①。自此，三角关系的四种类型基本成形，成为探讨三角互动的经典模型。

具体到中俄印三角互动，早在1998年，时任俄罗斯总理普里马科夫在访问印度时首次提出了中俄印"战略三角"，但这一提法当时并未得到中印两国的正面回应，在政策界和学术界也并未引起重大反响。随着印巴加入上合组织，基于中俄印在成员国中的实力优势，探讨中俄印三角互动的可能模式对上合组织具有特殊价值，对理解上合组织区域公共产品的供给前景具有现实的指导意义。

上合组织是中国参与中亚事务的重要多边平台，对打击"三股势力"、维护新疆稳定、推动"一带一路"建设都具有不可替代的意义。中国一向主张上合组织应强化非传统安全合作与区域经济合作，塑造繁荣稳定的区域环境②。俄罗斯则将上合组织视为增强国际影响力，制衡美国的有效手段，赋予其重要的地缘政治意义③，对上合组织经济合作持保留态度④。至于印度，从经济角度看，与中国的立场较为接近。

---

① 例如，美国学者何汉理（Harry Hardin）认为三个国家可构成三边合作（All Working Together），一方协调两方（One Mediating the Conflicting Two），二方反对一方（Two Against One）以及所有人反对所有人（All Against All）这四种类型。所有人反对所有人即通常所说的单位否决型。Harry Harding, "The Evolution of the Strategic Triangle: China, India and the United States," in Francine R. Frankel, Harry Harding, eds., *The India-China Relationship: What the United States Needs to Know* (Columbia: Columbia University Press), p.322; Lowell Dittmer, "The Strategic Triangle: A Critical Review," in Ilpyong J.Kim, ed., *The Strategic Triangle: China, the United States and the Soviet Union* (New York: Paragon House Publisher, 1987), pp.29-47;陈志敏：《中国、美国和欧洲：新三边关系中的合作与竞争》，《世界经济与政治》2010年第1期，第5-22页；涂志明：《中俄印三角关系：理论、形成条件及其变迁》，《俄罗斯东欧中亚研究》2017年第4期，第87-100页。

② Song WeiQing, "Interests, Power and China's Difficult Game in the Shanghai Cooperation Organization," *Journal of Contemporary China* 23, no.85(2013):88-89.

③ Isabelle Facon, "Moscow's Global Foreign and Security Strategy: Does the Shanghai Cooperation Organization Meet Russian Interests?" *Asian Survey* 53, no.3(2013):463-464.

④ 陈小沁：《关于深化上海合作组织区域经济合作的思考》，《国际论坛》2010年第3期，第15页。

与此同时，中印之间的领土争端以及其他领域的竞争态势直接制约着中印合作的深化程度。从安全角度看，与俄罗斯的立场较为接近。但是，美国的"印太战略"赋予了印度独特的地位，立足"左右摇摆的中间地带"是印度的最优战略选项，这是俄印关系当前所面临的一大挑战。基于印度的战略自主性以及国际体系的转型进程，印度对上合组织也具有潜在的离心倾向。作为新成员国，当前印度对上合组织的定位仍处于探索之中，具有模糊性与不确定性。据此，套用三角关系既有的四种类型，可以发现中俄印三角互动共有八种可能模式（见表5-1）。

表5-1　中俄印三角互动的八种可能模式及其影响下上合组织
区域公共产品的供给前景

序号	互动类型	图式	上合组织区域公共产品的供给前景
1	单位否决型		最坏结果,中俄印陷入恶性竞争,上合组织存亡与否都成问题,更遑论区域公共产品供给
2	稳定婚姻型		印度处于孤雏地位,维持"双核"现状,中俄主导供给。以区域安全公共产品为主,区域经济公共产品为辅
3			中国与俄印的关系同时恶化,丧失主导地位,俄印主导供给。以区域安全公共产品为主,区域经济公共产品供给前景不明
4			俄罗斯与中印的关系同时恶化,丧失主导地位,中印主导供给。以区域经济公共产品为主,区域安全公共产品供给前景不明

续表5-1

序号	互动类型	图式	上合组织区域公共产品的供给前景
5		中 俄 ◁─────▷ 印	俄印关系恶化,中国占据枢纽地位,主导供给。区域经济公共产品供给前景相对可期,但区域安全公共产品供给前景不明
6	浪漫三角型	俄 中 ─────── 印	中印关系恶化,俄罗斯占据枢纽地位,主导供给。区域安全公共产品供给前景相对可期,但区域经济公共产品供给前景不明
7		印 中 ─────── 俄	中俄关系恶化,印度占据枢纽地位,主导供给。作为上合组织运行之基的中俄协作不复存在,区域公共产品供给前景不明
8	三人共处型	中 俄 ───── 印	最优状态,中俄印三方互为朋友,通力合作。区域公共产品有望实现供求平衡

说明:在战略三角关系模型中,实线代表和睦关系,虚线代表对立状态。但是,基于当今世界国家之间的关系不存在纯粹的和睦或对立状态,因此本表中的实线代表以合作为主,虚线代表以竞争为主。

第一种类型:单位否决型,即中俄印陷入恶性竞争,上合组织沦为大国的博弈场。倘若陷入此种模式,上合组织的存亡与否都成问题,更遑论上合组织框架下的区域公共产品供给。当然,这种情况属于最坏的结果。

第二种类型:稳定婚姻型,分为三种模式:(1)中俄稳定婚姻型。印度处于孤雏地位,维持"双核"现状,由中俄主导供给。相应地,上合组织区域公共产品的供给将以区域安全公共产品为主,以区域经济公共产品为辅。(2)俄印稳定婚姻型。中国与俄印的关系同时恶化,丧失主导地位,由俄印主导供给。相应地,上合组织区域公共产品的供给将以区域安全公共产品为主,区域经济公共产品供给前景不明。

（3）中印稳定婚姻型。俄罗斯与中印的关系同时恶化，丧失主导地位，由中印主导供给。相应地，上合组织区域公共产品的供给将以区域经济公共产品为主，区域安全公共产品供给前景不明。

第三种类型：浪漫三角型，也分为三种模式：（1）俄印关系恶化，中国占据枢纽地位，主导供给。在此模式下，上合组织区域经济公共产品的供给前景相对可期，但区域安全公共产品供给前景不明。（2）中印关系恶化，俄罗斯占据枢纽地位，主导供给。在此模式下，上合组织区域安全公共产品供给前景相对可期，但区域经济公共产品供给前景不明。（3）中俄关系恶化，印度占据枢纽地位，主导供给。在此模式下，原来作为上合组织运行之基的中俄协作不复存在，上合组织区域公共产品供给前景不明。

第四种类型：三人共处型。中俄印三方互为朋友，通力合作。中俄印联合供给、取长补短，上合组织区域公共产品有望实现供求平衡，达到最优状态。

由上述分析可知，中俄、中印、俄印任意一组双边关系特别是中俄关系的恶化，对上合组织区域公共产品供给的损害将是无可挽回的。当然，上述四种类型下的八种模式仅仅是中俄印三角互动的可能模式，而并非现实模式。预测上合组织框架下中俄印三角关系的现实模式，既要充分考虑三组双边关系的现状和未来趋势，也不能脱离上合组织的既有框架。

就中俄关系而言，面对复杂多变的国际形势，中俄发挥了大国作用和担当，树立了以合作共赢为核心的新型国际关系典范，为维护地区及世界和平稳定贡献了强大正能量。主要体现在三个方面：其一，国家领导人频繁互动。在2015—2020年，习近平主席和普京总统会面超过20次，两国总理定期会晤也顺利开展，这既彰显了两国领导人之间深厚的个人友谊和良好的工作关系，也充分体现出中俄关系的高水平和特殊性及其在各自外交议程中的优先地位，为两国各层次、各领域的合作起到了积极示范作用①。其二，出席对方举办的重大活动，互相支持对方的重大倡议和发展战略。2015年是第二次世界大战胜利及联合国成立70周年的年份，中俄携手就二战及当前国际秩序提出了一系列主张②。2015年5月8日，中俄两国签署了《中华人民共和国与俄罗斯联邦关于丝绸之路经济带建设和欧亚经济联盟建设对接合作的联合声明》，积极开展"一带"与"一盟"的对接。其三，双方关系提质升级。2019年6月5日到6月7日，习近平主席应邀对俄罗斯进行国事访问，并出席第二十三届圣彼得堡国际经济论坛。访问期间，两国元首签署联合声明，宣布发展中俄"新时代全面战略协作伙伴关系"。这不仅是对中俄关系过去七十年发展历程的总结，也为两国关系未来发展指明了方向③。可以说，中俄通过战略协调与战略对表对相关分歧进行了有效管控，尊重彼此核心利益。当然，"未来十年左右，对中俄关系的最大挑战不是现在看得见的某一具体矛盾，而是两国地位关系的转型，即两国将如何面对国力对比的大幅变化，也就是中国国力的快速上升和俄罗斯国力的相对下降，以及如何使中俄关系平稳地适应这一新的条件"④。

就中印关系而言，由于边界领土争端、巴基斯坦因素、区域竞争等问题的存在，两国能打开外交局面实属不易。中印两国高层互动延续了2013年以来每年都有国家领导人互访的新常态，保持一定热度。但两国关系发展存在波折，尤其是2017年6月的"洞朗事件"使两国关系经受严重考验。王毅外长在会见印度外长时表示，"此事最终通过外交手段予以和平解决，体现了双边关系日趋成熟，但教训值得汲取，

---

① 《境外媒体关注！中俄关系的"元首引领"与"民意根基"》，http://news.cctv.com/2018/09/18/ARTIN6BbKpMuthFFACN1HnHW180918.shtml。

② 《中俄第十一轮战略安全磋商关于第二次世界大战胜利及联合国成立70周年的联合声明》，http://www.xinhuanet.com//world/2015-05/26/c_127840601.htm。

③ 韩璐：《两国元首共同宣布 发展中俄新时代全面战略协作伙伴关系——中俄关系提质升级》，http://www.mod.gov.cn/gfbw/jmsd/4843483.html。

④ 赵华胜：《论中俄美新三角关系》，《俄罗斯东欧中亚研究》2018年第6期，第8-9页。

应避免再次发生"①。近年来，印度对华政策的实用主义倾向越发明显，竞争性趋势有所显现。随着印度地区战略的扩展以及美国因素的介入，中印两国在地缘政治和地区战略方面的分歧凸显，印度对华强硬趋势有所增强②。具体表现为：其一，加强对地区主导权的争夺。作为新兴的发展中国家，中印两国共同崛起深刻影响着地区局势的发展演变。出于对地区大国地位孜孜不倦的追求以及对中国崛起的遏制，印度不断强化在南亚地区的主导权，其地区战略实现了从"东向政策"（Look East）到"东进政策"（Act East）的升级，开始加强与东南亚国家的军事安全合作。其二，积极回应美、日、印、澳所倡导的"印太战略"，在政治、经济与军事等领域强化与美国的合作。2018年7月30日，美国宣布赋予印度战略贸易许可，享有与北约盟国同等的采购权，放宽出口高科技产品的限制，深入推进军事合作。可以说，平衡中国的战略需求是印美接近的基本出发点，印度逐渐成为美国"印太战略"的重要支柱。当然，全方位平衡外交依然还是印度外交的基本取向，印度对华政策目前并没有发生根本性转变，而是有选择性地利用美国的战略意图，调适与中国的关系，实现利益最大化。其三，印度对中国的"一带一路"倡议较为警惕，尤其是对中巴经济走廊的建设比较不满，认为这将威胁到印度的南亚区域主导地位。可以说，地缘政治竞争是印度制衡中国的主要方式，短期内难有实质性调整。就长期发展趋势而言，随着实力差距的拉大与国际形势的变化，制衡中国很可能成为印度的战略选项。

就俄印关系而言，一定程度上延续了苏印关系的密切态势，双边关系不断发展，政治、经济、军事等各领域的合作不断深化。1997年，俄印宣布建立战略伙伴关系。2002年普京访印期间，双方将双边年度峰会提升至"战略伙伴关系"层面。2005年，普京更是致函印度总理，

① 赵旭、胡晓明：《王毅会见印度外长斯瓦拉杰》，http://world.people.com.cn/n1/2017/1212/c1002-29701813.html。

② 林民旺：《中印关系的新趋势与新挑战》，《国际问题研究》2017年第4期，第130-133页。

称"印度是俄罗斯在亚洲和全球事务中最重要的伙伴"。2014年，面临乌克兰危机所带来的外交困境，普京再赴新德里，强化了俄印两国之间"特殊的战略伙伴关系"。相应地，印度对俄外交也是非常积极。2007年，普京作为唯一被邀请的主宾，出席了印度国庆日阅兵式。其间，双方更是签署了关于和平利用核能的双边协议，凸显了俄印关系之密切。俄罗斯是印度最大的核能合作伙伴之一。除了核能合作，两国先后签署了武器出口、空间技术、旅游等领域的多项合作协定，构成了维系俄印关系的重要纽带。2017年，俄罗斯与印度官方相互定位为"享有特殊权利的战略伙伴"，推动双边关系再上新台阶。在俄罗斯的积极主张下，印度于2017年阿斯塔纳峰会正式成为上合组织成员国。对此，莫迪向普京表示谢意，称"在国际舞台所有问题上，印俄总是站在一起。再次感谢您的积极支持，让印度成为上合组织正式成员国"①。可以说，俄印两国领导人均高度重视双边关系，合作基础雄厚，合作前景广阔。

综合来看，中俄友好关系在可预期的未来具有延续性，俄印关系基本也会维持在比较友好的状态，至于中印关系，因领土争端等问题波动概率较大。因此，当前中印关系的可持续发展对上合组织区域公共产品供给异常重要。尽管如此，就上合组织的既有框架而言，印度毕竟是新成员，原有的中俄"双核"模式总体上会保持相当程度的延续性和稳定性。与此同时，随着新成员特别是印度的逐渐融入，上合组织区域公共产品供给结构也将调整变化。这种总体延续与加速变迁并存的趋势为上合组织发展设定了基本的约束条件，同时也提供了历史性机遇。

---

① 曲颂、柳玉鹏：《印度总理莫迪访俄会晤普京：感谢您让印度加入上合组织》，https://m.huanqiu.com/article/9CaKrnK3eyp。

第三节　以中俄印三角关系管理促进上合组织
区域公共产品供给

显然，中俄印双边或三边之间在拥有合作区间的同时，利益取向有所区别，对上合组织的功能定位与发展前景也有差异。

首先，对中俄印之间的这种竞合并存，需要正确看待。就中俄而言，两国以元首外交为引导，政治上相互尊重、相互支持，经济上互利共赢，人文交流合作也取得了实质性进展，为中俄新时代全面战略协作伙伴关系的发展注入了强劲动力。与此同时，中俄现实需求方面也存在一定的差异，这种差异在上合组织内直接体现为安全与经济合作的不均衡发展。就俄印而言，两国在全球和地区层面并不存在直接的利益冲突①，在诸如打击国际及跨境恐怖主义、毒品贩卖、伊斯兰极端主义、武器走私以及在处理与邻国关系等许多棘手问题上的主张契合②，俄罗斯更是力荐印度加入上合组织。就目前而言，俄印关系的最大变数在于美国"印太战略"下印度战略选择的不确定性以及其并发性后果。就中印而言，领土问题由来已久，政治互信较低。特别是"洞朗事件"后，印度对中国的心态和策略出现了明显变化，一方面推动南亚地区的互联互通，强化区域主导地位；另一方面加快推进"东进政策"，提升与东南亚国家的合作层次，积极融入美国倡导的"印太战略"，推出"季风计划"，对冲"一带一路"倡议的地缘政治与经济压力。与此同时，中印双边关系的性质、状态以及发展趋势并未呈现出全面恶化的迹象，整体上处于可控状态。

---

① B.M.Jain, "India and Russia: Reassessing the Time-Tested Ties," *Pacific Affairs* 76, no.3(2003):397.

② P.L.Dash, "Indo-Russian Relations: Putin's Visit in Perspective," *Economic and Political Weekly* 38, no.3(2003):192.

其次，从个体论出发，成为三角互动的枢纽固然效益最优，但从总体论来看，只有建立"三人共处型"关系，才能获得一种微妙平衡的态势①。其一，"中俄是战略伙伴，这是二十多年积累下来的宝贵战略资产，不论对中国还是对俄罗斯来说，削弱两国的战略伙伴关系都是极大的战略错误和浪费，更不用说变为战略竞争对手"②。新时代的中俄关系，要始终以互信为基石，筑牢彼此战略依托；要着力深化利益交融，拉紧共同利益纽带；要大力促进民心相通，夯实世代友好的民意基础；要更加担当有为，携手维护世界和平安宁③。其二，基于当前俄印关系的现实基础，政治互信与战略合作仍将是两国关系的未来发展方向。其三，尽管中印关系存在波动的可能性，但其与中美关系存在性质上的差异。中美关系的核心在于崛起大国与守成大国之间的博弈，而中印关系的实质则是两个崛起大国之间的互动。印方的战略重心集中于南亚次大陆与印度洋，这与中国崛起并不存在"迫在眉睫"的冲突。"洞朗事件"表明，印度出于对地区局势与国家安全的担忧，采取激进策略或引入第三方势力的可能性增加。但与此同时，对于印度而言，在抗衡中国崛起的同时，也在谨慎地对待美方的介入，并不失时机地发展同俄罗斯等其他国家的关系，以便在借助美国力量平衡中国的同时，借助俄罗斯的力量平衡美国，由此避免破坏印度在这一地区的利益。显然，印度的战略指向是较明确的、可识别的。因而，即便中印两国在未来爆发冲突，这种冲突也将是短暂的，其性质更可能是偶然因素导致的，而非结构性的。基于此，塑造中俄印"三人共处型"关系具有可能性，而其对于上合组织现阶段的发展具有紧迫性，

① 包宗和：《战略三角个体论检视与总体论建构及其对现实主义的冲击》，载包宗和、吴玉山主编《重新检视争辩中的两岸关系理论》，五南图书出版股份有限公司，2009年，第335-352页。

② 赵华胜：《论中俄美新三角关系》，《俄罗斯东欧中亚研究》2018年第6期，第24-25页。

③ 《携手努力，并肩前行，开创新时代中俄关系的美好未来——在中俄建交70周年纪念大会上的讲话》，http://www.xinhuanet.com/world/2019-06/06/c_1124589505.htm。

对上合组织区域公共产品供给更是具有必要性。

最后，在上合组织框架下塑造中俄印"三人共处型"关系的最终目标在于实现区域公共产品的供求平衡。除却地缘政治考量外，维护地区安全、推动经济发展同样是印度加入上合组织的重要动因和收益。对于中俄印三国而言，正视彼此间竞合并存的局面，缓解或搁置争议，发挥各自比较优势，寻找利益契合点，打造安全与经济两轮驱动，显然已经成为引领上合组织区域公共产品有效供给的重要路径选择。

在安全领域，大力打击"三股势力"与毒品犯罪活动、缓解成员国共同的安全关切、维护区域安全与稳定一直是上合组织的基础和核心任务，扩员后这一任务即使有所扩展，也会保持一定的稳定性。毋庸置疑，区域安全公共产品供给成效直接影响着上合组织深化安全合作的前景。因此，中俄印三国需不断强化战略协调、发挥引领作用，进而与时俱进，对接成员国的共同安全需求，提升本组织应对地区复杂事态的能力。

在经济领域，基于印巴的发展潜力，上合组织经济合作在扩员后迎来了难得的历史机遇。以上合组织为连接中枢来推进"一带一盟"与中巴经济走廊、孟中印缅经济走廊对接与合作[1]，是契合成员国的共同发展需求、完善上合组织区域经济公共产品供给机制的有益探索。乌克兰危机及由此引发的西方制裁，使得俄罗斯对中俄战略合作赋予了更高的期许，政治互信的强化推动了中俄以上合组织为基本平台促进丝绸之路经济带与欧亚经济联盟对接的进程。

在中俄"一带一盟"达成战略对接的条件下，借助俄印战略协调的既有优势，在一定程度上也有助于淡化印度对丝绸之路经济带的警惕心理。尽管印度官方对"一带一路"倡议采取了"没有态度"的表态，显示出印度谨慎应对的立场，但在其他国家已经参与"一带一路"

---

[1] 薛志华：《上海合作组织扩员后的发展战略及中国的作为——基于SWOT方法的分析视角》，《当代亚太》2017年第3期，第75页。

倡议的大背景下，拒绝参与对于印度而言并非有利①。在 2018 年上合组织《青岛宣言》中，俄、哈、吉、塔、乌、巴等六国均重申了支持中国提出的"一带一路"倡议，印度立场的孤立显而易见。与此同时，印度正在推进其本国的经济发展计划，莫迪总理的"印度制造"计划旨在鼓励印度国内制造和出口，2015 年提出的"萨加马拉"倡议旨在发展印度港口。寻求中印在南亚地区政策上的对接，尝试建立多边磋商沟通机制以及进一步发展彼此的战略互信，可能是未来发展中印关系的基本思路②，也是回应当下在上合组织框架下维持中印友好关系现实需求的必要举措。而以上合组织为框架实现双方发展战略的对接，也有利于提升上合组织区域经济公共产品的供给水平。

结　语

基于中俄印三角互动的可能模式及其在上合组织框架内的影响，有必要以中俄印三角关系的机制化管理来促进上合组织区域公共产品的有效供给。当前，上合组织内部仍维持"双核"现状，区域公共产品由中俄主导供给，主要以区域安全公共产品为主，区域经济公共产品为辅。印度与巴基斯坦仍在跨境恐怖主义问题上相互指责③。印度对中国的"一带一路"倡议仍存戒备，特别是印度拒绝签署《上合组织

---

① Jeremy Garlick, "If You Can't Beat Them, Join Them: Shaping India's Response to China's 'Belt and Road' Gambit," *China Report* 53, no.2 (2017): 143-157.

② 林民旺：《印度对"一带一路"的认知及中国的政策选择》，《世界经济与政治》2015 年第 5 期，第 42-57 页。

③ Geeta Mohan, "At SCO Summit, India Slams Pakistan, China over Terrorism, Connectivity," *India Today*, July 4, 2023, https://www.indiatoday.in/world/story/sco-summit-pm-narendra-modi-china-president-xi-jinping-pak-pm-shehbaz-sharif-terrorism-connectivity-2401880-2023-07-04.

至2030年经济发展战略》①。内部分歧分化安全和经济合作共识，区域公共产品供给能力与意愿不相匹配是上合组织区域治理效率缓滞的重要原因之一。因此，只有通过正视中俄印之间的竞合并存、塑造"三人共处型"三角关系，才能来打造安全与经济两轮驱动，进而实现上合组织区域公共产品的供求平衡。

总而言之，由于实力比较优势，中俄印三角互动对于扩员后上合组织区域公共产品的供给至关重要。随着上合组织扩员增至10个成员国，中俄印三角的良性互动将有助于带动伊朗和白俄罗斯的有效融入，并推动二者由区域公共产品的受益者转化为供给者。从长远来看，若中俄印能够走向"三人共处型"的理想模式，上合组织推动中小成员国将区域合作的共同利益联结点与议程设置相结合的效率会持续提升，在其他中小成员国的边际收益大于边际成本后必然增强其参与供给的积极性②，这将有力地对接安全"刚需"与经济利益，进一步减少部分成员国的"搭便车"行为，提高扩员后上合组织区域公共产品供给的整体效能。

---

① "At SCO Summit, India Reiterates Opposition to China's Belt and Road Initiative," *The Economic Times*, July 4, 2023, https://economictimes. indiatimes. com/news/india/at-sco-summit-india-reiterates-opposition-to-chinas-belt-and-road-initiative/articleshow/101494157. cms?utm_source=contentofinterest&utm_medium=text&utm_campaign=cppst.

② 庞珣：《国际公共产品中集体行动困境的克服》，《世界经济与政治》2012年第7期，第34–36页。

第六章

上合组织区域公共产品供给的中国路径

随着区域一体化的深入发展，区域组织、区域公共产品与区域秩序之间的相关性成为重要的理论与现实命题。公共产品供给是国际组织的基本职能，是实现组织宗旨、推动组织发展的重要动力[①]。基于区域化视角，区域公共产品能够有效反映和满足本地区的具体需求，缓解国际公共产品供给不足，维护区域稳定与发展。作为区域合作的典范，上合组织的国际地位和影响力日益上升。随着2017年阿斯塔纳峰会的胜利召开，上合组织完成首次扩员，扩员后上合组织内部的政治制度、经济发展、意识形态、宗教文化差异性相对较大，加之与欧亚经济联盟、集安组织等地区性国际组织在成员国构成、组织功能上重叠与竞争并存，严重影响了区域一体化进程。因此，如何进一步明确组织定位、发挥比较优势、优化区域公共产品供给水平、培育核心竞争力，已成为上合组织实现良性发展的关键所在。

① 樊勇明：《区域性国际公共产品——解析区域合作的另一个理论视点》，《世界经济与政治》2008年第1期，第7-13页；樊勇明：《从国际公共产品到区域公共产品——区域合作理论的新增长点》，《世界经济与政治》2010年第1期，第143-152页。

作为首个由中国发起并以中国城市命名的区域性国际组织，上合组织对中国而言具有重大意义。中国一直是上合组织区域公共产品主要的提供者，视其为展示外交理念与拓展周边外交的重要平台。随着"周边外交工作座谈会"的召开，最高决策层对周边外交作出战略部署，提出周边外交新理念（"亲、诚、惠、容"），对塑造周边外交新格局具有重大战略意义。周边外交转型升级的战略驱动必将对中国深化上合组织区域合作产生重大影响。

因此，本章将区域公共产品理论引进上合组织研究：其一，弥补当前上合组织研究理论视角匮乏的不足，避免低水平重复，提升研究质量；其二，把握上合组织竞争力提升的现实需求，有助于提出合理的对策建议；其三，能有效对接新老成员国的需求，为上合组织深化区域合作、弥补产业链断裂风险，构建上合组织命运共同体建言献策。此外，区域公共产品供给是落实周边外交新理念的基本路径，如何以上合组织为平台拓展周边外交，将为中国周边外交的转型升级提供重要借鉴。鉴于此，本章以区域公共产品为理论视角，集中剖析上合组织公共产品供给的成效、不足与中国的路径选择。

第一节　上合组织区域公共产品供给现状

公共产品属于政治经济学中的概念，是指一国政府提供满足全体社会成员公共需求的产品与劳务①。20世纪60年代，美国学者将公共产品理论引入国际关系研究，形成"国际公共产品"概念②。其中，曼瑟尔·奥尔森（Mancur Olson）和理查德·泽克豪瑟（Richard

---

① 樊勇明：《区域性国际公共产品——解析区域合作的另一个理论视点》，《世界经济与政治》2008年第1期，第7页。

② Mancur Olsen, "Increasing the Incentives for International Cooperation," *International Organization* 25, no.4（1971）：866–874.

Zeckhauser）认为，公共产品的供给是所有国际联盟得以成立的初衷或功能，但由于公共产品特有的"非竞争性"与"非排他性"，国家"搭便车"的现象不可避免，成本分担呈现"不均衡性"[①]。查尔斯·金德尔伯格（Charles P. Kindleberger）和罗伯特·吉尔平（Robert Gilpin）则借用国际公共产品供给为"霸权稳定论"提供了逻辑论证，认为霸权国凭借强大的经济剩余供给国际公共产品，并且能够容忍其他国家"搭便车"的行为，以此维护霸权秩序[②]。

尽管"霸权稳定论"视霸权国为保证世界市场和国际体系稳定的核心力量，但也强调霸权国主导下的国际公共产品供给存在固有缺陷，即"私物化"问题[③]。金德尔伯格论证了国际公共产品被美国霸权"私物化"的必然性，指出霸权几乎必然存在剥削，并强调霸权国维护国际秩序稳定的领导责任可能会退化为剥削[④]。吉尔平则认为，霸权国之所以承担高额成本提供公共产品，主要是出于"开明的自私自利和安全目标"，在霸权衰落的阶段更是如此[⑤]。冷战结束后，随着区域化进程的加速推进以及美国实力的相对衰落，美国供给的国际公共产品不

[①] Mancur Olson, Richard Zeckhauser, "An Economic Theory of Alliances," *The Review of Economics and Statistics* 48, no.3（1966）：266-279.

[②] 查尔斯·金德尔伯格：《1929—1939年世界经济萧条》，宋承先、洪文达译，上海译文出版社，1986，第89页；罗伯特·吉尔平：《国际政治经济学》，杨宇光等译，上海人民出版社，2006，第69-73页；Charles P. Kindleberger, "Dominance and Leadership in the International Economy: Exploitation, Public Goods, and Free Rides," *International Studies Quarterly* 25, no.2（1981）：242-254.

[③] 陈小鼎、王亚琪：《战后欧洲安全公共产品的供给模式》，《世界经济与政治》2015年第6期，第104页。

[④] Charles P. Kindleberger, "Dominance and Leadership in the International Economy: Exploitation, Public Goods, and Free Rides," *International Studies Quarterly* 25, no. 2（1981）：245.

[⑤] 罗伯特·吉尔平：《国际政治经济学》，杨宇光等译，上海人民出版社，2006，第83页。

仅无法充分对接不同区域的真正需求，而且面临着严重不足的困境①。

区域公共产品是国际公共产品的延续和发展，能够直接反映本地区的具体需求，更具针对性和有效性②。区域公共产品遵循公共产品融资活动中"受益人支付"的原则，需要域内国家共同参与、相互协调，构建一套为各国认可的区域性机制进行公共产品供给③。区域公共产品理论的提出为全球化背景下跨国问题的解决和域内国家深化合作提供了新的分析模式与路径选择。可以说，区域公共产品是对霸权国主导下国际公共产品供给的补充和超越④，为深化区域合作、提升区域治理水平提供了有益参考。其中，区域公共产品的有效供给是推动区域合作进程的关键所在，其供给水平在很大程度上反映了区域合作治理的成效。

具体而言，上合组织的成立既是地缘政治整合的需要，也是区域内国家积极应对国际公共产品"私物化"现象的举措。一方面，区域公共产品供给能够有效弥补国际公共产品的不足，并通过区域合作来消解霸权国介入的风险，达到成本均摊，协商应对地区风险的目标；另一方面，区域公共产品的有效供给能广泛减少信息的不对称性，化解成员国因权力增长而带来的不安全感，推动地区乃至世界的和平发展。区域合作是全球化发展的必然趋势，也是乌克兰危机背景下应对区域产业链断裂风险的重要举措。基于此，本书尝试从区域公共产品的视角研究上合组织，具体从安全、经济和人文合作三个维度对上合组织区域公共产品的供给现状进行评估，并剖析存在的问题及其原因。

---

① 樊勇明：《区域性国际公共产品——解析区域合作的另一个理论视点》，《世界经济与政治》2008年第1期，第7–13页。

② 樊勇明、薄思胜：《区域公共产品理论与实践——解读区域合作新视点》，上海人民出版社，2011，第17页。

③ 樊勇明：《从国际公共产品到区域性公共产品——区域合作理论的新增长点》，《世界经济与政治》2010年第1期，第144–147页。

④ 陈小鼎：《区域公共产品与中国周边外交新理念的战略内涵》，《世界经济与政治》2016年第8期，第44页。

一、安全类区域公共产品供给现状

共同的安全需求是上合组织成员国探索新型安全合作实践、参与供给区域安全公共产品的动力所在①。从"上海五国"到上合组织，从消除边境地区军事对峙、实现军事互信、解决边界问题到共同打击"三股势力"等非传统安全问题，成员国间不断深化安全合作②。上合组织在区域公共产品供给的理念、内容和模式等方面特色鲜明，即以"上海精神"为依托，以非传统安全公共产品为主要供给内容，形成了"共同倡导、协商一致"的供给模式。经过二十余年的发展，上合组织在安全领域取得了诸多成效，以军事互信机制为基础，促成地区反恐机制、地区禁毒机制、执法合作机制以及地区安全问题磋商机制五者联动促进的格局。

具体而言：（1）军事互信机制。上合组织的前身，即"上海五国"机制，是在解决五国边界问题的基础上诞生的，以《关于在边境地区加强军事领域信任的协定》和《关于在边境地区相互裁减军事力量的协定》的签署为开端。在此契机下，成员国深化军事安全合作，建立透明公开的军事互信机制，并为其他领域的合作创建高效的信任机制。（2）地区反恐机制。在1998年阿拉木图峰会上，"上海五国"就明确提出"打击国际恐怖主义"。"9·11"事件后，上合组织反恐合作逐渐步入规范化、机制化轨道，相应的法律文件及其会议磋商机制趋于完善。成员国以地区反恐机构为协调平台，有效发挥"和平使命""天山反恐"等反恐演习的效用。（3）地区禁毒机制。随着地区反恐机制的建设，上合组织以《上海合作组织成员国关于合作打击非法贩运麻醉药品、精神药物及其前体的协议》《2011—2016年上海合作组织成员国禁毒战略》草案以及《上海合作组织成员国元首关于应对毒品问题的声

---

① 樊勇明、薄思胜：《区域公共产品理论与实践——解读区域合作新视点》，上海人民出版社，2011，第178页。

② 陈小鼎、王翠梅：《扩员后上合组织深化安全合作的路径选择》，《世界经济与政治》2019年第3期，第109页。

明》等法律文件为基础，不断加强地区禁毒机制建设。（4）执法安全合作。为了共同应对地区日益严峻的非传统安全形势，成员国在2009年叶卡捷琳堡峰会上签署了《上海合作组织成员国保障国际信息安全政府间合作协定》，为地区执法安全合作奠定了法律基础。在此基础上，上合组织建立相关的数据库，加强成员国间的信息共享。2015年，联合国通过《信息安全国际行为准则》，以协同上合组织制定打击使用信息网络和通信技术实施犯罪行为的国际法律文书，并联合开展网络反恐演习。为了进一步提升成员国应对非传统安全威胁的能力，上合组织设立成员国安全会议秘书会议、公安内务部长会议、地区反恐怖机构理事会等一系列机构来制定详细的原则、程序和实施规则，有效加强彼此间的执法协作。（5）国际司法合作。为了进一步提高上合组织执法效率，习近平主席在2013年比什凯克峰会上首次提出加强国际司法合作的倡议。经过多年发展，上海政法大学设立培训基地，通过汇集各领域专家，业已形成涵盖成员国司法、执法以及反恐等领域的业务交流，现已成为上合组织的重要智囊团。（6）地区安全问题磋商机制。上合组织幅员辽阔，地区热点问题众多，成员国以元首峰会为契机，就国际形势和叙利亚危机、伊朗核问题、朝鲜半岛问题以及阿富汗问题等地区热点问题进行积极磋商和建言献策，发出上合组织的一致声音。以阿富汗问题为例，成立于2005年的上合组织-阿富汗联络组是解决阿富汗问题的重要磋商机制，旨在推动上合组织与阿富汗之间的合作。自成立以来，联络组曾先后多次举行参赞级、副外长级会议，为阿富汗的重建作出了积极贡献。

综上所述，上合组织安全合作取得了丰硕成果，安全合作不断深化、法制化和机制化进程加快，为区域经济合作提供了良好的周边环境，获得区域国家乃至国际社会的广泛赞誉。

二、经济类区域公共产品供给现状

经济合作是上合组织地区经济社会发展和稳定的重要保障，也是区域一体化进程的内驱动力。自上合组织成立以来，成员国从安全合作到经济合作，不断深化贸易投资、能源、农业、科技、卫生等各领域合作，形成了以多框架为指导、以"一带一路"为重要支撑、以上合组织命运共同体为基本发展方向的新格局。经过多年发展，上合组织在经济合作领域取得了丰硕成果，呈现区域经济一体化发展的良好态势。

具体而言：（1）贸易投资交通便利化。以《上海合作组织成员国多边经贸合作纲要》和《上海合作组织成员国元首关于贸易便利化的联合声明》的签署为开端，成员国开展了形式多样的贸易便利化合作，建立了较为完善的交流合作机制。其一，推进建立上合组织自贸区和青岛经贸合作示范区，落实制定《上海合作组织成员国多边经贸合作纲要》。其二，以中欧班列、公路规划、铁路网和航空运输网建设为硬件设施，加快推进物流商贸便利化流通。随着贸易投资交通便利化快速发展，成员国之间的贸易合作不断扩大。例如，2000—2018年，我国与上合组织成员国间的贸易额已达到2550亿美元，同比增长17.2%，高于中国整体外贸增速7个百分点①。2017年，上合组织成员国间相互贸易额接近3000亿美元，相互投资则高达1000亿美元②。（2）能源合作。能源合作是上合组织经济合作的重要组成部分。成员国在油气勘探投资、产品贸易和能源基础设施建设等方面有密切的合作关系，合作领域不断扩展，为保障国家地区能源安全、促进区域经济一体化等发挥了重要作用。随着全球市场能源格局的变化，上合组织在资源开发、管道基础设施建设和联通以及区域能源治理机制等领域的合作潜力也在增加。（3）数字和创新经济。以《上合组织成员国2019—2020年科研机构合作务实措施计划（路线图）》签署为开端，上合组织持续深化成员国科技创新合作，以数字经济推进经济社会发展。目前，创新合作已在海关、农业、电信、中小微企业等领域取得诸多成就。

---

① 《2018年中国与上合组织成员国贸易总额达2550亿美元》，https://news.sina.com.cn/o/2019-06-13/doc-ihvhiews8660428.shtml。

② 姜睿：《上合组织的金融合作（2014—2015）：进展、问题与路径设想》，《俄罗斯东欧中亚研究》2016年第3期，第56页。

成员国以《上海合作组织成员国经贸部门间促进中小微企业合作的谅解备忘录》为指导，深入推动成员国中小微企业创新发展。（4）金融合作。近年来，上合组织在投融资领域的合作硕果丰盛。中国金融机构通过优惠贷款、援款和商业贷款等多种方式，支持成员国开展大型能源、矿产资源及基础设施等项目。上合组织推动成立银联体以搭建金融合作平台，加快本外币一体化的建设，通过资金融通，助力上合组织在区域内基础设施互联互通和优势产能合作。据初步统计，截至2016年年底，中国国家开发银行为上合组织成员国提供的融资额度为1500亿美元。中国国家开发银行依托上合组织银联体平台，发挥开发性金融机构的优势，合理配置投资、贷款、租赁、债券、证券等金融资源。合作领域涉及面较广，包括能源、电力、基础设施、矿产资源、优势产能、农业及民生等多个领域。此外，上合组织成员国在加工制造、物流服务、交通基础设施建设等多个领域也开展了广泛合作，使区域经济合作不断深化。

三、人文类区域公共产品供给现状

人文合作是安全合作与经济合作的重要组成部分和重要基础。近年来，上合组织人文合作不断深化，极大地增进了成员国间民心相通、经济融通和政治互信。目前，上合组织人文合作主要集中在教育、文化和旅游合作领域。

具体而言：（1）文化合作。上合组织以2007年签署的《上海合作组织成员国政府间文化合作协定》为精神，积极落实《上海合作组织成员国政府间文化合作协定2018—2020年执行计划》，促成各类电影节、艺术节等活动的举办。以成员国首届媒体峰会为契机，成员国加强媒体间交流与合作，积极举办以"推进地区和平与合作，共建人类命运共同体"为主题的人民论坛和地方领导人会谈，促进民间和地方交流合作。同时，成员国还积极开展各类智库合作与交流，共同传播"上合声音"，协同讲好"上合故事"。（2）教育合作。上合组织以2006年《上海合作组织成员国政府间教育合作协定》为发端，先后通过

《上海合作组织成员国政府间教育合作协定》《上海合作组织成员国元首致青年共同寄语》及其实施纲要等一系列指导性文件。经过多年探索发展，上合组织形成了以上合组织大学为主要平台，以联合科研、学术访问、语言教学、青少年交流等为主要内容的务实合作新模式。在此基础上，上合组织不断深化上合组织大学的人才培养模式和青少年交流机制，帮助成员国推进教育现代化进程。（3）旅游合作。旅游是实现文化汇通的重要手段。其中，丝绸之路旅游合作是上合组织成员国深化文化合作的重要立足点，也是连接各成员国发展战略的重要纽带。随着《上海合作组织成员国旅游合作发展纲要》《2017—2018年落实〈上海合作组织成员国旅游合作发展纲要〉联合行动计划》和《2019—2020年落实〈上海合作组织成员国旅游合作发展纲要〉联合行动计划》的相继签署，旅游合作成为上合组织人文交流和民间交流的基础性工程，是上合组织命运共同体建设的示范工程。成员国协同举办国际旅游展览会和展销会等活动，积极采取措施以简化彼此间的签证程序，促进上合组织旅游与民间交流的发展。

可以说，上合组织人文合作已经从官方主导逐渐走向民间，吸引越来越多的民间机构参与其中。人文合作的领域不断拓展，涉及文化、卫生、教育、体育、旅游、影视和科技等诸多群众关切的话题，极大地丰富了人文合作的层次和内容。

综上所述，上合组织区域公共产品的建设取得了丰硕的成果。随着区域合作领域的不断扩大，组织的法制化和机制化进程持续加快。同时，上合组织区域公共产品供给也面临着严峻的挑战。随着世界政治极化愈演愈烈，中美战略竞争加剧，逆全球化盛行、民粹主义抬头、全球治理困境等问题愈发凸显，扩员后的上合组织面临着诸多不确定因素。上合组织区域公共产品供给的短板不断显现，具体体现为区域公共产品供给与需求的不平衡、供给意愿与供给能力的不对称等。如何应对区域公共产品供给不足、优化区域公共产品的供给，是摆在上合组织面前的一大难题。

第二节 上合组织区域公共产品供给的不足

扩员后，上合组织的内部格局发生了改变。随着地区结构性矛盾进一步凸显，区域机制竞争效应不断加大，组织认同随之弱化。传统的区域公共产品供给难以满足成员国的发展需求，因此，唯有把握区域公共产品存在的问题，对症下药，才能取得实效。

一、制度建设和现实发展脱节，供给效率不高

良好的制度建设能够有效维护组织权威，提升组织运行效率，为区域公共产品供给提供制度安排。自 2001 年上合组织成立至今，成员国围绕安全、政治、经济、人文合作及扩员机制等形成众多法律文件，涵盖贸易、海关、金融、交通、能源、卫生、教育等众多领域。扩员后，成员国对上合组织的发展诉求日益提升。因此，上合组织在区域合作中的权威性与领导力取决于组织决议能否有效执行与落实。

当前，上合组织已经完成机制创建，形成诸多共识性文件，但仍面临着执行效率不高的问题。同时，上合组织的内部机构复杂、技术性人员欠缺等问题严重制约着组织发展[1]。以地区反恐机构为例，反恐机构的主要职能在于收集相关情报，加强反恐协作以提高反恐效率。成立初期，机构在反恐行动中确实取得了显著成效。但反恐机构并未随着国际反恐形势的变化与时俱进，相关的反恐合作的法律文本语义仍相对模糊，反恐合作依旧采取召开会议、组织反恐演习等传统形式，且尚未设立相应的反恐监督机构，导致反恐任务执行过程中效率较低。

随着阿富汗问题的持续外溢，中亚国家对非传统安全威胁的担忧不断加深，恐怖分子的回流使中亚国家反恐形势恶化。成员国普遍希

---

[1] 李进峰：《上合组织发展：新十年新前景》，载李进峰等主编《上海合作组织发展报告（2003）》，社会科学文献出版社，2013，第 11-12 页。

望上合组织-阿富汗联络组能在阿富汗重建进程中发挥更加积极的作用。2019年，在比什凯克上合组织外长理事会上，印度外长强调对上合组织-阿富汗联络组的重视，希望联络组能早日制定行动路线图①。目前，上合组织-阿富汗联络组的效果仍然有限。

综上所述，由于成员国安全利益诉求不同，再加上协商一致原则的制约，上合组织区域公共产品供给的效率被严重限制。同时，机制建设与现实实践严重脱节，法律文本界定不够清晰，内部又缺乏高效的决策和监督机制，区域公共产品的建设缺乏有力的法律保障。

二、成员国发展需求更趋多元化，供需不平衡

扩员后，上合组织将诸多地区热点问题纳入其中，但由于部分成员国的既有矛盾，区域公共产品的需求更趋多元化，传统的安全合作已不能满足新形势下组织的发展需要。

一是俄罗斯。苏联解体后，俄罗斯面临着北约东扩和高加索安全危机，再加上独立伊始经济乏力，对中亚国家的控制明显乏弱。上合组织为俄罗斯重新控制中亚地区，抵制"双泛主义"（"泛伊斯兰主义"和"泛突厥主义"）提供了十分优越的平台。同时，上合组织有助于俄罗斯抵消北约东扩带来的挤出效应，以维护自身国家安全。因此，俄罗斯对提供安全公共产品供给的意愿较高。但在经济领域，其重视程度要低得多。俄罗斯在中亚的经济利益主要是维持和发展传统经济联系，加强油气资源控制。由于担心中国介入中亚地区经济合作会将俄自身置于不利境地，因此，俄罗斯对中国在中亚地区推动经济合作持警惕态度②，对上合组织经济公共产品供给采取观望态度。

---

① "Speech by External Affairs Minister at the Meeting of Shanghai Cooperation Organization Council of Foreign Ministers," *Ministry of External Affairs, Government of India*, May 22, 2019, https://mea.gov.in/ Speeches Statements.htm?dtl/31331/speech+by+external+affairs+minister+at+the+meeting+of+shanghai+cooperation+organization+council+of+foreign+ministers.

② Christopher Marsh, "Russia Plays the China Card," *The National Interest*, no. 92（2007）:68−71.

二是中国。冷战结束以后，中国综合国力显著提升。随着多极化格局已然成势，美国及其盟友加剧了"安全恐惧症"，以美国为首的西方国家加大对华防范力度，不断介入地区事务。上合组织的成立不仅能够有效缓解美国遏制中国的压力，而且也是中国应对非传统安全威胁、维护西北边疆稳定的重要机制。可以说，作为中国周边外交的战略依托，上合组织的战略地位极为重要。一方面，它切实维护了地区安全稳定，为实现中华民族伟大复兴提供了良好的周边环境；另一方面，它能以经济合作为契机加强成员国政治互信，促进区域一体化发展，推动建立周边外交新格局。

三是印度和巴基斯坦。印巴选择加入上合组织，旨在应对南亚地区日益严峻的恐怖主义危机。基于历史遗留问题，上合组织尚未就两国的恐怖主义组织进行明确的界定。由于印巴的加入间接地将中印、印巴边界问题带入上合组织，使得组织内部不确定性增大，结构性矛盾加剧。其一，印度拒绝"一带一路"倡议，对此保持警惕和防范。印度认为"一带一路"是中国进军南亚，对其开展战略包围的重要举措。海上丝绸之路的建设和发展打破了印度洋地区现有的权力架构，削弱了印度在南亚地区的地位优势，危及印度的现实地位和利益关切。其二，印巴之间的政治互信和战略沟通不足，降低了组织凝聚力，这将导致组织行动效率的降低。

四是中亚国家。安全问题仍是上合组织中亚成员国的重大关切。在政治领域，一方面，中亚成员国希望能够通过上合组织维护地区的安全与稳定，减少对俄罗斯的依赖；另一方面，随着阿富汗问题的持续外溢，中亚成员国希望能够借助上合组织推动阿富汗的重建进程。在经济领域，中亚成员国仍然处于经济转轨期，对非能源领域的经济技术合作需求迫切，需要上合组织对其增加投资，以协助国内经济转型和经济增长。扩员后，中亚成员国期望能够以上合组织为平台，加强彼此之间的政治互信[①]。但近年来，随着中美战略竞争加剧及俄美博

---

① 陈亚州、曾向红：《扩员后中亚成员国对上海合作组织的期待及其应对》，《国际展望》2019年第6期，第97页。

弈的尖锐化，成员国以成本收益为基本考量的投机行为进一步加剧，在一定程度上阻碍着地区一体化的进程。

综上所述，促进国际机制形成的激励因素取决于共同利益的存在①。上合组织成员国利益诉求的差异性加剧了区域公共产品供给的难度。在上合组织框架下，有些成员国注重安全维护，有些成员国则偏好经济合作。即使是经济合作，国家间的侧重点也有所不同。例如，俄罗斯主张以基础设施建设为重点推进大型项目建设，不认同中国提出的建立自由贸易区和区域一体化政策，成员国间供给意愿的分化造成供给的不平衡。

三、成员国经济发展水平不一，供给能力受限

组织的发展离不开资金的支持。机制建设、人员培训等各方面的合作交流都需要充足的资金。扩员后，各成员国的经济水平差异加大，既有中、俄、印新兴市场经济体，也有进行经济转轨的中亚国家等，上合组织成员国经济发展水平的差异性制约着其区域公共产品的供给意愿和供给能力。从经济实力来看，中亚国家基本不具备对外投资能力，难以为上合组织公共产品的建设投入更多资金。

俄罗斯倾向于重视欧亚经济联盟框架下的经济合作，并为此投入巨大的资金支持。以财政不足和国内立法难以通过为借口，俄罗斯拒绝中国提议的上合组织开发银行和发展基金。实际上，中国已成为上合组织经济类公共产品主要供给方。但作为发展中国家的中国，同样需要引进外资以优化产业结构，对组织公共产品的供给只能提供有限的财政和资金支持，因而上合组织只能在有限的预算下运作②。

印巴的加入从客观层面上增强了上合组织区域公共产品的供给能

---

① 罗伯特·基欧汉：《霸权之后——世界政治经济中的合作与纷争》，苏长和译，上海人民出版社，2001，第96页。

② Ishtiaq Ahmad, "Shanghai Cooperation Organization: China, Russia, and Regionalism in Central Asia," *Initiatives of Regional Integration in Asia in Comparative Perspective: Concepts, Contents and Prospects*, 2018, pp.119–135.

力，但实际上并未有太多的改变。囿于阿富汗局势、印巴冲突及国内非传统安全形势的恶化，巴基斯坦经济发展较为滞后，对上合组织的支持非常有限。基于遏制中巴的战略考量，印度对上合组织的经济合作猜忌较大。例如，基于经济发展需要，印度主动加入由中国倡议发起的亚洲基础设施投资银行（Asian Infrastructure Bank），并获得巨额贷款，推动国内基础设施建设①，但对上合组织框架下的"一带一路"倡议建设却持消极态度。2018年6月，莫迪在上合组织青岛峰会上的表态暗含对"中巴经济走廊"途经克什米尔地区的不满②。

综上所述，成员国利益诉求及经济发展水平的差异性，严重影响了成员国区域公共产品的供给意愿和供给能力，资金不足则直接限制了上合组织的有效运转。因此，解决资金投入问题、提升成员国的供给能力、增强成员国的供给意愿是上合组织发展的重要关切。

四、成员国发展目标定位不同，组织认同弱化

区域组织的建立是以地理位置的整合为前提来构建强有力的地区认同的。认同（Identity）的建立是基于共同体成员的一致性，同他者的共有形象和归属感进行区分，即对共同体的忠诚③。集体认同（Collective Identity）则是指行为体对体系政治文化的认同，将一般化的他者作为对自身理解的一部分以及将自己作为一个团体或"群我"一部分的意识④。地区认同是集体认同的一种，体现了域内国家的归属意识。

上合组织地域辽阔，受地区多样性及外部势力的介入，地区认同

---

① 李孝天：《印度对上海合作组织认知、利益诉求及其影响》，《国际论坛》2019年第6期，第56页。

② Kaura Vinary, "India's Counter - Terrorism Diplomacy Towards China: Issues and Trends," *Journal of International Relations* 13, no.1(2019):44−58.

③ James M. Baldwin, *Dictionary of Philosophy and Psychology: Volume 1*(New York: The Macmillan Company, 1998).

④ 亚历山大·温特：《国际政治的社会理论》，秦亚青译，上海人民出版社，2014，第432页。

有所不足。其中，俄罗斯外交的不规则摇摆性是制约上合组织区域认同的重要因素。所谓的不规则摇摆性，是指俄罗斯对外政策以俄罗斯国家利益为基点，在东西方国家之间不规则地来回摇摆①。具体而言：第一，俄罗斯横跨亚欧大陆且邻国众多，导致俄罗斯地缘战略模糊，俄罗斯可根据自己的地缘优势在东西方国家之间巧妙斡旋，适时调整政策。第二，俄罗斯横跨欧亚大陆，东西方文化兼而有之，这种边缘文化构成俄罗斯文化的潜意识，在危急关头往往缺少稳定性②。

中亚国家在上合组织内合作的动力主要是应对地区非传统安全威胁，巩固国家政权。中亚国家围绕边界、水资源、石油以及咸海治理等问题争端不断导致矛盾激化，这造成组织认同显著弱化，对上合组织的认同构成巨大挑战。对于印度而言，制衡中国在欧亚地区的影响力，尽可能地减少巴基斯坦在印巴博弈中的战略资本，是其战略诉求之一③。随着印巴的加入，印巴冲突不可避免地被带入，但上合组织尚未建立完善的冲突调解机制。同时，共识性决策显著降低了组织决策能力，难以就具体的涉及成员国核心利益的问题达成一致。随着克什米尔问题及中印领土争端的加剧，上合组织的机制建设面临巨大挑战。已有学者从大国协调④、建设性介入⑤、调解冲突机制⑥等层面对上合组织的认同的建设提供了解决之道，但收效甚微。

值得关注的是，上合组织人文合作虽然成果斐然，但效果有限。

① 王树春、王学锋：《论俄国对外政策的摇摆性》，《广东外语外贸大学学报》2008年第2期，第93页。

② 王树春、王学锋：《论俄国对外政策的摇摆性》，《广东外语外贸大学学报》2008年第2期，第94页。

③ 李孝天：《印度对上海合作组织认知、利益诉求及其影响》，《国际论坛》2019年第6期，第56页。

④ 曾向红、杨双梅：《大国协调与中亚非传统安全问题》，《俄罗斯东欧中亚究》2017年第2期，第34–62页。

⑤ 赵华胜：《不干涉内政与建设性介入——吉尔吉斯斯坦动荡后对中国政策的思考》，《新疆师范大学学报》（哲学社会科学版）2011年第1期，第23–29页。

⑥ 李亮：《上海合作组织建立成员国间冲突调节机制初探》，《俄罗斯研究》2020年第3期，第19–51页。

以上合组织教育合作为例，上合组织大学相较于俄罗斯与中亚成员国间的教育合作，仍处于初级阶段。与中亚国家的斯拉夫大学以及莫斯科大学分校的建设相比，上合组织大学是非实体性机构，其合作模式很大程度上限制了文化合作的深度，上合组织社会认同和民间认同较为薄弱。

五、区域制度重叠加剧，区域公共产品竞争力被削弱

区域内现存的国际组织对上合组织区域合作构成了激烈的制度竞争。扩员后，上合组织的地域范围进一步扩大，区域机制的重叠和竞争效应不断加大，再加上域外大国的介入，上合组织区域公共产品竞争力持续降低。

一是从地区层面而言。集安组织是独联体国家军事联盟组织。为应对突发事件，该组织还成立了快速反应部队。虽然俄罗斯多次表示要"将上合组织和集安组织视为保障中亚安全与发展的主要机制"，但是后者显然是中亚地区安全合作的首要选择[1]。关于如何提高安全合作的深度以建立有效的执行机制，上合组织仍需不断探索。欧亚经济联盟建立在欧亚经济共同体的基础上，试图通过建立共同市场以引领区域一体化。一般而言，共同体的形成需经自由贸易区、关税联盟、共同市场、共同货币、共同体五个阶段。然而，上合组织关于自贸区的建立尚处于实验阶段，与欧亚经济联盟形成鲜明对比。因此，对于上合组织而言，提高区域公共产品竞争力甚是关键。

二是从全球层面而言。大国博弈对上合组织区域合作具有深远影响。具体而言：其一，以美国为首的西方国家致力于将中亚国家整合到欧洲-大西洋共同体中，不断介入中亚事务，传播其民主价值观。美国以"新丝绸之路计划""印太战略"等牵制中俄，加强自身在中亚地区的影响力，加剧部分成员国的投机行为。其二，俄罗斯对中国在中亚的影响力持警惕态度，通过集安组织强化俄罗斯在中亚的军事存在，组建快速反应部队，维护地区秩序，同时以欧亚经济联盟为平台加强

---

① 邢广成、孙壮志：《上海合作组织研究》，长春出版社，2007，第260-261页。

同中亚国家的经济依存，试图以此维持其特殊地位。总之，大国博弈导致区域制度重叠现象加剧，进一步削弱了上合组织区域公共产品供给的竞争力。

综上所述，地区制度的重叠不断加剧成员国的投机行为，其竞争力也随之削弱。此外，域外大国的介入严重制约了上合组织多边合作的开展和区域公共产品供给的效能。因此，通过明确组织定位、借鉴其他机制的优点、提升公共产品供给的市场竞争力，对上合组织区域公共产品供给的优化具有重要的现实意义。

第三节　优化上合组织区域公共产品供给的中国路径

扩员后，上合组织成员国的异质性增强，议题设置更加分散，内部需求更趋多元化。因此，如何整合新老成员、塑造集体认同、优化区域公共产品供给、创新供给机制，成为上合组织亟待破解的难题。基于此，中国只有进一步协调供求关系、协调创新区域公共产品供给，才能推动上合组织实现新发展。

一、弘扬"上海精神"，推动上合组织命运共同体建设

任何国际组织的发展都离不开理念支撑，良好的理念支撑有助于组织凝聚合作共识、培育认同，为组织的持久发展提供精神动力。因此，共同理念的贯通是推动组织发展的重要动力，"上海精神"和区域公共产品的供给理念具有深刻的一致性。其一，发展观一致。"上海精神"和区域公共产品理论都旗帜鲜明地拒绝利己主义，通过创新、协调、绿色、开放、共享的新发展理念推动区域一体化发展，维护地区和平。其二，合作观一致。"上海精神"和区域公共产品理论都强调新型区域合作观，通过开放、融通、互利、共赢的合作观增强政治互信，推动成员国经济发展。其三，安全观一致。"上海精神"和区域公共产

品理论都强调将大国融入地区发展进程，践行共同、综合、合作、可持续的安全观。其四，文明观一致，二者都强调不同的文明需尊重差异、包容互鉴。其五，全球治理观一致。"上海精神"和区域公共产品理论都坚持共商、共建、共享的全球治理观，拒绝短视的利己主义。因此，"上海精神"和区域公共产品的有机结合对优化区域公共产品供给、构建新型区域合作平台、深入推进上合组织命运共同体建设具有重要的指导意义。

第一，缓解中美竞争的结构性矛盾，为推进区域合作提供良好的周边环境。近些年，中美相对实力差距逐渐缩小，美国与中国竞争国际地位的焦虑快速上升，加之周边国家对中国快速发展的疑虑，上合组织开展区域合作进一步受到影响。美国借机介入地区热点问题，在南亚地区构筑"反华联盟"、推行"印太战略"，在中亚地区推进"C5+1"合作机制，导致周边国家选择困境加剧。这些合作机制，一方面削弱了上合组织区域公共产品供给的竞争力，另一方面增加了成员国选择的投机性。中国周边外交新理念是对"上海精神"的继承与发展。充分发挥上合组织区域公共产品供给的示范性作用，能够有效化解周边国家对中国崛起的焦虑和不适感，将大国和平发展融入区域发展进程，抵消域外大国介入地区事务的压力，缓和大国竞争态势，为上合组织区域公共产品供给的优化提供良好的周边环境。

第二，有效缓解成员国投机行为，推动地区制度整合。据调查研究，相较于欧洲、非洲、拉丁美洲的制度建设密度而言，上合组织的制度覆盖密度最高，亦即上合组织域内制度重叠的现象对区域公共产品质量的优化、区域公共产品供给的推进产生了巨大的阻力。随着域外大国的介入以及中俄印相对实力的上升，成员国投机性日趋增强。因此，以"上海精神"为指导，推动"一带一路"倡议的实施，协调成员国公共产品供给意愿和能力，形成优质的区域公共产品供给结构，是上合组织发展的题中之义。上合组织的包容性和开放性是印巴得以加入的重要因素，有助于提高上合组织区域公共产品的供给能力。中国作为上合组织主导国之一，亦是最大的地区新兴经济体，有能力也有责任为上合组织提供更加优质的公共产品。此举既能发挥中国在上合组织中的大国担当，也能提高区域公共产品的供给效能，平衡收益分配，推动上合组织的可持续发展。

第三，夯实民意基础和社会基础。当中亚国家正处于复杂的政治转型期时，无论是政治权力更迭还是社会结构变更，都会影响成员国对上合组织的认同。只有坚实的民意基础和深度的社会认可才能有效增强上合组织的组织认同。"上海精神"是上合组织命运共同体建设的理念支撑。新形势下，上合组织仍需以"上海精神"为依托，增进成员国间的文化交流，塑造集体认同，切实为组织发展提供充足的民意支持。近些年，中国企业在参与"一带一路"倡议过程中日益重视中国文化的宣传，以项目开展为契机，积极同当地人民群众加强联系，以塑造大国形象。总之，以"上海精神"为支撑积极传播中国正能量，能够有效引领区域一体化发展，提高成员国的组织归属感和认同感。

二、优化制度设计，创新区域公共产品供给机制

国际格局的深度调整给上合组织带来诸多挑战，组织的不确定性因素明显增加，美国对中国遏制的升级助长了世界经济的低迷态势。随着全球产业链日益碎片化，"脱钩论"甚嚣尘上。上合组织成立的初衷是应对区域内复杂的安全形势，逐步推进发展经济领域合作，在国际舞台上用同一个声音说话。随着上合组织扩员进程的推进，观察员国、对话伙伴国不断增多，上合组织的功能已经超出最初的设计，因此，优化制度设计和创新区域公共产品供给机制对提高组织执行效能至关重要。

其一，尝试建立有效的冲突调节机制以预防冲突，为区域一体化的建设提供有利的内部环境。基于整合战略利益、提升地区治理能力以及解决中印边界争端，中国在上合组织冲突调节机制的建设中应充分发挥建设引领作用①。中方应在成员国协商一致的基础上充分发挥主

---

① 李亮：《上海合作组织建立成员国间冲突调节机制初探》，《俄罗斯研究》2020年第3期，第50页。

导国的协调作用，兼顾其他成员国的利益关切。在制度设计上突出中国的中立立场，在上合组织内协助调节各方的矛盾冲突，进一步增强成员国战略互信。

其二，尝试性建立有效的决策体系，提高组织的执行效率。基于成员国发展需求的差异性，上合组织决策的重要原则——协商一致原则在一定程度上制约着组织决策和执行效率，这种因素随着组织的扩员进一步加剧。因此，如何整合成员国的利益需求是提高决策效率的重要因素。具体而言：（1）细化供给方式，提高区域公共产品质量。以"一带一路"倡议为契机，让中国的发展红利惠及周边，提高成员国的供给能力，增强其供给意愿。（2）根据内外环境的变化，增加区域公共产品的种类。例如，随着阿富汗重建进程的推进，应充分发挥上合组织-阿富汗联络组的作用，提高上合组织应对地区热点问题的能力，为区域治理积累宝贵的经验。

三、发挥中俄主导国作用，协调上合组织供求关系

主导国是国际合作得以成功的关键要素之一[1]。扩员后，上合组织内部的结构性矛盾不断加剧，因此，如何发挥中俄的主导国作用、协调和对接新老成员国的供求关系至关重要。

其一，明确主导国的组织定位。中俄两国的中亚政策的优先目标及议程设置的差异性，决定了各自对组织定位和发展方向的差异[2]。基于俄罗斯与中亚国家的天然联系，俄罗斯积极推动欧亚一体化进程，

---

① 林珉璟、刘江永：《上海合作组织的形成及其动因》，《国际政治科学》2019年第17期，第9页。

② Jean Pierre Cabestan, "The Shanghai Cooperation Organization, Central Asia, and the Great Powers, An Introduction: One Bed, Different Dreams?" *Asian Survey* 52, no.3（2013）：423–435; Teemu Naarajajrv, "China, Russia and the Shanghai Cooperation Organization: Blessing or Curse for New Regionalism in Central Asia?" *Asia Europe Journal* 10, no.3（May 2012）：113–126; Старчак М. Шанхайская организация сотрудничества: возможности для России, Центральная азия и Кавказ, 2011, 14（2）.

维持其在中亚地区的特殊地位①。扩员后，上合组织覆盖的地区扩展至南亚和中东地区，上合组织的议程设置更加复杂化。基于此，中俄需要不断增进战略互信，以中俄新时代全面战略协作伙伴关系为指导，充分尊重彼此的利益选择，明确各自的组织定位和发展方向。同时，充分发挥其他成员国的建设性作用，形成以中俄为主导、成员国协调供应的良好局面。

其二，发挥俄罗斯在上合组织的特有优势。首先，俄罗斯与中亚国家的情感维系和文化依存是上合组织发展的重要因素之一。其次，俄印关系发展紧密。印度是俄罗斯在南亚地区最重要的战略合作伙伴，俄印两国在军工、能源、安全等多领域开展合作，彼此间是"特殊战略伙伴关系"。印度的发展潜力决定其必将成长为地区乃至世界大国。加强俄印战略协作，有助于缓解西方国家围堵的战略压力，增加大国竞争博弈的筹码。新形势下，坚持新时代中俄全面战略合作伙伴关系的引领性作用，能够有效发挥俄罗斯的既有优势，协调中印、印巴关系，凝聚中亚国家的集体智慧，深化区域合作。

其三，强化中亚的地理重心定位，寻求共同利益。首先，明确中亚成员国是上合组织的重心既能避免组织议题泛化，也能提升中亚国家的组织认同。其次，加强上合组织安全合作。安全合作是新形势下成员国解决非传统安全问题、维护地区稳定的重要关切。一方面，需要充分发挥上合组织打击"三股势力"等方面的平台协调作用；另一方面，需要推动上合组织—阿富汗联络组对稳定阿富汗局势的贡献力量。充分调动成员国参与区域公共产品供给的积极性，为其他领域的合作建立政治互信。此外，成员国的国情、资源禀赋、经济发展的差异性可以通过区域公共产品供给优化转化为合作效能，进而能够满足成员国不同需求，提升上合组织区域公共产品供给能力。

---

① 卢贾宁、姚雯钰：《2019—2020年中俄加强欧亚大陆战略协作伙伴关系前景分析》，《边界与海洋研究》2019年第4期，第91—95页；Цян Л.Расхождения интересов Китая и России в рамках Шанхайской организации сотрудничества, Гуманитарные, социально-экономические и общественные науки, 2015（2）.

四、加强"一带一路"对接，推动区域经济发展

区域公共产品供给需要权衡各成员国的国家实力和内部凝聚力，即能力和意愿的匹配。当前，除中俄印之外，其他成员国均处于经济转型期，难以提供大量的财力供给区域公共产品。上合组织经济一体化发展尚处于初始阶段，国家经济发展的现状决定其很难在短时间内形成共同市场。由于上合组织经济合作仅限于多边合作，离区域一体化还有很长的路要走。基于此，上合组织应该深度对接"一带一路"倡议，发挥经济合作的建设性作用，为区域公共产品的供给提供资金支持。

其一，发挥经济合作对区域公共产品的建设性作用。区域合作能够有效化解地区不稳定因素，提供和平预期，减少"三股势力"滋生的土壤，为非传统安全治理提供机遇，为"一带一路"倡议的建设提供良好环境[①]。上合组织是"一带一路"倡议实践的重要平台：中亚成员国是陆上丝绸之路交会的战略要地，印巴所在的南亚地区是海上丝绸之路的必经之地。因此，积极对接"一带一路"倡议，能够有效缓解上合组织扩员带来的结构性压力，为区域经济的发展作出重大贡献，提升成员国区域公共产品供给的能力和意愿。

其二，发挥欧亚经济联盟的建设性作用。随着"一带一路"倡议的深度对接，上合组织框架下的多边、双边合作正在有序推进，但由于上合组织资金缺口大和融资渠道有限，许多大宗项目的推进进度比较缓慢，制约着区域合作的效率。协调中俄利益，能够为上合组织区域公共产品供给的优化提供战略支撑，缓解融资困境。具体而言：（1）充分发挥银联体的建设性作用。推动上合组织开发银行的启动计

[①] 高蒙蒙：《区域性公共产品相关研究综述及展望》，《复旦国际关系评论》2018年第1期，第71-88页；樊勇明、薄思胜：《区域公共产品理论与发展》，上海人民出版社，2011，第13-94页；安东尼·埃斯特瓦多道尔等：《区域性公共产品：从理论到实践》，张建新等译，上海人民出版社，2010，第383-401页；陈小鼎、马茹：《上合组织在丝绸之路经济带中的作用与路径选择》，《当代亚太》2015年第6期，第68页。

划，加强与区域内各金融机构的合作和对接，并借鉴其良好的运作模式，推动自身的区域融资模式创新。（2）完善金融监管体制。高度重视金融监管的作用，建立预警机制，提高成员国应对金融风险的能力。（3）完善贸易结算支付体系。鼓励成员国在上合组织内推行本币结算、货币互换等以降低美元汇率对区域价格波动的影响，推动贸易投资便利化发展。

其三，公共产品的外溢效应和扩员问题。"一带一路"倡议是中国推进新型区域合作、优化区域公共产品的重大举措，区域公共产品的供给和优化也会对区域国家形成外溢效应，并吸引区域国家的加入。因此，中国有必要也有责任推动"一带一路"倡议的实施，不断深化各个领域的合作，对接成员国需求，建立区域合作的政治互信，以增强成员国的组织凝聚力。

五、加强与其他机制的合作，形成互补供给模式

扩员后，上合组织涵盖的地域更加辽阔，具有重要的战略价值。上合组织域内合作机制众多且机制功能重叠加剧，这削弱了上合组织区域公共产品供给的竞争力。因此，如何协调各种机制之间的关系以发挥不同机制的建设性作用，对上合组织区域公共产品供给的优化具有重要价值。

其一，加强同域内其他国际组织的交流与合作。具体而言：（1）深入推进"一带一路"倡议与区域内经贸、交通、金融等机制的对接，弥补上合组织区域公共产品种类单一、产品有限的短板，加强推进不同机制间的学习，为区域公共产品供给的优化提供宝贵经验。例如，与欧亚经济联盟等加强经济合作对接，规避内部制度的无效竞争，降低各成员国间的交易成本，提高区域公共产品供给水平。（2）以历年峰会为契机，深化上合组织命运共同体建设。加强与集安组织、独联体等区域安全合作机制间的交流与对话，借鉴它们的比较优势，如越境执法、快速反应部队的建设等，弥补上合组织在反恐、缉毒等方面执行效率低下的缺点。

其二，以开放性原则为基础，强化与域外大国的合作。"一带一路"倡议和域外大国发展战略的有效对接，能够缓解上合组织在西方国家眼中的"负面形象"，直接提高整体的区域治理能力，为组织的可持续发展提供良好的外部环境。

综上所述，上合组织区域公共产品供给的有效性依赖于理念支撑、制度建设、主导国家引领、经济发展、机制学习等五个方面。新形势下，唯有以"上海精神"为指导，加强顶层制度设计，发挥大国协调作用，对接"一带一路"倡议，加强机制学习，才能提高成员国区域公共产品供给的能力和意愿，推动上合组织持续健康发展。

结　语

当下，上合组织已然成为新型区域合作的典范。上合组织覆盖的地域范围广、人口众多，并且域内成员国具有很强的异质性。扩员后，上合组织的国际影响力显著提升，但对成员国间国家协调、制度设计、组织认同的构建提出了新的要求。毋庸置疑，区域公共产品供给是上合组织可持续发展的关键所在。与此同时，随着中美实力差距的缩小以及俄罗斯、印度综合实力的增长，组织内结构性矛盾不断加剧，域外大国加快介入地区事务，这将进一步削弱组织认同感和分化内部凝聚力。因此，对接成员国需求，优化区域公共产品供给，关系到上合组织的发展前景。

由于成员国的异质性及区域非传统安全形势的加剧，深化成员国间各领域的合作任重道远。上合组织亟须以成员国共同需求为出发点，以中亚及周边地区事务特别是非传统安全为核心议题[1]，强化经济合作和人文合作；同时，要与时俱进优化组织制度设计，克服内部既有问

---

① 陈小鼎、王亚琪：《东盟扩员对上海合作组织的启示与借鉴——兼论上海合作组织扩员的前景》，《当代亚太》2013年第2期，第120页。

题的局限，与域内其他机制开展积极有效的合作，以实现区域公共产品的有效供给。值得注意的是，构建上合组织命运共同体关系到组织未来发展的整体布局，将是上合组织持续深化区域合作的重要方向。

同时也应该看到，上合组织面临的三大变化：第一，印巴两国的加入对上合组织的影响是全方位的。从合作上看，印巴都主张自由贸易，期待互联互通，对互利共赢式的区域合作持开放态度。从竞争上看，印巴和中印间的关系仍是影响上合组织合作进程推进的变数之一。第二，中亚地区一体化出现新动向。随着中亚领导人频繁召开非正式会晤尝试独立自主解决内部问题，可以预见未来中亚地区合作将进入"新时代"。第三，周边环境形势复杂化。以美国为首的西方国家对俄制裁不断加码，对中国的遏制也有所升级。同时，西方国家进一步介入中亚地区，美、日、韩、欧等都分别与中亚国家建立了"C5+1"机制。大国在中亚地区的竞争将进一步加剧。随着世界政治极化的加剧，如何发挥上合组织的区域治理效能以缓解逆全球化发展冲击，有效推进地区公共产品供给，是上合组织必然要面对的重大历史课题。

第四编

上合组织的发展前景

随着乌克兰危机影响的持续外溢，国际政治经济形势日益动荡不安，欧亚地区更是首当其冲。乌克兰危机对上合组织的可持续发展造成了重大影响。从外部环境来看，乌克兰危机加剧了世界政治极化趋势和欧亚地缘政治环境的复杂性，导致美欧眼中的上合组织更具对抗性，上合组织区域合作面临重大挑战。从内部发展来看，乌克兰危机加剧了上合组织内部战略协调与政策沟通的难度，成员国对上合组织的发展定位与政策取向出现了一定分歧，扩员更是加剧了这一趋势。由于乌克兰危机的长期化，上合组织的政治、经济、安全、人文合作都面临着诸多挑战。

鉴于此，本编围绕乌克兰危机对上合组织的新挑战，分析上合组织区域经济合作面临的现实困境，探究上合组织区域安全治理的演进和生成机制，以总结上合组织的有效应对之举。新形势下，上合组织应继续弘扬"上海精神"，强化组织建设以凝聚合作共识，提升制度认同以拓展合作空间，完善区域公共产品供给以深化合作机制，提升国际话语权以彰显合作效能，最大程度消化、转化乌克兰危机造成的影响，明晰组织发展的新方向。

第七章

上合组织区域经济合作的新挑战与新思路

乌克兰危机发生后，欧亚地区格局深度演变①。上合组织作为地处欧亚、全球幅员最广、人口最多的综合性地区组织，需要积极回应这一重大现实挑战。2022年，上合组织撒马尔罕峰会在国际局势加速演变和重大调整的背景下举行②。面对全球政治对抗加剧、制度竞争激化以及意识形态对立升级的严峻挑战，撒马尔罕峰会从政治、经济、安全、文化等方面提出了一系列应对措施，就上合组织发展的核心议题达成重要共识，实现了上合组织自召开峰会以来成果文件最多、参与范围最广、扩员规模最大的三个历史之最，彰显了上合组织在应对地区严峻形势和发展挑战中的生命力与行动力。

在全球经济复苏面临多重困境、地缘政治对抗压力持续升级的当下，如何进一步激活区域经济合作的潜力，成为上合组织迫切需要回应的重大议题。现阶段，相关研究主要从不同发展阶段或一般意义上

① 冯玉军：《俄乌冲突的地区及全球影响》，《外交评论》2022年第6期，第72页。

② 拉希德·阿利莫夫：《上海合作组织撒马尔罕峰会将聚焦经济发展》，http://world.people.cn/n1/2022/0816/c1002-32503776.html。

探索上合组织区域经济合作的发展进程，对乌克兰危机发生后上合组织区域经济合作所面临的新形势研究较少①。与此同时，大多数观点认为，乌克兰危机发生后，地区形势的日益严峻势必会对上合组织区域的发展合作产生消极影响②。但是，就乌克兰危机作为冷战结束以来欧亚地区最大的一场地缘政治冲突而言，由此产生的一系列外溢影响不仅关系到俄罗斯的发展走向，也严重波及中亚国家。其中，在地区和全球能源合作方面造成的剧烈冲击，将对上合组织区域经济合作产生

① 研究上合组织区域经济合作的部分代表性成果。孙壮志、张宁：《上海合作组织的经济合作：成就与前景》，《国际观察》2011 年第 3 期，第 10-16 页；李新：《"上合"组织经济合作十年：成就、挑战与前景》，《现代国际关系》2011 年第 9 期，第 9-15 页；刘华芹：《深化上海合作组织区域经济合作的构想》，《俄罗斯东欧中亚研究》2014 年第 1 期，第 31-37 页；韩璐：《深化上海合作组织经济合作：机遇、障碍与努力方向》，《国际问题研究》2018 年第 3 期，第 56-68 页；阎德学：《上海合作组织经济合作：成就、启示与前景》，《国际问题研究》2021 年第 3 期，第 85-106 页；郭晓琼：《新冠肺炎疫情下上海合作组织区域经济发展的新挑战与新方向》，《欧亚经济》2021 年第 3 期，第 87-109 页；Rashid Alimov, "The Shanghai Cooperation Organisation: Its Role and Place in the Development of Eurasia," *Journal of Eurasian Studies* 9, no. 2 (2018): 114-124; Nicklas Norling, Niklas Swanström, "The Shanghai Cooperation Organization, Trade, and the Roles of Iran, India and Pakistan," *Central Asian Survey* 26, no. 3 (2007): 429-444; Alexander V. Lukin, "Shanghai Cooperation Organization: Looking for A New Role," *Russia in Global Affairs*, October 7, 2015, https://eng. globalaffairs. ru/articles/shanghai-cooperation-organization-looking-for-a-new-role/.

② 乌克兰危机对全球和地区经济发展影响的部分相关文献。易小准、李晓、盛斌、杨宏伟、曹宝明、徐坡岭：《俄乌冲突对国际经贸格局的影响》，《国际经济评论》2022 年第 3 期，第 9-37 页；赵隆、刘军、丁纯、徐明棋、邵育群：《俄乌冲突与国际政治经济博弈笔谈》，《国际展望》2022 年第 3 期，第 56-78 页；巴殿军、吴昊、廉晓梅、王彦军、王箫轲：《俄乌冲突与东北亚地区政治经济形势新变化笔谈》，《东北亚论坛》2022 年第 4 期，第 4-23 页；王战、李永全、姜锋、于运全、徐明棋、冯绍雷：《俄乌冲突、全球政治经济转型及其对中国的影响》，《俄罗斯研究》2022 年第 3 期，第 20-52 页；Ebru Orhan, "The Effects of the Russia-Ukraine War on Global Trade," *Journal of International Trade, Logistics and Law* 8, no. 1 (2022): 141-146; "The Russia-Ukraine Crisis: What Does It Mean For Markets?" *J. P. Morgan*, March 22, 2022, https://www.jpmorgan.com/insights/research/russia-ukraine-crisis-market-impact.

严重影响。因此，考察乌克兰危机发生后上合组织区域经济合作面临的新形势，具有重要现实意义。同时，乌克兰危机发生后，欧亚地区地缘政治的对抗冲突虽对上合组织区域的市场基础造成冲击，但危机中也孕育着转机①。在新形势下探索深化上合组织区域经济合作的新思路，是本章研究的核心。

第一节　上合组织区域经济合作面临的现实挑战

上合组织成立以来，区域经济合作便是上合组织合作框架下的主要内容，与安全合作一同成为推动上合组织向前发展的两翼②。经过二十多年的发展，区域经济合作在制度保障、贸易投资、贸易便利化以及平台建设等方面取得了重要突破，促进了区域经济发展水平的整体提升。区域经济合作已成为上合组织发展运行的重要动力，逐步推动上合组织成为更具开放性和包容性的国际合作平台。它不仅拓展了上合组织的合作领域，有效发掘了成员国在能源、交通等战略资源方面的优势和发展潜力，为上合组织可持续发展注入源源不断的动能，还最大限度整合了各方利益诉求，增强了凝聚力，并进一步发掘了"上海精神"的开放性、互惠性和包容性，强化了组织认同，成为上合组织作为综合性多边合作平台不断发展升级的动力基础。乌克兰危机发生后，受地区安全形势动荡和区域发展进程剧烈调整的影响，上合组织内外部环境不可避免地发生深刻变化，上合组织区域经济合作面临多重挑战。

第一，宏观投资环境恶化。俄罗斯作为上合组织的重要主导国以

---

① 冯玉军：《俄乌冲突的地区及全球影响》，《外交评论》2022年第6期，第72-96页。

② 须同凯：《稳步推进上海合作组织区域经济合作》，《中国经贸》2008年第1期，第38页。

及中亚成员国最重要的贸易伙伴，因冲突和大规模经济制裁而面临一系列经济和安全风险，波及上合组织区域经济合作。首先，俄罗斯经济衰退对中亚成员国经济发展造成冲击。据俄罗斯联邦国家统计局数据，2022年俄罗斯GDP下降2.1%[①]。这虽好于前期预测，但同期俄罗斯通货膨胀率达到约12%[②]，工业生产增长自2022年4月至2023年1月连续10个月为负值[③]。对俄依赖较深的哈萨克斯坦和塔吉克斯坦等国均遭受了风险外溢的持续影响[④]。据世界银行2023年1月发布的《全球经济前景报告》，受乌克兰危机战事延续和多重风险外溢影响，2022年欧亚地区经济增长放缓至0.2%，多数国家在2022年的经济增长几乎减半[⑤]，上合组织区域经济合作将面临成员国内部发展动力不足的问题。其次，制裁的连带效应对区域内贸易投资合作造成消极影响。由于俄罗斯经济衰退，购买力下降，2022年1—7月，中国对俄出口只同比增

---

① 《俄罗斯经济2022年萎缩2.1%》，http://world.people.com.cn/n1/2023/0221/c1002-32628167.html。

② 《俄财长：2022年俄罗斯通胀率将约达12%》https://hkstock.hexun.com/2022-12-29/207564521.html。

③ "Russia-industrial production," *Trading Economics,* https://zh.tradingeconomics.com/russia/industrial-production。

④ 哈萨克斯坦作为中亚地区的重要经济增长极，受俄罗斯经济崩溃溢出效应影响，坚戈贬值近17%；塔吉克斯坦由于高度依赖与俄罗斯的进出口贸易和侨汇收入，经济面临下行风险。World Bank Group, "War in the Region: Europe and Central Asia Economic Update, Spring 2022," *Open Knowledge Repository Beta*, April 10, 2022, https://openknowledge.worldbank.org/handle/10986/37268.

⑤ World Bank Glroup, "Global Economic Prospects, January 2023," *Open Knowledge Repository Beta*, January 10, 2023, https://openknowledge.worldbank.org/bitstream/handle/10986/38030/GEP-January-2023.pdf.

长了5.2%①，相较于2021年同期33.6%的增长率，增速明显减缓②。同时，中俄两国在高科技产业领域的贸易往来以及在北极地区的能源开发合作已受到西方对俄制裁的连带影响，在油气资源贸易领域的合作也因金融制裁而随时面临风险③。

第二，地缘政治风险上升。乌克兰危机发生后，地区安全形势严峻，区域经济合作面临地缘对抗带来的风险。当前，上合组织区域内的部分贸易通道已受到影响。乌克兰危机发生后，中欧班列欧洲业务大幅萎缩，严重时货运量同期下降了50%④。目前，中欧班列运行状况虽有所恢复，但由于国际局势和乌克兰危机的不确定性仍然存在，依旧面临生产企业供应链不稳定、货量浮动和物流成本攀升等影响⑤。同时，中亚成员国之间原来存在的一些矛盾有所激化。2022年9月，吉塔两国边境爆发严重冲突，甚至持续至上合组织撒马尔罕峰会期间。正在推进中的中国—中亚天然气管道D线项目以及中—吉—乌铁路建设也因此存在一定隐患。其他成员间同样存在着或隐或现的冲突性因素，很可能受到乌克兰危机的影响而有所恶化。当前，上合组织区域经济合作在内部利益协调上的难度有所增强。此外，美国试图借助乌克兰

---

① 中华人民共和国驻俄罗斯联邦大使馆经济商务处：《1—7月中俄贸易额同比增长29%》，http://ru.mofcom.gov.cn/article/jmxw/202208/20220803340505.shtml。

② 2021年1—7月，中俄双边贸易额为754.9亿美元，同比增长28%。其中，对俄出口344.9亿美元，同比增长33.6%；自俄进口410亿美元，同比增长23.7%。参见中华人民共和国商务部欧亚司：《今年1—7月中俄贸易额同比增长28%》，http://oys.mofcom.gov.cn/article/oyjjss/jmdt/202109/20210903194025.shtml。

③ 廉晓梅：《俄乌冲突对中俄经贸合作的影响》，《东北亚论坛》2022年第4期，第14页。

④ 《俄乌冲突下中欧班列的机遇与挑战》，http://www.landbridge.com/wenku/2022–07–12/110822.html.

⑤ 马拉舍维奇货运站位于波兰和白俄罗斯的交界处，是中欧班列各线进入欧洲的重要分拨枢纽点和铁路换装点，受乌克兰危机影响，2022年5月该货运站集装箱及货物堆放比2月减少了约50%。由于担心连带制裁和其他风险，多数公司已将途经俄罗斯的中欧班列货物运输改道哈萨克斯坦、阿塞拜疆、格鲁吉亚和土耳其线路，在巴库转道里海航运。

危机"捆绑"中俄,上合组织、"一带一路"及"大欧亚伙伴关系"等由中俄主导的地区合作框架正面对更加激烈的地缘政治竞争①。在愈演愈烈的地缘政治对抗下,各国参与多边框架的战略回旋空间正在收缩。随着成员国在中、美、俄间平衡难度的持续加大,上合组织区域经济合作的发展空间将受到挤压。

第三,外部力量干扰加剧。乌克兰危机发生后,俄罗斯主导的欧亚一体化进程受到重创,对相关国家的影响力减弱,其他国际势力开始加速对中亚成员国的渗透。上合组织区域经济合作本来就因美、欧、日等外部力量在中亚的介入,使成员国"注意力"分散而受困于区域内多层次经济合作机制的交叉牵制②,当下这一问题更加凸显③。与此同时,乌克兰危机发生后,土耳其趁势推进其欧亚战略,哈萨克斯坦、吉尔吉斯斯坦、乌兹别克斯坦、土库曼斯坦和阿塞拜疆积极参与其倡导建立的特定背景的国家组织,并表现出对推动这些国家一体化进程的参与热情。这些地区组织的项目议程虽规模有限,但无疑将进一步分散成员国的"注意力",对上合组织区域经济合作产生一定的稀释作用。印度作为新成员国,对上合组织则缺乏足够认同,加之美国近年来极力拉拢印度,强化对华遏制,进一步阻碍了上合组织区域一体化

---

① 目前,中东欧国家爱沙尼亚和拉脱维亚为追随美国和欧盟,已相继退出中国主导的中东欧合作机制,对"一带一路"建设造成干扰。

② 韩璐:《深化上海合作组织经济合作:机遇、障碍与努力方向》,《国际问题研究》2018年第3期,第65页。

③ 2022年3月,乌兹别克斯坦作为首个呼吁俄罗斯停止"入侵行为"的中亚国家,正式启动实施"欧盟和乌兹别克斯坦2021—2027年扩大合作指导纲要"。2022年4月15日,日本外相林芳正与中亚五国外长举行视频会议,强调日本要与中亚继续合作。2022年5月14日,美国国际开发署(USAID)宣布正式启动扩大中亚国家间贸易合作。2022年6月举办东方经济论坛期间,哈萨克斯坦表示有意加强与欧美的能源贸易合作,甚至计划与欧洲建立新的能源通道。参见《欧盟和乌兹别克斯坦启动实施2021—2027年扩大合作指导纲要》,http://uz.mofcom.gov.cn/article/jmxw/202203/20220303284804.shtml;"The 8th Foreign Ministers' Meeting of the 'Central Asia Plus Japan' Dialogue (Online)," *Ministry of Foreign Affairs of Japan*, April 15, 2022, https://www.mofa.go.jp/press/release/press4e_003115.html.

的发展进程。2022年撒马尔罕峰会期间，印度是唯一没有参与签署上合组织在维护能源、粮食以及供应链安全领域三份核心文件的成员国。乌克兰危机发生后，欧亚地区形势进入调整期，其他国际势力对成员国的拉拢和分化有所加剧，上合组织区域经济合作面临更加严峻的形势。

第二节　上合组织区域经济合作面临的新机遇

乌克兰危机发生后，部分上合组织成员国及欧亚地区形势受到一定冲击，全球能源市场以及大国关系也在经历一系列变动和调整，上合组织区域经济合作面临现实挑战。但同时，也正是在全球能源贸易格局的剧烈变动和欧亚地区形势的深刻调整中，上合组织区域经济合作的比较优势和战略空间正在扩大。上合组织在应对全球能源危机以及产业链、供应链危机方面显现出重要优势，内生发展动力进一步增强，并彰显出"上海精神"在推动互利共赢、开放包容的多边合作方面的强大吸引力，在资源潜能、市场空间、成员战略协调和机制效能等方面也迎来新一轮发展机遇。

一、优势潜能再度激活

能源和交通两大领域一直是上合组织区域经济合作的重点，也是比较优势所在。当前，世界能源危机加剧，同时全球能源贸易格局和地缘政治经济格局也在深刻调整。在俄罗斯能源贸易东转和区域产业链、供应链加速重组的趋势下，上合组织能源贸易合作的活跃度上升，成员国在强化区域基础设施"硬联通"方面的积极性进一步增强。

2022年9月，俄罗斯宣布无限期停止对欧天然气供应，俄欧关系跌至冰点，这势必加快俄罗斯东向能源贸易的整体布局。中印等上合组织成员国中的能源消费大国已成为俄东向能源贸易的主要合作伙伴，

2022年上半年，俄罗斯与中印能源贸易额的快速增长体现了这一趋势①。同时，上合组织区域内的能源运输通道建设也开始加速布局。撒马尔罕峰会期间，中、蒙、俄元首会晤就"积极推进中俄天然气管道过境蒙古国铺设项目"达成共识②。中俄已就通过蒙古国向中国供应天然气的主要内容达成协议③。中国—中亚天然气管道D线建设也在中国与相关国家领导人的多次会晤中逐步加快进程④。面对日益复杂的国际能源安全形势，保障能源安全在国家发展战略中的地位不断上升，上合组织能源合作将在维护区域能源安全上发挥重要作用。鉴于能源贸易涉及上合组织区域经济合作的诸多方面，能源基础设施、能源技术以及能源金融等领域合作的相继展开将进一步促进区域经济的整体发展⑤。

在区域基础设施"硬联通"方面，全球产业链、供应链的区域化重组为上合组织区域互联互通建设提供了重要契机。提升互联互通水

---

① 2022年前7个月，俄罗斯经"西伯利亚力量"管道对中国出口天然气同比增长近60.9%，第三次刷新历史纪录；2022年5月，中国从俄罗斯进口的原油达到842万吨，同比增加55%。参见《俄媒：俄"西伯利亚力量"天然气管道对华输气量大增》，http://intl.ce.cn/qqss/202208/02/t20220802_37926278.shtml。乌克兰危机发生以来，印度从俄罗斯进口的原油从2月的每天10万桶增加到4月的每天37万桶、5月的每天87万桶，到12月增长至每天120万桶，相较于一年前的进口量增长了33倍。"India and China Increasingly Welcome Shunned Russian Oil," *PBS News Hour*, June 13, 2022, https://www. pbs. org/newshour/world/india-and-china-increasingly-welcome-shunned-russian-oil.

② 《习近平出席中俄蒙元首第六次会晤》，https://www.financialnews.com.cn/hg/202209/t20220916_255650.html。

③ 伊利亚·贡恰罗夫：《"西伯利亚力量2号"符合中国需求，可成为上合组织全球"气网"的一部分》，https://sputniknews.cn/amp/20221201/1045985418.html。

④ 《"中国+中亚五国"外长会晤联合声明（摘要）》，http://www.scio.gov.cn/31773/35507/htws35512/Document/1725244 /1725244.htm；丁晓星：《中国中亚合作对地区至关重要》，http://www.chinareform.org.cn/2022/0916/36703.shtml。

⑤ Li Kuangran, Shen Wei, "Does SCO Need Its Own Energy Charter Treaty? From the Perspective of Chinese BITs," *The Journal of World Energy Law and Business* 15, no. 2 (2022):114-135.

平，保障区域内的产业链、供应链安全稳定，已成为成员国的重要共识。《上海合作组织成员国元首理事会撒马尔罕宣言》正式提出加强中亚与南亚的互联互通建设①，旨在进一步发掘上合组织区域联通的巨大潜能。目前，乌兹别克斯坦已开始规划连接巴基斯坦、乌兹别克斯坦和阿富汗（马扎里沙里夫—喀布尔—白沙瓦铁路）的铁路干线②；哈萨克斯坦与中国的第三条跨境铁路建设也已提上日程③。作为上合组织的观察员国，蒙古国自2019年以来投资实施了多个铁路修建项目，进一步完善了上合组织区域内煤炭和金属等大宗商品的内陆贸易网络④。塔旺陶勒盖—宗巴彦铁路已于2021年竣工；宗巴彦—杭吉铁路于2022年底建成通车，为蒙中两国开辟铁路运输新通道奠定了基础⑤；2023年3月下旬，蒙古国已为解决塔旺陶勒盖—嘎顺苏海图铁路与中国铁路的连接点问题启动准备工作⑥，上合组织区域的空间整合度正在逐步提高。随着"硬联通"的加速推进，上合组织区域经济合作在能源合作政策、区域贸易规则以及互联互通技术标准方面的"软联通"也有望得到进一步完善。

---

① 《上海合作组织成员国元首理事会撒马尔罕宣言》，https://www.gov.cn/xinwen/2022-09/17/content_5710381.htm。

② 中华人民共和国驻乌兹别克斯坦共和国大使馆经济商务处：《乌兹别克斯坦和巴基斯坦加快推进跨境铁路建设》，http://uz.mofcom.gov.cn/article/jmxw/202303/20230303394728.shtml。

③ 中国国际贸易促进委员会：《哈萨克斯坦驻华大使：哈中将建第三条边境铁路》，https://www.ccpit.org/kazakhstan/a/20220708/20220708d6r2.html。

④ 《2022年蒙古将实施总投资约6亿～7亿美元的4个铁路修建项目》，http://mn.mofcom.gov.cn/article/jmxw/202108/20210803192742.shtml。

⑤ 霍文：《蒙古国宗巴彦—杭吉铁路建成通车》，http://world.people.com.cn/n1/2022/1125/c1002-32574722.html。

⑥ Lkhagvadulam, "Prepare for the Completion of the Mongolian-Chinese Railway Connection Point," *Mongolian National News Agency*, March 21, 2023, https://montsame.mn/cn/read/315030.

二、市场空间和规模进一步扩大

乌克兰危机发生后，东西方力量间的地缘对抗不断加剧，但全球再区域化进程有所强化。面对美国不断鼓动同盟国家，推动国际社会走向阵营化和集团化的分裂态势，上合组织始终积极践行真正的多边主义，不断显现出强大的吸引力，更多成员的加入拓展了上合组织区域经济合作的空间。

2022年撒马尔罕峰会期间，上合组织批准伊朗成为正式成员国，同时启动白俄罗斯加入上合组织成员国的正式程序，并批准埃及、沙特、卡塔尔成为对话伙伴国，同意巴林、马尔代夫、阿联酋、科威特、缅甸为新的对话伙伴国，成为上合组织历史上扩员规模最大、出席领导人最多的一次峰会。新成员的加入将促使上合组织的合作区域延伸覆盖至东北亚、东南亚、中亚、南亚、西亚地区[1]，也意味着将有超过地球陆地面积四分之一、人口总数三分之一的区域人口参与到上合组织区域经济合作中。伴随成员国数量的增多和消费体量的增加[2]，上合组织将拥有巨大的市场和消费人口。这一方面意味着上合组织推动建立包容开放和多边合作的国际经济秩序将拥有更大影响力和更强话语权，另一方面更多成员的加入也意味着更多优势资源的汇聚，从而为上合组织区域经济合作带来更多新的可能。

三、战略协作不断加强

在俄罗斯与西方矛盾全面激化、欧亚地区力量博弈趋于复杂化的趋势下，中国、俄罗斯及中亚国家作为推动上合组织发展的重要力量，在欧亚区域合作中的战略协作不断加强，巩固了上合组织区域经济合作的政治基础。

---

[1] 王四海、周筠松：《上合国家经济合作前景广阔》，《经济日报》2022年9月19日第8版。

[2] 孙壮志：《打造更加紧密的上合组织命运共同体》，https://www.chinanews.com.cn/gn/2022/09-21/9857443.shtml。

就俄罗斯而言，中国作为其"向东看"政策的战略支点作用变得更为关键。在这一现实背景下，俄罗斯对于中国在欧亚地区进一步发展合作增强了支持力度，中吉乌铁路迎来新的进展就是一个重要信号。2022年撒马尔罕峰会期间，《关于中吉乌铁路建设项目（吉境内段）合作的谅解备忘录》正式签署，中吉乌铁路的开工建设取得实质性突破，该铁路的修建以及今后的开通将成为欧亚大通道建设的里程碑①。对俄罗斯而言，进一步强化与中国在欧亚地区的战略协作已成为对抗外部压力的重要选择。

对中亚国家而言，面对欧亚地区日趋激烈的大国博弈，深化与中国的全面合作既可以分享中国发展红利、增强国家能力建设，还可以避免因过多接触西方而面临俄罗斯方面的压力。2022年撒马尔罕峰会期间，习近平主席开启疫情后的首次出访，首站就选择了哈萨克斯坦，并同时访问乌兹别克斯坦，同白俄罗斯发表关于建立全天候战略伙伴关系的联合声明。这是近年来中国同时与中亚国家签署联合声明密集度最高的一次，全面深化了中国与三国在政治、经济、安全和人文方面的互信与合作。中亚国家不仅是上合组织的创始成员国，也是上合组织区域经济合作的关键区域，中国与中亚国家加大战略协调力度、增加合作成果的行为，符合上合组织的根本利益。

四、机制效能逐步释放

当前，国际地缘竞争持续升级，上合组织面临的外部压力增强，内部利益协调也更趋复杂化。面对这一形势，上合组织区域经济合作倡导开放、互利、包容、共享的机制理念与模式，为成员国对外发展合作提供了有效选项，并最大限度地团结和融合了各方力量，使区域经济合作在彰显开放理念、强化制度认同方面的机制效能进一步释放。

自乌克兰危机爆发以来，欧亚地区的整体格局加速重构，正在向基于地缘政治零和博弈这一冷战思维的"集团政治""小圈子外交"的

---

① 王四海、魏锦：《中吉乌铁路建设促进融合意义深远》，https://m.gmw.cn/baijia/2022-09/13/36020637.html。

模式回归，制度竞争和制度对抗成为新的场域①。对上合组织而言，坚决"反对通过集团化、意识形态化和对抗性思维解决国际和地区问题，推动构建相互尊重、公平正义、合作共赢的新型国际关系"是始终坚持遵循的原则和宗旨，以"互信、互利、平等、协商，尊重多样文明，谋求共同发展"为核心的"上海精神"则更加明确倡导摒弃冷战思维，建立非对抗性国际关系模式。上合组织区域经济合作所秉持的互利共赢、开放合作的理念模式，无疑更有助于在当前形势下强化上合组织开放、包容、普惠、平衡、共赢的发展观，彰显"上海精神"的价值理念，进一步巩固和深化上合组织作为综合性区域多边合作平台的职能定位。同时，区域经济合作的理念模式也为协调内部利益提供了有力抓手。撒马尔罕峰会期间，新、老成员国均对上合组织区域经济合作充满期待，伊朗对上合组织区域经济合作表现出浓厚兴趣。各成员国为保障地区发展和稳定，围绕能源安全、粮食安全、供应链多元稳定和气候变化问题等领域签署四项相关声明，达成重大成果。新形势下，强化区域经济合作已成为上合组织成员国应对外部地缘压力和增强内部认同的重要支撑。

第三节　上合组织区域经济合作的发展方向

当下，上合组织应努力克服不利影响，积极把握区域经济合作在资源潜力、市场空间、成员协调和机制效能方面处于上升期的有利时机，抵御外部风险，凝聚内部合力。通过发挥比较优势，创新多边实践，强化战略协调，深化理念认同，推动上合组织区域经济合作迈向新的发展阶段。

---

① 杨成：《欧亚震荡对中国周边安全环境的冲击是根本性的》，《世界知识》2022年第8期，第14-15页。

一、发挥比较优势，应对风险挑战

当前，上合组织虽面临因制裁风险外溢及地区形势动乱带来的一系列影响，但在俄罗斯东向政策的推进及成员国经济发展政策的刺激下，区域内贸易投资合作的活跃度有所上升。因此，上合组织应充分利用机会窗口期，推动大型项目投资建设，完善金融合作机制，强化资金保障，提升应对风险挑战的综合能力，为大型项目合作的顺利推进提供资金保障和安全保障。

在加强能源、交通等领域大型项目投资方面，上合组织要把握发展机遇，积极推动项目发展进程，进一步发挥上合组织区域经济合作的传统优势。目前，上合组织区域经济合作中大型代表性项目有中俄天然气管道、中国—中亚天然气管道、中俄原油管道、西欧—中国西部国际公路（双西公路）和中吉乌铁路等，这些重大项目投资奠定了上合组织区域经济合作发展升级的重要基础，并在近期内取得了突破性进展。随着扩员进程的推进，上合组织成员国的石油年产量将超过全球总产量的一半，成员国间贸易合作的提升也将进一步增强对区域基础设施建设的需求，拓展能源和货物运输通道势在必行。上合组织要发挥平台优势，为推进大型项目创造有利条件，调动各方合作的积极性。通过营造良好的沟通与合作氛围，加强彼此间的交流沟通与协作，排除外部分化干扰，推动项目合作谈判的顺利进行。

此外，作为大型国际合作项目，在建设过程中往往会因国际突发事件、国家间关系和技术创新风险等因素而面临较高的不确定性[①]。中俄西线天然气管道建设相关合同条款的谈判环节尚未完成；中国—中亚D线天然气管道建设以及中吉乌铁路建设还持续面临西方国家的"污名化"冲击，乌克兰危机发生后地缘政治风险的升级等外部挑战对项目发展进程带来的不确定性还在增加。对此，上合组织需发挥机制优势，提升各方在上合组织框架内的合作，巩固合作谈判的互信基础，

---

① 陈小沁：《俄罗斯亚太能源战略评析——基于远东油气管道项目的视角》，《东北亚论坛》2021年第2期，第106页。

并进一步完善项目合作机制和综合协调水平，为释放发展潜力和应对风险挑战提供制度保障。

在完善金融保障机制方面，上合组织需持续推进发展稳定基金和扩大本币结算等金融合作实践。发展稳定基金在正常情况下可以为大型项目提供资金保障，紧急情况下可以用于提供特别救助①。长期以来，资金不足是上合组织框架下大型多边项目难以落地的重要原因，不稳定的地区安全形势也在一定程度上打击了投资信心。当前，项目投资对资金支持和资金安全的需求更为迫切，建立发展稳定基金对于深化区域经济合作至关重要。此外，本币结算是防范金融风险的有效措施，也是长期大规模贸易合作项目最适配的领域②。目前，扩大本币结算份额已在成员国中达成共识。基于此，上合组织应复议关于建立上合组织开发银行、上合组织发展基金等倡议的可行性，并尽快推动落实。同时在扩大本币结算份额方面，要进一步提升结算程序的制度化和机制化水平，为保障金融安全提供有力支持。

二、创新多边实践，拓展利益汇合点

面对持续激化的地缘政治竞争、外部分化势力以及欧亚地区日益激烈的制度竞争，上合组织作为新型国际组织，应不断创新合作机制、拓展合作领域，通过充实各层级多边合作，拓展利益汇合点，提升上合组织区域经济合作的吸引力，强化组织凝聚力。

第一，建立保障区域产业链、供应链安全的多边合作机制。上合组织中既有能源、农业等战略性资源生产大国，也有消费大国和交通枢纽国，在建立和维护供应链安全方面具有天然优势，有助于调动各方资源，激活发展活力。撒马尔罕峰会期间，成员国签署了关于维护供应链安全稳定多元化的声明，从强化物流基础设施建设、减少贸易壁垒和简化贸易程序、扩大本币结算合作、深化电子商务合作、建立

---

① 赵华胜：《上海合作组织：评析和展望》，时事出版社，2012，第264页。

② 《中俄本币结算是维护国际货币体系正确发展的重大实践》，https://cn.china daily.com.cn/a/202209/11/WS631df534a310817f312eda1a.html。

高端产业链合作和深加工合作、加强数字经济和绿色可持续发展投资合作等七个方面，提出了保障国际供应链安全稳定的发展目标。上合组织需要循序渐进推动各项目标计划的落地，充分发掘成员国在不同合作领域的比较优势。首先，协调和建立交通枢纽国、过境国和消费国之间的合作机制，不断巩固和发掘成员国在建立国际物流通道方面的实力和发展潜力。其次，构建区域数字合作格局，为维护区域产业链、供应链畅通升级提供保障。通过强化成员国之间数字经济发展战略对接，释放区域数字经济发展红利；利用上合组织平台资源构建区域内海关、交通、物流、金融领域的综合信息共享网络，驱动优势资源加速流动，整体提升区域内的数字化、智能化和网络化水平[1]。最后，建立并完善各领域环节的常态化合作和对话机制，为维护区域产业链、供应链安全构建成熟稳定的合作框架。

第二，完善小多边、次区域合作机制。乌克兰危机下，中吉乌、中蒙俄等小多边合作进程加速推进，为上合组织区域经济合作注入了强劲动能。鉴于小多边合作可操作性更强、效率更高，上合组织可进一步考察不同成员国之间建立和开发小多边合作机制的可能性和优势所在，为上合组织框架下多边合作提供更多选择。地方合作作为上合组织框架下的新型合作模式，对新兴产业的突破性发展起到了重要的推动作用。2022年撒马尔罕峰会期间，各国就继续拓展上合组织成员国地方领导人论坛形式和利用上合示范区深化地方合作达成共识[2]。未来，上合组织可进一步开发地方合作平台在全方位互联互通、绿色能源、科技农业、航天卫星、减灾救灾等领域的创新合作，通过积极发掘地方合作机制的发展潜力，为打造多边合作增长点和推动区域经济合作发展创造有利条件。

---

① 王海燕：《疫情新形势下要大力促进上合组织区域数字合作》，https://m.gmw.cn/baijia/2020-09/07/34162172.html。

② 《上海合作组织成员国元首理事会撒马尔罕宣言》，https://www.gov.cn/xinwen/2022-09/17/content_5710381.htm。

三、强化战略协调，对冲外部干扰

强化核心成员国之间的战略协调是推动上合组织区域经济合作的重要基础，尤其在地区秩序动荡分化、其他国际势力加速渗透的严峻形势下，发挥关键力量的带头引领作用更为重要。

第一，继续强化中俄在欧亚地区发展中的战略协作。中俄作为上合组织的两大引擎，在推动区域经济合作上发挥着主导作用。近年来，中俄两国在欧亚地区的战略协调持续深化。当前，俄罗斯东向战略加速推进，上合组织区域经济合作的战略空间进一步提升，同时也带动了中蒙俄、中吉乌等三边合作的升级。未来，继续强化中俄在上合组织框架下的战略协调和发展共识，始终是推动上合组织区域经济合作的关键。新形势下，中俄两国需持续增进互信，推动双方深化在更高层级和更敏感领域的合作，进一步释放上合组织区域经济合作的发展潜能。

第二，激活伊朗等新成员国的发展潜力。伊朗拥有丰富的能源储备，并且作为联通非洲和西南亚、中印与欧洲市场的枢纽国家，伊朗的加入将为扩大上合组织区域经济合作空间提供积极动能。同时相较于印度，伊朗对上合组织具有更强的归属感，对参与区域经济合作兴趣浓厚。伊朗不仅与俄罗斯有着深厚的互信基础，与中国的合作共识也在逐步加深。伊朗是中国"一带一路"倡议的支点国家，也是俄罗斯欧亚经济联盟临时自贸协定的达成对象，还是俄印等国"国际北南交通走廊"计划中的枢纽国家。对上合组织而言，伊朗的加入将与其形成互动共赢和双向塑造的积极态势[1]。但上合组织同时也要注意并规避伊朗作为新进成员，与中亚、南亚国家在宗教派系异质性问题上可能产生的矛盾和摩擦。上合组织在推动成员国区域经济合作过程中，需要对可能存在的争议作出充分预判和前瞻性声明，明确合作方向，完善平台协调和沟通机制，及时搁置争议，弥合分歧。

---

① 秦天：《伊朗正式"入群"是上合组织发展史上的又一里程碑》，http://cn.chinadaily.com.cn/a/202209/18/WS63271ffba310817f312ee9cf.html。

四、深化理念认同，推动规则引领

当前，国际格局的变革演进和分裂动荡仍在持续，单边主义、保护主义、冷战思维正在加速蔓延。上合组织要团结带领更多成员推动地区繁荣，消减全球经济治理赤字和发展赤字，需要始终践行"上海精神"，不断深化互惠包容的合作理念，坚持探索真正适合区域发展的创新实践之路。

第一，始终坚持并明确在国际和地区等重要问题上的核心立场。面对为维护霸权势力，通过鼓动地缘对抗构筑"小院高墙"，通过干预别国内政扰乱他国发展进程等单边保护主义行为，上合组织始终坚持"上海精神"，秉持"结伴不结盟、对话不对抗"的合作原则，已成为引领全球发展的风向标，为更多国家参与多边合作提供了更大空间和更多选择。这是上合组织发展区域经济合作的关键所在，也是吸引更多国家参与合作的前提。对此，上合组织需不断对外明确立场，及时就核心立场问题作出回应。在经济合作方面，成员国需坚决抵制制度武器化，坚决抵制单边经济制裁，坚决抵制利用气候议程限制贸易和投资合作等。通过不断明确核心共识，凝聚发展合力，完善全球经济治理，建立更加公正合理的国际经济秩序。

第二，始终坚持普惠包容、互利合作的发展理念。上合组织作为全球最大的综合性多边合作组织，坚持以谋求共同发展为基本原则，不针对其他国家和国际组织。上合组织区域经济合作则进一步致力于推动区域内各合作倡议的深度对接，畅通区域经济循环，为全球多边经济合作的新模式、新路径作出积极探索和有益贡献。自2005年起，上合组织就陆续与欧亚经济联盟、东南亚国家联盟、经济合作与发展组织、联合国亚洲及太平洋经济社会委员会、联合国欧洲经济委员会等国际和地区组织建立了合作关系，成为建设亚太地区多边组织伙伴网络的重要一员[①]。对上合组织而言，同国际和地区组织开展合作一直

---

① 《上海合作组织十周年阿斯塔纳宣言》，https://www.chinanews.com/gn/2011/06-15/3114031.shtml。

是主要工作方向之一。尤其是在区域化进程加速推进、一系列地区发展倡议涌现的当下，充分发挥上合组织区域经济合作的内在包容性与融合力，推动上合组织与各类发展倡议的合作对接至关重要。对此，上合组织区域经济合作应积极寻求与域内和域外国家主导的一系列发展倡议实现对接。以功能性合作为侧重，以商业原则为基础，开展第三方市场合作，坚持遵循"政府引导、企业主导、市场导向"的合作原则，从而为避免经济合作议题的政治化提供有效路径。

第三，始终坚持多元创新的合作理念。不同于欧洲中心的区域一体化路径，上合组织区域经济合作充分照顾彼此利益诉求，尊重发展差异，通过不断创新多边合作实践来扩大利益汇合点。各方要继续开展各种形式的区域经济合作，构建开放包容的多边互利关系。践行真正多边主义，不仅要为多边主义强基固本，倡导理性国际法治，坚持开放包容、协商合作，更要推动多边主义发展，努力为更多国家平等参与全球治理创造条件[1]。

结　语

作为欧亚地区最大的综合性制度平台，充分发挥"稳定器"作用、保障地区的和平发展，是上合组织的价值所在。面对动荡的欧亚地区形势和变动调整中的全球地缘政治经济格局，上合组织区域经济合作在面临诸多新挑战的同时，在资源、市场、领导力和机制效能等方面的合作潜能也开始凸显，彰显了上合组织作为综合性多边合作平台的重要性和生命力。当前，区域经济合作将成为推动上合组织发展过程

---

① 《践行多边主义，汇聚合作共赢的伟力——秉持"上海精神"一路前行》，《人民日报》2022年9月21日第3版。

中最主要、最活跃，对成员国保持吸引力最重要的成分①。同时，为强化上合组织制度认同、提升制度效能提供了重要手段②。基于此，上合组织应充分发挥"上海精神"的引领作用，创新发展思路，释放区域经济合作潜能，提升上合组织的凝聚力与吸引力，为全球发展贡献更多的"上合智慧"。

---

① 赵华胜：《中亚形势变化与"上海合作组织"》，《东欧中亚研究》2002年第6期，第59页。

② 陈小鼎、李珊：《制度认同：扩员后上海合作组织的发展动力》，《当代亚太》2022年第3期，第91-120页。

第 八 章

上合组织区域安全治理新态势与政策选择

　　自2022年2月24日乌克兰危机爆发以来，世界政治极化趋势愈演愈烈。乌克兰危机进一步加剧了欧亚地缘政治风险，以中俄为核心的上合组织被美欧视为重要威胁，面临着日益严峻的区域安全压力。伴随着扩员进程的持续推进与西方世界的不断分化，成员国之间的战略沟通与政策协调难度加大，上合组织遭遇重大内部考验。当前，如何妥善应对区域安全压力、凝聚成员国合作共识以有效推进区域安全治理，已然成为上合组织的当务之急。

　　基于此，本章以区域安全治理为切入点，以上合组织安全合作成效为研究对象，通过考察2005年"颜色革命"、2022年乌克兰危机、"9·11"事件、区域内无重大安全冲击事件期间，来验证理论假设并总结，旨在阐释上合组织区域安全治理的生成机制及其影响。

第一节　上合组织区域安全治理的既有解释

当前，区域安全问题的全球化与全球安全治理的区域化相互交织，全球安全治理向区域层次回落的趋势愈加显著，上合组织作为区域安全治理主体的角色更加重要。自2001年成立以来，上合组织从一个解决边界问题的国家元首会晤机制逐渐发展成规范理念和制度架构相对成熟的区域合作组织，安全合作的议题和范围持续拓展。目前，学界关于上合组织区域安全治理动因的研究主要有以下三种解释。

一是地缘政治竞争说。该观点认为，随着区域大国与霸权国之间的博弈持续激化，中俄主导下的上合组织通过加快安全合作进程以扩大组织影响力，削弱域外大国在域内的影响。中俄在上合组织的创建和发展过程中扮演了重要的角色，组织安全合作进程必然由其所主导[1]。因此，中俄试图将上合组织视为一个区域平衡机制以对抗美国，而中亚成员国则通过上合组织寻求在中俄之间对冲[2]。随着上合组织安全合作呈现出新的态势并得到加强，上合组织可能发展成一个成熟的

---

[1] Roy Allison, "Protective Integration and Security Policy Coordination: Comparing the SCO and CSTO," *The Chinese Journal of International Politics* 11, no. 3(2018):310-311.

[2] 刘畅、刘佳豪：《美国视域下的上海合作组织》，载庞大鹏、李睿思主编《上海合作组织黄皮书：上海合作组织发展报告（2022）》，社会科学文献出版社，2023，第245页；Roy Allison, "Regionalism, Regional Structures and Security Management in Central Asia," *International Affairs* 80, no. 3(2004):467-468; Sinem Ünaldılar Kocamaz, "The Rise of New Powers in World Politics: Russia, China and the Shanghai Cooperation Organization," *International Relations* 16, no. 61(2019):140-141.

安全集团①。基于此，上合组织被视为对抗西方国家的安全联盟，上合组织的反霸权话语和联合反恐军事演习被认为是反对西方国家的行动，上合组织安全合作的动力来自地区大国与域外大国的较量。

二是相对利益回报说。该观点认为，成员国通过对成本和收益的计算，选择推进安全合作以解决区域安全问题，维护国家安全。地区安全形势恶化对安全合作机制化提出了更高要求，上合组织安全合作机制建设由传统安全领域向非传统安全领域拓展②。上合组织具有缓解区域安全威胁、维护国家独立等功能是成员国选择加入的重要利益动机③，其中，反恐合作的可观收益是吸引中亚成员国的重要原因④。当前，上合组织提供的区域安全公共产品主要有军事互信机制、地区反恐机制、地区禁毒机制、信息安全合作机制、执法安全合作机制、上

---

① 李进峰：《外国智库对上海合作组织的认知与评价》，载李进峰主编《上海合作组织20年》，社会科学文献出版社，2021，第238–240页；M. K. Bhadrakumar, "The New 'NATO of the East' Takes Shape: The SCO and China, Russia and U.S. Maneuvers," *The Asia-Pacific Journal: Japan Focus* 5, no. 8(2007): 3.

② 许涛：《上海合作组织地区安全合作进程与前景分析》，《国际观察》2006年第2期，第39–40页；余建华、戴轶尘：《非传统安全的区域治理与上海合作组织》，《社会科学》2009年第7期，第19–26页；邓浩：《上海合作组织安全合作的进程、动力与前景》，《当代世界》2021年第9期，第20–21页；Song Weiqing, "Interests, Power and China's Difficult Game in the Shanghai Cooperation Organization (SCO)," *Journal of Contemporary China* 23, no. 85(2014): 91.

③ 曾向红、李孝天：《中亚成员国对上海合作组织发展的影响：基于国家主义的小国分析路径》，《新疆师范大学学报》（哲学社会科学版）2017年第2期，第120页；Syed Farooq Hasnat, Zamurrad Awan, "Shanghai Cooperation Organization as a Platform for Regional Understanding: Its Economic, Political and Security Potential," *Perceptions: Journal of International Affairs* 21, no. 1(2016): 90.

④ 曾向红、李孝天：《上海合作组织的安全合作及发展前景——以反恐合作为中心的考察》，《外交评论》2018年第1期，第90–94页；Alyson J. K. Bailes, Pál Dunay, "The Shanghai Cooperation Organization as a Regional Security Institution," in Alyson J. K. Bailes et al., *The Shanghai Cooperation Organization* (Sweden: Stockholm International Peace Research Institute, 2007), pp. 15–16.

合组织–阿富汗联络组机制六大方面①。可以说，成员国在多边安全合作中形成的利益共享是上合组织发展的制度动力②。

三是区域共同体说。该观点认为，上合组织安全合作与安全共同体的建设息息相关，"新安全观"和命运共同体理念是上合组织安全合作的集体价值观念。在"社会化"过程中，上合组织形成了安全共同体意识③。随着组织机制不断发展，"新安全观"逐渐成为上合组织安全合作的重要理念基础，成员国推进安全共同体的意愿急剧上升。2018年6月，习近平主席首次提出"上合组织命运共同体"④。可以说，"新安全观"、命运共同体是对"上海精神"的丰富与完善⑤，助推上合组织安全共同体的建设⑥。现有文献对上合组织安全合作理念的研究主要集中于"新安全观"的价值研究⑦、上合组织命运共同体的概念内涵

---

① 陈小鼎、王翠梅：《扩员后上合组织深化安全合作的路径选择》，《世界经济与政治》2019年第3期，第113–115页。

② 肖斌：《多边安全合作是上合组织持久发展的制度动力》，《世界知识》2019年第13期，第42页；林珉璟、刘江永：《上海合作组织的形成及其动因》，《国际政治科学》2009年第1期，第10页。

③ 赵银亮：《构建地区共同体：上海合作组织的"社会化"实践》，《教学与研究》2008年第1期，第78–84页；孙壮志：《上海合作组织命运共同体：时代内涵与路径选择》，《欧亚经济》2021年第1期，第13–14页。

④ 《弘扬"上海精神"构建命运共同体》，《人民日报》（海外版）2018年6月11日第2版。

⑤ 曾向红：《上海合作组织研究的理论创新：现状评估与努力方向》，《俄罗斯东欧中亚研究》2019年第1期，第33页。

⑥ 姜毅、文龙杰：《上海合作组织：基于共识的地区主义建设》，《俄罗斯东欧中亚研究》2021年第3期，第8页。

⑦ 许涛：《中国新安全观与上合组织二十年安全实践》，《和平与发展》2021年第3期，第1–13页；苏畅、李昕玮：《上海合作组织安全合作：成就、挑战与未来深化路径》，《国际问题研究》2021年第3期，第69页；王树春、张娜：《安全观转型与上合组织联合军演》，《亚太安全与海洋研究》2018年第6期，第85–86页。

及其生成路径等①。

上述观点均有合理之处，但也存在一定不足。地缘政治竞争说无法解释成员国安全合作利益偏好的异质性。随着扩员进程的持续推进，上合组织安全合作的发展路径更加多元化。相对利益回报说忽视了部分成员国在区域安全合作机制间采取"对冲行为"的事实。区域共同体说难以解释当前上合组织集体行动动机的多样化。总体而言，现有文献大多是对上合组织区域安全治理的经验总结，阐释了二十余年来上合组织安全合作在实践、制度和理念上取得的成效。此外，还有文献从大国制衡②、制度竞争③、地区认同④等角度回答了上合组织为何没有在区域安全治理中取得更大的成效，但鲜有研究解释上合组织区域安全治理成效差异化的现象，也未回答上合组织区域安全治理的生成逻辑与成效评估。

① 曾向红、陈亚州：《上海合作组织命运共同体：一项研究议题》，《世界经济与政治》2020年第1期，第120-122页；邓浩：《中国经略上合组织：进展、战略与前景》，《俄罗斯学刊》2023年第4期，第59-61页；张新平、代家玮：《上海合作组织命运共同体：内涵、挑战与构建路径》，《和平与发展》2019年第5期，第34-36页。

② Isabelle Facon, "Moscow's Global Foreign and Security Strategy: Does the Shanghai Cooperation Organization Meet Russian Interests?" *Asian Survey* 53, no. 3(2013):471-473; Jean-Pierre Cabestan, "The Shanghai Cooperation Organization, Central Asia, and the Great Powers, an Introduction: One Bed, Different Dreams?" *Asian Survey* 53, no. 3(2013):429.

③ 朱永彪、魏月妍：《上海合作组织的发展阶段及前景分析——基于组织生命周期理论的视角》，《当代亚太》2017年第3期，第52页；Yuan Jingdong, "Forging a New Security Order in Eurasia: China, the SCO, and the Impacts on Regional Governance," *Chinese Political Science Review* 8, no. 3(2023):429.

④ 杨进：《集体身份构建与上海合作组织凝聚力建设》，《俄罗斯学刊》2019年第5期，第119-124页；陈小鼎、李珊：《制度认同：扩员后上海合作组织的发展动力》，《当代亚太》2022年第3期，第103-107页。

第二节　上合组织区域安全治理的演进

区域安全治理是指区域组织对安全领域的实践、规则和理念进行制度化，使其成为域内发展安全合作的动力①。经过二十余年的发展，上合组织区域安全治理业已形成相对成熟的模式②。从整体上看，上合组织在安全合作实践的推进、安全合作机制的设立、安全共同体的建设等方面日臻完善，为欧亚地区的安全稳定提供了重要保障。

首先，稳步推进安全合作实践。由于区域安全治理权力的非垄断性，成员国以政治信任为基础，协调开展务实合作以增强区域安全治理能力。其中，联合反恐军事演习是区域安全治理的重要实践。2002年10月，中国与吉尔吉斯斯坦在上合组织框架内首次开展联合反恐军事演习③。此后，《上海合作组织成员国组织和举行联合反恐演习的程序协定》成为上合组织联合反恐军事演习的条约基础。随着协同反恐重要性的凸显，上合组织联合反恐军事演习的举办次数有所增加，并逐渐转向多边跨境演习，联合域内外国际组织以加强安全合作实践④。

---

① 陈翔：《"回归区域"？——理解全球安全治理区域化的演进》，《世界经济与政治》2021年第8期，第59页；陈翔：《新时代中国参与区域安全治理的模式探析》，《国际观察》2020年第4期，第120-121页；Arie M. Kacowicz, Galia Press-Barnathan, "Regional Security Governance," in Tanja A. Börzel, Thomas Risse eds., *The Oxford Handbook of Comparative Regionalism*(Oxford: Oxford University Press, 2016), p. 299.

② 李孝天：《上海合作组织的新发展：开创地区主义的"上合模式"》，《当代亚太》2023年第4期，第109-121页。

③ Yuan Jingdong, "China's Role in Establishing and Building the Shanghai Cooperation Organization (SCO)," *Journal of Contemporary China* 19, no. 67(2010):864.

④ 《关于举行"欧亚反恐2023"上合组织成员国主管机关联合反恐演习》，https://ecrats.org/cn/press/news/6519；《上合组织地区反恐怖机构执委会代表团出席集安组织快速反应部队特种战术演习》，https://ecrats.org/cn/press/news/580/。

其次，有序设立安全合作机制。上合组织安全合作机制朝着更大限度增进成员国区域安全利益、满足成员国区域安全治理需求的方向发展，主要包括：

传统安全领域的机制建设。一方面，军事互信机制是上合组织区域安全治理的重要前提。1996—1997年，"上海五国"先后签署《关于在边境地区加强军事领域信任的协定》和《关于在边境地区相互裁减军事力量的协定》，为上合组织区域安全治理奠定了政治互信①。另一方面，上合组织-阿富汗联络组机制是上合组织介入、解决阿富汗问题的重要平台。2005年上合组织-阿富汗联络组成立后，上合组织强调"阿人主导、阿人所有"的立场原则。2021年美军从阿富汗仓促撤军后，上合组织紧急召开联络组外长会议，商讨阿富汗和平重建问题，并积极开展各项联合活动②。

非传统安全领域的机制建设。上合组织区域安全治理议题主要聚焦于应对域内非传统安全问题③。2001年6月15日，《打击恐怖主义、分裂主义和极端主义上海公约》的签署标志着上合组织从解决边境问题正式转向非传统安全治理。《上海合作组织成员国关于地区反恐怖机构的协定》的通过表明上合组织反恐制度设置臻于完善。2004年，上合组织常设机构秘书处和地区反恐机构正式运作。2006年，上合组织发表《上海合作组织成员国元首关于国际信息安全的声明》，呼吁各成员国加强信息安全合作以应对"技术恐怖主义"的风险④。此后，上合组织安全合作的议题设置从打击"三股势力"（民族分裂势力、宗教极端势力、暴力恐怖势力）逐渐拓展到非法贩运武器、毒品走私、有组

---

① 邢广程：《中亚的利益取向和上海合作组织的发展》，《俄罗斯研究》2009年第6期，第4页。

② 《上海合作组织成员国外长关于"上合组织-阿富汗联络组"会议成果的联合声明》，http://www.xinhuanet.com/world/2021-07/15/c_1127659811.htm。

③ 肖斌：《上海合作组织的安全合作》，载肖斌主编《上海合作组织》，社会科学文献出版社，2019，第134-143页。

④ 《上海合作组织成员国元首关于国际信息安全的声明》，http://chn.sectsco.org/documents/?year=2006。

织犯罪等方面。

由于区域经济相互依赖的加深，上合组织还加快了经济安全领域的机制建设。以粮食安全合作机制为例，上合组织从最初注重发展农业贸易合作，逐渐发展为主张将经济合作纳入安全范畴。2018—2019年，《上合组织成员国粮食安全合作纲要》草案和设立农业技术交流培训示范基地的倡议相继发布，上合组织农业合作迅速发展。此后，鉴于疫情和乌克兰危机对粮食市场的冲击，成员国元首理事会发表维护粮食安全的共同声明，强调农业合作的"安全"范畴，着力维护粮食市场的稳定性。

随着区域安全问题的多向度发展，应对公共卫生危机逐渐成为建设非传统安全合作机制的议题之一。公共卫生治理作为"问题解决机制"被提出[1]，标志着上合组织区域安全治理转向"人的安全"。自2004年起，上合组织对传染病防治、紧急医疗救助等议题予以重视，推动签署《上合组织成员国政府间救灾互助协定》《上合组织成员国元首关于在上合组织地区共同应对流行病威胁的联合声明》等，加强域内各国在公共卫生领域的协作。2010年11月，首届成员国卫生部部长会议的举办，标志着区域卫生治理进入制度化阶段[2]。随着卫生安全合作机制的完善，信息交流机制和医药科技合作为成员国共同应对公共卫生危机奠定了重要基础。

推动安全共同体建设。建设上合组织安全共同体具有长期性和渐进性。2020年11月10日，中方首次提出"构建安全共同体"[3]，丰富了上合组织命运共同体的内涵。随着上合组织区域安全治理主体的增加，区域安全治理空间呈现出同步扩张的趋势。

一是上合组织扩员进程的推进。在2017年首次扩员之前，上合组

---

① 张新平、代家玮：《上海合作组织参与全球公共卫生治理的动因、困境与路径》，《和平与发展》2021年第1期，第39页。

② 李雪威、王璐：《上海合作组织参与全球卫生治理：优势、挑战及路径选择》，《国际问题研究》2020年第6期，第25页。

③ 《弘扬"上海精神"深化团结协作构建更加紧密的命运共同体》，《人民日报》2020年11月11日第2版。

织区域安全治理的地理范围以中亚地区为重心，安全共同体建设以
"点"为主。随着《上海合作组织接收新成员条例》《上海合作组织程
序规则》等制度的出台，上合组织的扩员前景愈发明晰，安全共同体
从以中亚地区为核心的"点"，逐渐连"线"至南亚地区。2014年通过
的《给予上海合作组织成员国地位程序》和《关于申请国加入上海合
作组织义务的备忘录范本》修订案为吸纳印巴两国提供了法律基础①。
2022年签署的《关于伊朗伊斯兰共和国加入上海合作组织义务的备忘
录》标志着安全共同体连"线"向中东地区的延伸，上合组织区域安
全治理空间向西扩展，进一步深化了成员国间"结伴而不结盟"的新
型国际关系。

　　二是上合组织观察员国和对话伙伴国的增加。截至2024年7月，
上合组织拥有2个观察员国和14个对话伙伴②。《上海合作组织观察员
条例》与《上海合作组织对话伙伴条例》的发布为区域安全治理的外
部参与提供了制度依据。虽然观察员国和对话伙伴国不具有表决权，
但前者能够参与上合组织区域安全治理问题的讨论，后者能够与上合
组织建立相应的安全合作机制。随着观察员国和对话伙伴国深入参与
区域安全治理，上合组织安全共同体的建设呈现出连接南亚、中东和
东南亚地区的"面"状形态。

　　三是上合组织下设的各类机构及其横向合作机制的建设。各项机
构及其下设的非政府机构是推动上合组织区域安全治理空间纵向延伸
的重要主体，为建设安全共同体夯实了组织基础。非官方机构，如禁
毒专家工作组、上合组织论坛等，是发展区域安全治理的重要辅助，
与秘书处、地区反恐怖机构等常设机构形成"梯次"与"平行"相结
合的布局③。除了下设的纵向机制，上合组织与联合国、东盟、独联体

---

① 李自国：《上海合作组织的扩员与命运共同体建设》，《俄罗斯东欧中亚研究》
2021年第4期，第9页。

② 赵冰、黄河：《上合组织正式接收白俄罗斯为成员国》，https://world.gmw.cn/
2024-07/04/content_37420939.htm。

③ 李孝天、陈小鼎：《上海合作组织参与地区安全治理的特征、限制与改进路
径》，《太平洋学报》2021年第9期，第32页。

集体安全条约组织等国际组织建立的横向合作机制强化了安全行动效能，支持着区域安全治理空间的有序拓展。

综上所述，从二十余年的发展历程来看，上合组织安全合作实践逐步开展、安全合作机制趋于完善、安全共同体持续深化。随着扩员进程的推进，上合组织安全治理的区域范围不断拓展，安全合作的议题设置向非传统安全领域聚焦，安全治理的主体作用进一步凸显。然而，目前学术界关于区域安全治理的研究对象主要为欧盟、北约、东盟等，关于上合组织区域安全治理的研究较少，区域安全治理的生成机制有待深入挖掘，区域安全治理成效也需要细致评估。

第三节　上合组织区域安全治理的生成机制

区域安全治理是解决区域安全问题的重要议题。作为欧亚地区内一个独立的、以安全为基础的区域组织[①]，上合组织区域安全治理的水平相对较高，并重点发展"保护型"安全治理职能[②]。本节致力于探索上合组织区域安全治理的生成机制。

一、变量的界定与操作化

区域安全治理取决于区域行为体（首要是区域国家）在安全领域

---

① Shaun Breslin, Stuart Croft, "Researching Regional Security Governance: Dimensions, Debates and Discourses," in Shaun Breslin, Stuart Croft eds., *Comparative Regional Security Governance* (London: Routledge, 2012), p. 17.

② Emil J. Kirchner, Roberto Dominguez, "Security Governance in a Comparative Regional Perspective," *European Security* 23, no. 2(2014): 167, 169; James Sperling, "Regional Security Governance," in James Sperling ed., *Handbook of Governance and Security* (Cheltenham: Edward Elgar Publishing, 2014), p.107.

已有的和感知的共同威胁①。上合组织是区域安全治理的重要主体之一，其作用的发挥离不开成员国的互动，但仅以国家为中心来分析区域安全治理并不充分②。因此，提炼上合组织区域安全治理的生成机制，不能仅从国家主义的视角分析成员国的安全利益诉求，也不能将上合组织视为纯粹的官僚组织分析组织能动性。

（一）自变量的界定与操作化

新古典现实主义将国际体系结构与单元行为体相结合进行分析③，主张将体系要素作为自变量，将单元要素视为中介变量，用以解释国家对外行为的变化④。基于此，本章使用战略环境清晰度将区域安全压力加以操作化。

战略环境清晰度由两个部分组成。其一，威胁和机遇的可识别程度。清晰的威胁是指成员国面临以下三种情形：一是域内出现修正主义大国，或者出现公开表示将侵害成员国领土完整的敌意；二是在邻近的地理范围内和可以使用的技术范围内，出现具备较强经济和军事实力、对成员国实施伤害的国家；三是成员国的威胁紧迫感，即威胁的时间范围⑤。清晰的威胁将侵害成员国的国家主权、动摇成员国的国家政权。威胁的类型既包括传统安全领域的政治军事冲突事件，也包括非传统安全问题。明确的机遇包含两个要素：一是在可预期的时间

① James Sperling, Mark Webber, "Security Governance in Europe: A Return to System," *European Security* 23, no. 2(2014):129.

② Emil J. Kirchner, "Theoretical Debates on Regional Security Governance," *Robert Schuman Centre for Advanced Studies Research Paper*, no. 40(2014):2.

③ 刘丰：《结构分析的范围与限度》，《世界经济与政治》2008年第7期，第60-61页；李巍：《从体系层次到单元层次——国内政治与新古典现实主义》，《外交评论》2009年第5期，第135页。

④ 陈志瑞、刘丰：《国际体系、国内政治与外交政策理论——新古典现实主义的理论构建与经验拓展》，《世界经济与政治》2014年第3期，第125页；陈小鼎、刘丰：《结构现实主义外交政策理论的构建与拓展——兼论对理解中国外交政策的启示》，《当代亚太》2012年第5期，第66页。

⑤ 诺林·里普斯曼、杰弗里·托利弗、斯蒂芬·诺贝尔：《新古典现实主义国际政治理论》，刘丰、张晨译，上海人民出版社，2017，第42页。

范围内，成员国能够采取行动发展相对实力；二是区域安全的参与者不具备威胁成员国安全的政治决心①。明确的机遇意味着区域环境有助于成员国发展相对实力。区域内一般不会有高威胁和高机遇并存的情况。明确的机遇一般出现在某些特殊事件发生后，或出现在域内无重大安全冲击事件的一段时间内。机遇的提供主体较为复杂，可能是域外大国，也可能是域内机制。

其二，体系是否提供有关威胁和机遇时间范围的信息。时间范围与决策者的主观认知、应对区域安全压力的反应速度和发展速度有关②。本章主要研究自2001年6月15日上合组织成立起至今，成员国对威胁紧迫程度和机遇维持程度的判断。对成员国而言，如果域内爆发的冲突事件所产生的威胁迫在眉睫，并且域内提供的发展相对实力的机遇旦夕易变，时间范围属于紧迫；反之则反。

根据战略环境清晰度指标中成员国面临的威胁和机遇程度，可以对战略环境的性质进行界定。战略环境的性质分为包容性战略环境和约束性战略环境，当成员国面临高威胁和低机遇时，域内的战略环境为约束性；当成员国面临低威胁和高机遇时，域内的战略环境为包容性。由此，区域安全战略环境属性大体可以分为四类——高清晰度约束性环境、低清晰度约束性环境、高清晰度包容性环境、低清晰度包容性环境。

（二）中介变量的界定与操作化

区域安全环境的变化（自变量）将导致上合组织区域安全治理成效的变化（因变量）。一般而言，区域安全压力的高低与区域安全治理成效呈正相关。高度的区域安全压力将刺激区域组织加快安全治理进程以满足成员国对区域安全公共产品的需求，进而呈现出明显的区域安全治理成效。但事实上存在区域安全压力高而上合组织区域安全治

---

① 诺林·里普斯曼、杰弗里·托利弗、斯蒂芬·诺贝尔：《新古典现实主义国际政治理论》，刘丰、张晨译，上海人民出版社，2017，第43页。

② 漆海霞：《时间长短、反应速度与国际冲突》，《世界政治研究》2023年第1辑，第20—24页。

理进程放缓的情形，区域安全压力与区域安全治理成效之间并非简单的线性关系。那么，是何种因素导致上合组织区域安全治理成效差异化？

新古典现实主义关注体系压力下单元行为体的行为取向[1]，有助于解释区域安全治理结果的特殊性。

首先，成员国的威胁感知影响上合组织开展安全合作的认知倾向。区域安全压力传导至单元层面时，成员国面临着不同强度的威胁感，优先安全类型的选择将改变其参与上合组织区域安全治理的意愿。在无政府状态下，维持生存安全是主权国家最低限度的要求[2]。因此，处于高清晰度的约束性环境时，成员国面临强威胁感，对区域安全治理的需求最高，生存安全为首要关切，此时，上合组织凝聚力最强。处于低清晰度的约束性环境时，成员国面临较强威胁感，对区域安全治理的需求较高，生存安全为首要关切，但域内有较多安全合作对象可供选择，此时，上合组织凝聚力较强。处于高清晰度的包容性环境时，成员国面临弱威胁感，对区域安全治理的需求降低，生存安全降为次要关切，此时，上合组织凝聚力最弱。处于低清晰度的包容性环境时，成员国面临较弱威胁感，成员国对区域安全治理的需求较低，生存安全为次要关切。但是，由于区域安全威胁的不确定性，此时，上合组织凝聚力较弱。

其次，成员国的政策取向改变上合组织安全合作的决策互动和实践进程。区域安全压力促使成员国作出参与上合组织区域安全治理的最优政策，单元行为体的政策选项影响着上合组织区域安全治理的行动（主要表现在决策互动和实践进程中）。面临不同的区域安全压力

① 刘丰、陈志瑞：《东亚国家应对中国崛起的战略选择：一种新古典现实主义的解释》，《当代亚太》2015年第4期，第16页；宋伟：《从国际政治理论到外交政策理论——比较防御性现实主义与新古典现实主义》，《外交评论》2009年第3期，第35-37页；刘丰、左希迎：《新古典现实主义：一个独立的研究纲领?》，《外交评论》2009年第4期，第129页。

② 肯尼思·华尔兹：《人、国家与战争》，信强译，上海人民出版社，2012，第159页。

时，成员国参与区域安全治理的最优政策大体分为三种。

一是必须参与。在此情形下，成员国的互动时间紧迫，短时间内围绕集中的安全合作议题进行多次互动，安全政策取向一致，对区域安全治理的高需求加快安全合作实践进程。

二是选择性参与。在此情形下，成员国的最优政策选项又可分为两类：一类是成员国的互动时间较为宽松，由于对区域安全治理的需求较高，成员国围绕集中的安全合作议题进行互动，安全政策取向一致，但互动频率的降低使得决策速度变慢。受到域内多元安全合作对象的分化，安全合作实践进程有所放缓。另一类是成员国的互动时间较为宽松，由于对区域安全治理的需求较低，成员国在分散的安全合作议题上采取选择性互动，安全政策取向不一致，安全合作互动频率随之降低。受到域内多元安全合作对象的分化，安全合作实践进程有所放缓。

三是非必须参与，既可参与，也可不参与。这意味着，虽然互动时间紧迫，但成员国对区域安全治理的低需求使其减少安全合作决策互动，安全政策取向不一致，安全合作实践进程推进缓慢（见表8-1）。

表8-1　中介变量之安全政策取向

成员国的政策选择	上合组织的合作态势				
	安全合作决策互动			安全政策取向	安全合作实践进程
	互动时间	互动频率	互动议题		
必须参与	紧迫	频繁	集中	一致	加快
选择性参与	宽松	适中	集中	一致	放缓
			分散	不一致	
非必须参与	紧迫	偶尔	分散	不一致	缓慢

因此，成员国的一致性，即安全层面的威胁感知与政策取向，是影响上合组织区域安全治理成效的中介变量。当区域安全压力发生变化时，一方面，成员国的威胁感知呈现出不同的强弱程度，优先安全

类型的变化影响上合组织安全合作的认知倾向；另一方面，成员国的政策取向发生改变，最优政策选择影响安全合作决策互动与实践进程，上合组织安全政策取向也随之发生变化。

（三）因变量的界定与操作化

判断上合组织区域安全治理成效主要有三层指标：一是上合组织区域安全治理实践，即在研究的案例时间段内，上合组织是否采取安全合作行动，如反恐军事演习、打击跨国有组织犯罪行动等。二是上合组织区域安全治理制度，即在研究的案例时间段内，上合组织是否提出新的安全合作制度、组建专门性机构、发表重要的声明和文件等。三是上合组织安全共同体建设，即在研究的案例时间段内，上合组织是否提出新的安全合作理念、加强与横向机制的联系等。

二、核心假设

以上变量的界定和操作化建立了一个解释上合组织区域安全治理成效的分析框架，自变量为区域安全压力，中介变量为成员国的安全威胁感知和政策取向，因变量为上合组织区域安全治理成效，具体研究假设如下。

H1：当区域战略环境为高清晰度的约束性环境时，成员国具有强威胁感，政策取向为必须参与，上合组织区域安全治理成效显著。

H2：当区域战略环境为低清晰度的约束性环境时，成员国具有较强威胁感，政策取向为选择性参与，上合组织区域安全治理成效较好。

H3：当区域战略环境为高清晰度的包容性环境时，成员国的威胁感弱化，政策取向为非必须参与，上合组织区域安全治理成效一般。

H4：当区域战略环境为低清晰度的包容性环境时，成员国具有较弱威胁感，政策取向为选择性参与，上合组织区域安全治理成效较差。

当区域安全压力威胁到国家主权安全，并且成员国的反应时间较短时，生存安全成为首要优先安全类型。成员国的威胁认知和政策选择迅速转变，提升成员国推进安全合作决策和实践的效度，促成上合组织形成强凝聚力的安全合作认知和一致的安全政策取向。此时，上合组织区域安全治理成效显著。

当区域安全压力威胁到国家主权安全，并且成员国尚有足够的时间作出反应时，生存安全成为首要优先安全类型。一方面，成员国有足够的反应时间选择安全合作对象，选择性参与的政策取向放缓安全合作的实践进程；另一方面，成员国仍具有较强威胁认知，围绕集中的安全合作议题进行互动以缓解区域安全压力，上合组织形成较强凝聚力的安全合作认知和一致的安全政策取向。因此，区域安全治理成效较好。

当区域安全压力并未威胁到国家主权，并且短期内有较多发展机遇时，生存安全成为次要优先安全类型。成员国具有弱威胁认知，弱化上合组织安全合作共识的形成。同时，域外大国"提供公共产品"式的介入和多元的区域合作机制提供了丰富的双边合作机遇，非必须参与的政策取向造成了短期内决策互动次数减少，延滞了安全合作实践进程，上合组织安全政策取向不一致。此时，上合组织区域安全治理成效一般。

当区域安全压力并未威胁到国家主权，并且长期内有较多发展机遇时，生存安全成为次要优先安全类型。一方面，成员国虽然具有较弱威胁认知，但区域安全威胁尚有升级倾向，成员国仍会参与到上合组织区域安全治理以防范区域安全问题，上合组织形成较弱凝聚力的安全合作认知；另一方面，成员国有足够的反应时间选择安全合作对象和议题，选择性参与的政策取向延缓了安全合作的决策互动和实践进程。因此，上合组织区域安全治理成效较差（见图8-1）。

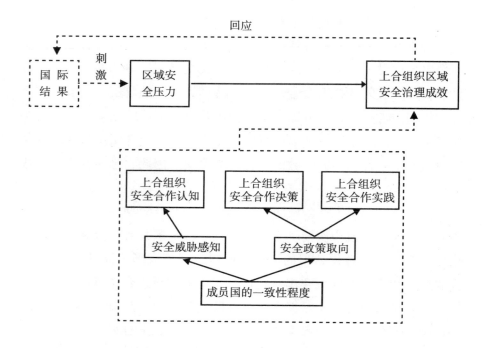

图8-1 自变量、因变量、中介变量之间的关系

第四节 案例检验

针对提出的假设，本节选择四个案例予以验证：（1）选取2005年"颜色革命"检验假设一；（2）选取2022年乌克兰危机检验假设二；（3）选取2001年"9·11"事件检验假设三；（4）选取区域内无重大安全冲击事件（即2017年上合组织首次扩员至2020年中印边境危机）检验假设四。表8-2对案例的具体情况作了简要总结。

表8-2　变量条件以及与之相匹配的案例

假设与案例		战略环境属性	自变量X——区域安全压力			中介变量		因变量Y
			威胁与机遇的可识别程度		时间范围	成员国一致性程度		上合组织区域安全治理成效
假设	例证案例		清晰的威胁	明确的机遇		安全威胁感知	安全政策取向	
H1	2005年"颜色革命"	高清晰度约束性环境	高	低	紧迫	强威胁感	必须参与	显著
H2	2022年乌克兰危机	低清晰度约束性环境	较高	较低	宽松	较强威胁感	选择性参与	较好
H3	2001年"9·11"事件	高清晰度包容性环境	低	高	紧迫	弱威胁感	非必须参与	一般
H4	区域内无重大安全冲击事件	低清晰度包容性环境	较低	较高	宽松	较弱威胁感	选择性参与	较差

表8-3　中介变量之安全威胁感知

国家	案例			
	H1:2005年"颜色革命"	H2:2022年乌克兰危机	H3:"9·11"事件	H4:区域内无重大安全冲击事件
俄罗斯	4	4	1	2
中国	2	2	1	2
印度	0	2	0	2
中亚四国	4	3	1	2
巴基斯坦	0	2	0	2
威胁指数平均值	3.67	2.75	1	2

说明：1.各成员国的安全威胁感程度由1～4分量表分值测量。1为弱威胁感，2为较弱威胁感，3为较强威胁感，4为强威胁感。2.印度与巴基斯坦于2017年加入上

合组织，因此，在H1和H3两个案例中，其安全威胁感知的数值为0。伊朗于2023年7月加入上合组织，暂不纳入测量。通过计算可得，3<H1<4，2005年"颜色革命"期间，各成员国的威胁感趋于最强；2<H2<3，2022年乌克兰危机至今，各成员国的威胁感趋于较强；1=H3<2，2001年"9·11"事件期间，各成员国的威胁感最弱；1<H4=2，区域内无重大安全冲击事件期间，各成员国的威胁感较弱。3.中亚四国均奉行多元平衡的外交政策，在外交立场、发展战略、地理位置等具有相对一致性。为便于量表计算，将中亚四国的安全威胁感视为相对统一的测量值。

一、2005年"颜色革命"——上合组织区域安全治理成效显著

"颜色革命"一般在政府进入换届大选的特定时期出现，可能造成政权更替或颠覆的后果，这将使国家面临生存威胁和政治危机[①]。2005年"颜色革命"直接冲击了中亚成员国，引发了吉尔吉斯斯坦的"3·24"事件和乌兹别克斯坦的"安集延事件"，严重危及域内的安全稳定[②]。

2005年"颜色革命"爆发后，欧亚地区处于高清晰度的约束性环境，成员国普遍面临着紧迫的政治稳定威胁[③]。吉尔吉斯斯坦一度陷入无政府状态，政局持续动荡[④]。哈萨克斯坦、乌兹别克斯坦、塔吉克斯坦国内的反对派和极端势力趁机壮大势力，创造夺取政权或分裂国家

---

① 赵华胜：《"颜色革命"后欧亚地区形势的变化》，《现代国际关系》2005年第11期，第32页；王群瑛、祝念峰：《应高度重视、正确应对"颜色革命"、"街头政治"及美国西化、分化中国的战略》，载李慎明主编《2005年：世界社会主义跟踪研究报告》，社会科学文献出版社，2006，第145页。

② Thomas Ambrosio, "Catching the 'Shanghai Spirit': How the Shanghai Cooperation Organization Promotes Authoritarian Norms in Central Asia," *Europe-Asia Studies* 60, no. 8 (2008): 1331–1332; Marc Lanteigne, "'In Medias Res': The Development of the Shanghai Cooperation Organization as a Security Community," *Pacific Affairs* 79, no. 4 (2006): 616–618.

③ 曾向红：《欧亚秩序的套娃模式：地区分化及其影响》，《世界经济与政治》2019年第5期，第42–51页。

④ 焦一强：《从"民主岛"到"郁金香革命"：吉尔吉斯斯坦政治转型研究》，兰州大学出版社，2010，第140–142页；张宁：《吉尔吉斯斯坦"颜色革命"中的选举因素》，《俄罗斯中亚东欧研究》2005年第5期，第23页。

的机会①。俄罗斯国内的反对派借势挑动民众情绪，发起街头抗议活动②。在"颜色革命"的推波助澜下，"三股势力"重新活跃起来③，"伊吉拉特"等境外极端组织在中国西部边疆地区迅速蔓延④。

"颜色革命"具有烈度较高、传播速度较快的特点⑤，使上合组织成员国面临着十分紧迫的区域安全压力。中亚成员国和俄罗斯均采取了相应的反制措施⑥，加快整合社会政治资源以巩固国内政治稳定。同时，中亚成员国与助推"颜色革命"的域外大国关系急剧恶化。特别是乌兹别克斯坦不仅要求美军撤出哈纳巴德基地，而且向北约盟国发布"禁飞令"⑦。在2005年阿斯塔纳峰会上，上合组织成员国通过决议，一致拒绝美国成为观察员国的申请。

遭受2005年"颜色革命"浪潮冲击之后，成员国具有强烈的安全威胁感，参与上合组织安全合作的利益诉求剧增，尤其是在打击"三

---

① 孙壮志：《独联体国家"颜色革命"研究》，中国社会科学出版社，2011，第202页；曾向红、连小倩：《从反对派与政府互动差异看独联体国家"颜色革命"》，《阿拉伯世界研究》2020年第3期，第69页。

② 安德烈·利亚勃夫·维涅诺维奇：《莫斯科如何应对"颜色革命"的挑战——克里姆林宫的"反革命"回应：依靠保守力量和民主雄辩术》，曾宪洪译，《俄罗斯中亚东欧研究》2006年第1期，第92-93页；Amina Afzal, "Security in the CIS: Implications of the 'Colour Revolutions'," *Strategic Studies* 25, no. 3(2005):110.

③ 张秀明：《新疆反分裂斗争和稳定工作的实践与思考》，新疆人民出版社，2009，第65页。

④ 李捷：《推进新疆社会稳定与长治久安新战略：发展与稳定关系的视角》，社会科学文献出版社，2017，第72页。

⑤ 周明、李嘉伟：《21世纪初两次国际抗议浪潮的关联与比较——兼论作为中介的吉尔吉斯斯坦"革命"》，《俄罗斯研究》2021年第1期，第80页。

⑥ 张宁：《哈萨克斯坦独立后的政治经济发展：1991—2011》，上海大学出版社，2012，第53、72-74页。

⑦ 冯绍雷：《"颜色革命"：大国间的博弈与独联体的前景》，《俄罗斯研究》2005年第3期，第8页。

股势力"问题上①，在组织内形成强凝聚力的安全合作共识。为了缓解区域安全压力、维护国家主权安全，成员国重视非传统安全合作议题，加快安全合作互动和实践进程，安全政策取向趋向一致。在此期间，上合组织完善了打击"三股势力"的制度框架，迅速签署了一系列重要文件，包括《上海合作组织成员国合作打击恐怖主义、分裂主义和极端主义构想》《关于在上海合作组织成员国境内组织和举行联合反恐行动的程序协定》《关于合作查明和切断在上海合作组织成员国境内参与恐怖主义、分裂主义和极端主义活动人员渗透渠道的协定》等。针对打击"三股势力"事宜，上合组织地区反恐怖机构理事会多次召开会议商讨决议②。针对阿富汗问题的外溢威胁，阿斯塔纳峰会明确提出将打击贩毒合作确立为优先方向，参与在阿富汗周边构筑"反毒带"的国际努力③，并于2005年11月成立上合组织-阿富汗联络机制。此外，上合组织还与独联体、东盟等国际组织建立了安全合作联系④。

大体而言，当所处的外部环境恶化，成员国面临强威胁感，在较短的反应时间内，成员国倚重上合组织安全合作效用解决区域安全问题，加快安全合作决策互动，积极推动安全合作实践进程。这一时期，上合组织形成强凝聚力的合作共识和一致的政策取向，区域安全治理成效显著。

二、2022年乌克兰危机——上合组织区域安全治理成效较好

久拖不决的乌克兰危机导致欧亚地区呈现出离散和多元发展的趋

---

① 孙壮志：《上海合作组织反恐安全合作：进程与前景》，《当代世界》2008年第11期，第19页；曾向红：《上海合作组织：实践与理论》，中国社会科学出版社，2021，第95页。

② 《上海合作组织地区反恐怖机构理事会第四次会议新闻公报》，https://www.mfa.gov.cn/web/ziliao_674904/1179_674909/200504/t20050406_7946961.shtml。

③ 《上海合作组织成员国元首宣言》，http://chn.sectsco.org/documents/?year=2005。

④ 韩璐：《上海合作组织国际合作的发展历程与前景展望》，《欧亚经济》2023年第1期，第58-59页。

势①，上合组织亟须应对区域安全问题的新动向。在传统安全领域，局部冲突动荡加剧，域内核威慑风险进一步升级。在非传统安全领域，"三股势力"的表征更具隐蔽性。例如，极端民族主义通过吸纳青少年推进激进活动，恐怖势力趁机伪装成难民渗透进中亚地区②，网络恐怖主义直接威胁区域国家安全③，同时，毒贩利用地区混乱加速毒品交易流动④，难民危机、人口贩运等犯罪问题层出不穷⑤。乌克兰危机进一步引发上合组织成员国国内政治危机，政党极化和社会撕裂程度加深加重，大规模骚乱危及国家安全。可以说，乌克兰危机导致成员国面临日益恶化的外部环境、较高的安全治理需求、衰退的经济情势⑥。

乌克兰危机呈现出长期化的态势，但成员国开展安全合作决策互动的频率有所降低，推进安全合作实践进程有所放缓，原因如下：其一，中俄对上合组织的战略定位仍存在差异。俄罗斯试图通过推进上

① 冯玉军：《俄乌冲突的地区及全球影响》，《外交评论》2022年第6期，第87页。

② Фёдор Колосков, "Риск проникновения террористов в страны СНГ под видом мигрантов высок," Ритм Евразии, 29 ноября 2022 г., https://www.ritmeurasia.org/news-2022-11-29-risk-proniknovenija-terroristov-v-strany-sng-pod-vidom-migrantov-vysok-63304.

③ "Узбекистан предлагает создать в регионе единую сеть по борьбе скибертерроризмом," ТАСС, 3 марта 2022 г., https://tass.ru/mezhdunarodnaya-panorama/13944441.

④ "Conflict in Ukraine: Key Evidence on Drug Demand and Supply," *The United Nations Office on Drugs and Crime*, April 4, 2022, https://www.unodc.org/documents/data-and-analysis/Ukraine/Ukraine_drug_demand_supply.pdf.

⑤ Ella Cockbain, Aiden Sidebottom, "The War in Ukraine and Associated Risks of Human Trafficking and Exploitation: Insights from an Evidence Gathering Roundtable," *Independent Anti-Slavery Commissioner*, April 29, 2022, https://www.antislaverycommissioner.co.uk/media/1801/ucl-iasc-2022-roundtable-report-the-war-in-ukraine-human-trafficking-and-exploitation.pdf.

⑥ 邓浩：《乌克兰危机背景下上海合作组织新变化及其应对》，《俄罗斯东欧中亚研究》2023年第3期，第2-9页。

合组织扩员以形成"情境联盟"①，但中国重申上合组织不结盟的对外原则，强调组织内部建设②。其二，部分成员国采取新的平衡政策。域外大国的介入和域内多样的安全治理机制提供多元的安全合作对象③，导致中亚成员国和印巴对上合组织区域安全治理投入明显不足。其三，扩员影响的外溢效应。扩员后，上合组织内可能会出现南亚、中东与中亚竞争地缘中心地位的局面，这将限制安全合作的优先事项。

当前，欧亚地区仍处于约束性战略环境，成员国构建上合组织命运共同体的意愿较强。随着潜在的安全风险逐渐显现，成员国加强安全合作议题互动，安全政策取向趋向一致。上合组织积极寻求与横向合作机制深化双边安全合作事项④。撒马尔罕峰会上，成员国重申"上海精神"的重要内涵⑤，努力形成打击"三股势力"组织的统一名单，提出设立禁毒中心、信息安全中心等专门性机构，发表《上海合作组织成员国元首理事会关于维护国际粮食安全的声明》等重要文件，维护区域经济安全。此外，针对打击恐怖势力事宜，成员国积极协商反恐新战术，研究反无人机、防范生化武器恐怖袭击等科目⑥；针对打击有组织犯罪等事宜，成员国召开公安内务部部长会议，以协调各方形

---

① Андрей Кортунов，"Асимметричная биполярность，" Известия, 7 июля 2022 r.，https://iz.ru/1360712/andrei-kortunov/asimmetrichnaia-bipoliarnost.

② 《习近平出席上海合作组织成员国元首理事会第二十二次会议小范围会谈》，《人民日报》2022年9月17日第1版。

③ 曾向红：《"无声的协调"：大国在中亚的互动模式新探》，《世界经济与政治》2022年第10期，第54页。

④ 《上合组织秘书长出席"中亚国家在执行联合国全球反恐战略联合行动计划框架下的区域合作"高级别会议》，https://chn.sectsco.org/20220308/822093.html；《张明秘书长会见集体安全条约组织秘书长扎斯》，https://chn.sectsco.org/20220916/913414.html。

⑤ 《上海合作组织成员国元首理事会撒马尔罕宣言》，http://chn.sectsco.org/documents/?year=2022。

⑥ 《上海合作组织成员国国防部长会议联合公报》，https://chn.sectsco.org/20220825/910688.html。

成打击犯罪事务的共识①；针对打击毒品犯罪事宜，成员国通过专家视频研讨会等形式落实各项禁毒政策，协商禁毒合作方略②。

综上所述，在低清晰度的约束性环境下，受域内安全合作机制竞争、组织发展定位差异等因素的影响，上合组织放缓了推进安全合作的决策互动与实践进程，但较强威胁感将驱动成员国参与上合组织区域安全治理以缓解安全威胁，使得组织内形成较强凝聚力的安全合作认知和一致的政策取向，此时，上合组织区域安全治理成效较好。

三、"9·11"事件——上合组织区域安全治理成效一般

2001年9月11日，美国本土发生大规模恐怖袭击，美国以反恐为由迅速介入欧亚地区并发起针对阿富汗基地组织的战争。这一时期，塔利班政权受到来自美国的沉重军事打击，毒品、有组织犯罪等安全威胁也相应受到削弱，中亚地区的安全形势有所好转。同时，中亚四国领导人经过多年的政治积累，在国内均掌握较为稳定的政治权力基础，政权更迭的危机较弱。2000年普京就任俄罗斯总统，亟须缓和与西方国家的紧张态势，改善俄罗斯的国际形象。俄罗斯将美国介入区域安全事务的举动视为与美国发展外交的重要时机。随着俄美达成反恐共识，双方均寻求在短期内避免成为战略对手。这一时期，欧亚地区呈现出高清晰度的包容性环境，区域安全压力处于最低限度，成员国暂时没有主权威胁担忧。

由于霸权国积极介入区域安全事务，短期内发展相对实力的机遇明朗，成员国的安全威胁感弱化。特别是美国通过在中亚地区租赁军事基地、能源资源开发、经济对外援助等方式给予中亚成员国丰富的

---

① 《上海合作组织成员国公安内务部长第四次会议新闻稿》，https://chn.sectsco.org/20220819/909975.html。

② 《上海合作组织"合成毒品滥用防治和戒毒康复"专家研讨会顺利举行》，https://chn.sectsco.org/20220630/845473.html。

物质收益①。此外，非传统安全威胁的削弱进一步降低了成员国对上合组织区域安全治理的需求，导致上合组织开展安全合作的凝聚力不足。在区域安全形势稳定的状态下，成员国的政策取向受到域外大国的持续分化，安全合作对象以全球和地区霸权国为主。"9·11"事件后，成员国的安全合作基本倚重双边外交，上合组织安全合作实践进程几乎停滞。

可以说，在高强度的包容性环境下，短期内成员国具有发展相对实力的明显机遇。"9·11"事件引发区域国家对恐怖主义威胁的重视，上合组织理应强化反恐安全合作。然而，弱威胁感知降低了成员国对上合组织区域安全治理的需求，上合组织安全合作共识缺失。随着域外大国介入，成员国减少了开展安全合作决策互动的频次，延缓了安全合作实践的进程，安全政策取向趋于不一致，此时，上合组织区域安全治理成效一般。

四、区域内无重大安全冲击事件——上合组织区域安全治理成效较差

自2017年6月上合组织首次扩员起至2020年"六一五中印加勒万河谷边境冲突"期间，虽然域内的安全威胁隐患仍存，但是安全冲突一般局限在双边并处于可控范围之内，应对安全威胁并非成员国的紧迫事项。欧亚地区呈现出低清晰度的包容性环境，部分成员国在安全合作上倚重域外大国发起的安全机制。例如，2017年和2019年，塔吉克斯坦分别主办了美国主导的"区域合作"系列军事演习。上合组织区域安全治理的凝聚力被分化，安全合作实践进程的推进相对缓慢。

在相对包容的安全形势中，成员国对潜在的安全风险仍有警惕，组织内安全合作议题设置趋于分散。期间，人文安全合作成为区域安

---

① 曾向红：《美国对中亚事务的介入及中亚国家的应对》，《国际政治研究》2015年第3期，第37页；Catherine Yusupov, "United States Foreign Policy in the States of Central Asia," *The Brookings Institution*, November 12, 2002, https://www.brookings.edu/events/united-states-foreign-policy-in-the-states-of-central-asia/.

全治理的议题之一①。2020年，受新冠肺炎疫情影响，上合组织加强公共卫生安全治理②，卫生安全共同体的提出推动公共卫生安全的机制化进程，团结成员国共同回击疫情政治化、病毒标签化。此后，新冠肺炎疫情防控和传染病防治被列为"防务合作"，成员国提议开展军事医学领域合作③。

成员国有意通过加强经济安全合作，推动建设安全共同体。成员国寻求在上合组织框架内开展经济合作，加强彼此间互联互通建设④。2017年10月13日，成员国召开会议，讨论扩大上合组织地区经贸合作事宜⑤，积极推动区域经济合作与国家发展战略的对接，如"一带一路"与哈萨克斯坦"光明之路"新经济政策的对接。2018—2020年，《上海合作组织成员国元首关于贸易便利化的联合声明》《上海合作组织成员国关于数字化和信息通信技术领域合作的构想》《关于扩大上海合作组织区域本币使用的共同立场》等文件相继通过，上合组织银行联合体加快推进《上海合作组织成员国扩大本币结算份额路线图》的制定⑥，预防潜在的经济安全风险。

综上所述，当区域安全压力尚未威胁到国家安全时，虽然成员国具有较弱的威胁认知，但潜在的安全风险尚存，上合组织形成较弱凝聚力的安全合作认知，从而促成经济安全、人文安全议题取得长足发

---

① 《上海合作组织成员国卫生防疫部门领导人第五次会议声明》，http://chn.sectsco. org/20171031/341358.html。

② 马强：《上海合作组织在重大公共卫生事件领域的机制建设和合作实践》，载庞大鹏、杨进主编《上海合作组织黄皮书：上海合作组织发展报告（2021）》，社会科学文献出版社，2021，第231-241页。

③ 《上海合作组织二十周年杜尚别宣言》，http://chn.sectsco.org/documents/?year= 2021。

④ 《上海合作组织支持加强互联互通建设》，https://chn.sectsco.org/20170706/ 306899.html。

⑤ 《各方在莫斯科讨论了关于扩大上合组织地区经贸合作前景的问题》，https:// chn.sectsco.org/20171013/336753.html。

⑥ 《上海合作组织成员国元首理事会会议成果文件清单》，http://chn.sectsco.org/ documents/?year=2019。

展。在宽松的时间段内，成员国侧重的安全合作议题趋于多样，决策互动的频率降低，安全政策取向趋于不一致，多元的安全合作对象减缓安全合作实践进程的推进。此时，上合组织区域安全治理成效较差。

以上案例表明，区域安全压力的高低导致上合组织区域安全治理成效的变化，成员国的安全威胁感知和政策取向是中介变量，影响着区域安全治理的认知、决策和实践。缓解区域安全压力、应对区域安全威胁是上合组织区域安全治理的内生动因。但扩员进程的推进、域外大国的介入、区域安全合作机制的竞争等将分化成员国参与区域安全治理的意愿与行动，区域安全治理成效难以随着组织建设的完善持续提升，反而呈现出差异化的表现。可以说，上合组织要形成多元协同的区域安全治理体系，仍面临诸多挑战。

结　语

乌克兰危机延宕至今，上合组织面临着复杂多变的安全形势和更加负面的外部认知。随着世界政治极化趋势加剧，上合组织区域安全治理的主体互动、机制建设和组织认同也发生了诸多变化。鉴于当前区域安全形势不确定性剧增和组织扩员进程的加速推进，中方作为上合组织2024—2025年度的轮值主席国，亟须发挥主导国的引领作用，从聚焦区域安全治理的议题设置、整合区域安全治理的利益主体、构建区域安全治理的话语体系三方面凝聚成员国的一致性，推进安全共同体的建设。

首先，应对乌克兰危机外溢效应、解决非传统安全问题是当前上合组织区域安全治理的主要议题。作为多边安全合作平台，上合组织的发展目标和可支配资源相对有限，因此，上合组织区域安全治理的定位应有所聚焦，以提升安全治理效率。其一，上合组织需要强化应对非传统安全的合作。针对打击"三股势力"，成员国应定期举行联合反恐军事演习，加快识别"三股势力"新的表现特征，成立青年理事会加强对域内青少年的引导。同时，加强信息安全合作，预防网络恐怖主义的传播，创新打击恐怖主义的科技形式，包括人工智能、无人机等。其二，上合组织需要加快完善非传统安全合作机制的建设。优化区域安全公共产品供给制度的运行，落实成立专门性机构的倡议，推动地区反恐中心有效运作，发挥上合组织-阿富汗联络组机制的作用，稳定地区秩序。同时，加快完善执法安全合作机制，解决安全实践中涉及的法律适用性问题。其三，上合组织需要加强"安全共同体"理念。习近平总书记指出："'上海精神'是上合组织发展壮大的生命力所在，更是上合组织必须长期坚持的根本遵循。"①应当继续深化"上海精神"的理念价值，通过明晰"上海精神"的价值定位，以达成安全治理共识，找到新老成员国安全治理利益的最大公约数，减缓扩员进程对组织凝聚力的削弱。

其次，整合多元治理主体、加强内部成员战略协调是上合组织区域安全治理的主要动力。上合组织区域安全治理的优势在于多元主体协同参与，但治理效应弱化的症结也在于多元主体安全利益的多样性。因此，上合组织亟须加强治理主体间的政治互信和战略协调，增强协同治理效能。一方面，上合组织应积极深化内部安全合作的政策沟通，加快构建上合组织命运共同体。在区域定位上，兼顾扩员需求与资源供给，扩员涵盖的政治地理区域仍需以中亚及其周边为中心②。同时，积极动员观察员国和对话伙伴国共研、共商、共享区域安全治理合作的新思路。在功能定位上，创新组织安全合作决策制度，减少部分成员国的投机行为，提升安全合作决策的灵活性。例如，上合组织可以通过区分原则性事务与程序性事务，根据不同的会议层级创新性地运用"协商一致"原则。在内部协调上，上合组织应发挥中俄的"双引擎"作用，防止组织陷入空心化。鉴于当前区域安全压力较高，

---

① 《践行多边主义，汇聚合作共赢的伟力（和音）》，《人民日报》2022年9月21日第3版。

② 赵华胜：《上海合作组织：评析和展望》，时事出版社，2012，第17页。

中俄需正视双方组织定位的分歧，通过积极塑造中俄印"三人共处型"三角关系[1]，将各成员国安全治理的利益联结点与议程设置相结合，协调区域安全公共产品的分配。另一方面，上合组织应持续发挥下设各类机构的智库优势，利用上合组织大学、上合组织论坛等积极开展安全合作论坛，进一步强化与民间机构以及外部组织的安全信息合作。

其三，塑造开放包容的组织形象、提升国际话语权是上合组织区域安全治理的重要保障。长期以来，上合组织区域安全治理成效的外部认可度和话语权相对微弱。随着国际形势日趋动荡，大国地缘竞争导致以中俄为核心的上合组织在西方国家眼中更具对抗性和威胁性。因此，在区域安全威胁较高的情势下，上合组织仍需积极展示开放促和的形象。一是增强对外传播力度，提炼安全治理的比较优势。通过有意识地归纳并整理在打击"三股势力"、禁毒等方面的贡献，对外展示区域安全治理成效，形成"上合模式"的感召力。面对西方舆论围堵，成员国应紧密协作，扩大上合组织国家媒体智库论坛的影响力，对外讲好"上合故事"。二是持续深化对外交流，展示普惠包容的安全治理形象。要继续在多边主义和"不干涉内政"原则下加强公正有效的国际合作，与集安组织、东盟等国际组织保持定期联系，在解决区域安全问题上坚持政治互信。例如，可借鉴集安组织对特种人才的培养方式[2]，密切双方在反恐等安全议题上的沟通交流；可借鉴东盟等国际组织的做法，就相关的区域安全合作议题搭建跨区域交流平台[3]。

总体而言，上合组织区域安全治理亟须在内部合作和外部形象上加以完善，拓展安全治理空间。进入后霸权时代，区域层面的制度性

---

① 陈小鼎、王翠梅：《中俄印三角互动与扩员后上合组织区域公共产品供给》，《复旦国际关系评论》2020年第1期，第199页。

② 牛义臣：《集体安全条约组织的主要活动》，载牛义臣主编《集体安全条约组织》，社会科学文献出版社，2020，第30页。

③ 于洪君：《从推进区域合作到参与全球治理——上合组织未来发展的必然趋势》，载徐步主编《上海合作组织20年：成就与经验》，世界知识出版社，2021，第38–39页。

权力将进一步加强，制度安排更具成效性①。虽然上合组织区域安全治理成效在很大程度上取决于区域安全压力的变化，但是作为多边安全合作平台，上合组织仍需强化战略定力，团结成员国以增强政策取向的一致性。展望未来，上合组织仍需发挥多元治理主体的合作优势，优化多边安全合作机制，增强组织凝聚力，共同应对区域安全治理危机，为区域安全稳定提供坚实保障。

---

① 杨光斌等：《动荡变革期的时代特征》，《世界经济与政治》2023年第2期，第8页。

第 九 章

乌克兰危机对上合组织的影响及其应对

自2022年2月24日乌克兰危机爆发以来，大国博弈、制度竞争与意识形态对立甚嚣尘上，世界政治极化趋势日益突出。乌克兰危机作为冷战结束以来全球较大的地缘政治灾难，对现有国际政治经济秩序尤其是欧亚区域秩序构成严峻挑战，其影响仍在持续发酵、外溢，必须高度关注。

作为全球最大的综合性地区组织，上合组织因其所处地缘位置、成员构成与价值取向受到乌克兰危机带来的强烈冲击。乌克兰危机进一步加剧了欧亚地缘政治风险，以中俄为核心的上合组织被美欧视为重要威胁，面临着日益严峻的外部压力。与此同时，随着扩员进程的持续推进与西方世界的不断分化，成员国之间的战略沟通与政策协调难度加大，上合组织遭遇重大内部考验。乌克兰危机对上合组织的长期发展造成了全方位影响，如何妥善应对已成为上合组织的当务之急。因此，上合组织必须夯实发展基础、激活发展动能、彰显比较优势，才能应对乌克兰危机带来的严峻挑战。

第一节　乌克兰危机恶化上合组织外部发展环境

当前，上合组织涵盖约60%的欧亚大陆、40%的世界人口和超过30%的世界GDP[①]，成为世界上人口和地理覆盖面最大的区域性国际组织。然而，乌克兰危机激发世界各层面的"小分流"趋势[②]，上合组织深受影响。乌克兰危机加剧了全球范围内的权力对抗、制度竞争、意识形态对立，造成欧亚地区内政治风险陡增、经济复苏趋缓、安全形势恶化。同时，上合组织还面临着来自西方国家更加负面的认知和排斥的态度。上合组织的外部形势正在不断恶化。

一、乌克兰危机加剧世界政治极化趋势

世界政治极化对上合组织造成结构性压力。当前，地区主导大国与世界超级大国之间保持着激烈的竞争和博弈[③]，国际局势趋于复杂动荡，国际力量对比发生深刻调整。

一是大国权力竞争对抗化。大国权力对抗的广度和深度扩大，不断压缩全球政治合作空间。乌克兰危机加深全球政治裂痕，波兰与匈牙利因对俄制裁立场的不同而互相指责[④]，欧盟内部的凝聚力受到分化。由于西方国家在对俄制裁问题上持续加压，拉丁美洲国家面临着

---

① Любовь Степушова, "Москва и Пекин в Самарканде намерены сделать ШОС реальной силой," Правду. Ру, 9 декабря, 2022, https://www. pravda. ru/world/1746981-sco_summit/.

② 冯玉军：《俄乌冲突的地区及全球影响》，《外交评论》2022年第6期，第92-96页。

③ 赵会荣：《乌克兰危机的多维探源》，《俄罗斯东欧中亚研究》2022年第4期，第14-16页。

④ "Poland Attacks Ally Hungary over Ukraine," *The First News*, March 28, 2022, https://www.thefirstnews.com/article/poland-attacks-ally-hungary-over-ukraine-29182.

"选边站"的压力①。中立的外交政策受到动摇,瑞典、芬兰放弃恪守永久中立的外交政策转而申请加入北约②。与此同时,随着大国竞争全方位展开,地缘政治冲突愈演愈烈。乌克兰危机爆发后,美欧通过"捆绑中俄"策略以恶化中俄周边的地缘政治环境。以美国为首的西方国家加紧通过"印太战略"、挑动台海冲突等方式压制中国③。在欧亚地区,欧洲国家强化对美国的安全依赖,形成北约与俄罗斯对峙的僵局。

二是国际公共产品武器化。大国权力对抗导致国际制度的"非中性"④日益显现,国际组织的合作功能出现异化,全球公共产品的"供给赤字"⑤不断恶化。一方面,国际制度的独立性进一步动摇。乌克兰危机爆发后,美欧利用现有的国际制度安排对俄施压,甚至动用了"金融核武器"(将部分俄罗斯银行移出环球银行金融电信协会,即SWIFT)和"贸易核武器"(取消俄罗斯最惠国待遇)⑥。随着对抗升级,俄罗斯与西方国家的"制裁战"陷入长期化,对世界经济造成负面影响。另一方面,国际组织在特定议题的表决上陷入决策"空转"境地。联合国大会等国际组织出现阵营化对立⑦,超过40个国家表示在

① Зоя Осколкова, "США угрозами заставляют Латинскую Америку присоединиться к санкциям против РФ," Новый День, 16 апреля, 2022, https://newdaynews.ru/politics/756662.html.

② "News: Finland Joins NATO as 31st Ally," *NATO*, April 4, 2023, https://www.nato.int/cps/en/natohq/news_213448.htm.

③ 赵明昊:《俄乌冲突对中美关系的影响论析》,《和平与发展》2022年第3期,第9–10页。

④ 张宇燕:《利益集团与制度非中性》,《改革》1994年第2期,第98页。

⑤ 田旭、徐秀军:《全球公共产品赤字及中国应对实践》,《世界经济与政治》2021年第9期,第141–147页。

⑥ 李巍、穆睿彤:《俄乌冲突下的西方对俄经济制裁》,《现代国际关系》2022年第4期,第1–3页。

⑦ "With 143 Votes in Favour, 5 Against, General Assembly Adopts Resolution Condemning Russian Federation's Annexation of Four Eastern Ukraine Regions," *The United Nations*, October 12, 2022, https://press.un.org/en/2022/ga12458.doc.htm.

联合国大会投票前受到来自西方国家的"施压"①。波兰作为欧安组织的轮值主席国，拒绝俄罗斯代表团出席欧安组织部长级会议②。总之，乌克兰危机为霸权国再次强势干预国际制度的执行和国际组织的运转提供新契机，金融制裁和贸易管制成为大国地缘政治竞争的"新工具"。衰弱中的霸权国日益放弃多边主义，发展赤字、安全赤字、治理赤字加重，严重危及世界稳定。

三是意识形态对立加剧。乌克兰危机加剧大国意识形态竞争的对抗与分歧，地缘政治竞争和意识形态的分界线再次重合③。"大国竞争泛意识形态化"④导致身份政治、"价值观外交"卷土重来，增加全球集团政治和阵营对抗的风险。特别是拜登政府基于意识形态斗争的需要，将"反俄援乌"视为"民主与专制、自由与镇压、基于规则的秩序与蛮力统治的秩序之间的斗争"⑤。乌克兰危机还加剧国际社会认知域的意识形态斗争⑥，国际话语权的博弈与国际舆论主导权的争夺愈发激烈。随着西方国家在社交平台上对俄罗斯主流媒体的封锁和屏蔽⑦，

---

① "Около 40 стран не выдержали давления Запада в ООН, заявил Полянский," РИА Новости, 13 октября 2022, https://ria.ru/20221013/oon-1823557134.html.

② "Польша подтвердила отказ Лаврову в участии в саммите ОБСЕ," РИА Новости, 21 ноября 2022, https://ria.ru/20221121/lavrov-1833003150.html.

③ 倪峰、达巍、冯仲平、张健、庞大鹏、李勇慧、鲁传颖：《俄乌冲突对国际政治格局的影响》，《国际经济评论》2022年第3期，第63页。

④ 魏志奇：《世界百年未有之大变局下的意识形态风险及其防范》，《马克思主义研究》2022年第7期，第132–133页。

⑤ "Remarks by President Biden on the United Efforts of the Free World to Support the People of Ukraine," *The White House*, March 26, 2022, https://www.whitehouse.gov/briefing-room/speeches-remarks/2022/03/26/remarks-by-president-biden-on-the-united-efforts-of-the-free-world-to-support-the-people-of-ukraine/.

⑥ 谈东晨、钮维敢：《论当代国际体系的冷战遗留属性》，《国际观察》2022年第4期，第110–113页。

⑦ James Vincent, "YouTube Blocks Russian News Channels RT and Sputnik in Europe," *The Verge*, March 1, 2022, https://www.theverge.com/2022/3/1/22956114/youtube-blocks-russian-media-rt-russia-today-sputnik-europe.

全球价值观碎片化、极端化的状态凸显。

二、乌克兰危机加剧欧亚地缘政治环境的复杂性

从1991年到2021年，欧亚地区经过三十年的发展，地区形势整体呈现出由动乱变革向治理发展的趋势[①]。然而，乌克兰危机给欧亚地区带来震荡。

一是欧亚地区的政治风险陡增。一方面，大国博弈加剧域外势力的介入。虽然中亚成员国在乌克兰危机中选择保持相对中立[②]，但是随着俄罗斯和美欧的双向施压，中亚成员国不得不"走外交钢丝"[③]。另一方面，陷于冲突的俄罗斯对欧亚地区的主导权有所分散和弱化，欧亚国家对俄态度趋于离散，地区政治冲突频发。由于集安组织对阿塞拜疆与亚美尼亚之间的领土争端缺乏"政治评估"，亚美尼亚拒绝签署《关于援助亚美尼亚共和国的决定草案》和《集体安全条约组织集体安全理事会的宣言》两份文件[④]。原本在俄罗斯斡旋下调停的边境冲突再次被激发，俄罗斯撤退出哈尔科夫州和赫尔松州后不久，吉尔吉斯斯坦和塔吉克斯坦边境发生交火事件。

二是欧亚地区的经济复苏趋缓。乌克兰危机造成世界经济形势加速恶化，给欧亚经济发展造成诸多不利影响。乌克兰危机爆发后，国

---

① 李鼎鑫：《影响欧亚地区稳定的历史长周期因素及外部挑战》，《当代世界》2022年第1期，第36-38页。

② 孙壮志、张慧聪：《地区形势新变化对中亚国家的影响：现状与前景》，《欧亚经济》2022年第4期，第43-46页。

③ Catherine Putz, "Kazakhstan Walks Diplomatic Tightrope Between Russia and Europe," *The Diplomat*, November 29, 2022, https://thediplomat.com/2022/11/kazakhstan-walks-diplomatic-tightrope-between-russia-and-europe/.

④ "Для нас принципиальную важность имеет подтверждение зоны ответственности ОДКБ в Армении: речь премьера на СКБ ОДКБ," Арменпресс, 23 ноября, 2022, https://armenpress.am/rus/news/1098011/.

际能源前三个季度的价格指数从277.7上升至350.1[①]，能源价格的上升带动部分能源净出口的欧亚国家的财政收入快速增长，使其在面临地缘政治冲击时能表现出"强大的韧性"[②]。但这种短暂的经济繁荣也进一步强化了欧亚地区对能源出口的依赖性，加大欧亚国家进行结构性改革的难度。同时，受乌克兰危机影响，欧亚地区不仅面临着高通胀的风险，而且面临着宏观投资环境的恶化[③]。根据《世界经济展望》数据库显示，截至2022年10月，除了塔吉克斯坦以外，巴基斯坦和中亚成员国的通货膨胀率均攀升至10%以上[④]。2022年11月，哈萨克斯坦的通货膨胀率按年计算达到19.6%，为历史最高水平[⑤]。当前，欧亚国家的贸易投资受到西方国家"二次制裁"的威胁，国内普遍承受着较

① "Table 2.Indices of Market Prices for Non-Fuel and Fuel Commodities, 2018–2022," *International Monetary Fund Organization*, February 19, 2023, https://www.imf.org/en/Research/commodity-prices.

② Anton Usov, "Central Asia Shows Strong Resilience to Geopolitical Turmoil," *The European Bank for Reconstruction and Development*, September 28, 2022, https://www.ebrd.com/news/2022/central-asia-shows-great-resilience-to-geopolitical-turmoil.html.

③ 陈小鼎、罗润：《俄乌冲突背景下上合组织区域经济合作——新形势与新思路》，《国际展望》2023年第3期，第138页。

④ 哈萨克斯坦为13.969%，吉尔吉斯共和国为13.549%，乌兹别克斯坦为11.154%，塔吉克斯坦为8.25%，巴基斯坦为12.148%。"World Economic Outlook Database: October 2022," *International Monetary Fund Organization*, October, 2022, https://www.imf.org/en/Publications/WEO/weo-database/2022/October/weo-report? c=916, 917, 564, 923, 927, &s=PCPI, PCPIPCH, &sy=2021&ey=2022&ssm=0&scsm=1&scc=0&ssd=1&ssc=0&sic=0&sort=country&ds=.&br=1.

⑤ "Токаев сообщил, что инфляция в Казахстане достигла исторического максимума в ноябре," RT на русском, 12 декабря, 2022, https://russian.rt.com/ussr/news/1085104-kazahstan-inflyaciya-maksimum.

大的社会民生压力，包括侨汇汇寄不稳定①、消费价格上涨、粮食商品短缺等。

三是欧亚地区的安全形势恶化。乌克兰危机直接造成欧亚地区的传统安全领域出现重大危机。西方国家"轻视"俄罗斯动用核武器的信号②，持续向乌克兰输送武器装备和提供经济援助，导致地区核威慑风险进一步升级。在地区形势动荡复杂、国内经济复苏乏力等情况下，欧亚国家发生"颜色革命"的风险急剧上升。乌克兰危机还导致欧亚地区的非传统安全问题日趋复杂。随着难民危机的加剧，欧亚地区的人道主义灾难不断恶化，超567万名乌克兰难民被迫涌向周边国家。乌克兰危机进一步分散了欧亚国家的毒品管理能力，毒贩利用地区混乱增加毒品交易流动③。阿富汗境内的毒品问题加速外溢，通过乌兹别克斯坦的运输基础设施走私毒品的活动日益增加④。截至2022年6月，摩尔多瓦—乌克兰边境的贩毒活动增加了8倍，越过摩尔多瓦边境运输的

① Hyo Jeong Jung, "Sanctions on Russia Already Hitting Remittance-Dependent Countries in Central Asia," *The International Organization for Migration*, June 15, 2022, https://rovienna.iom.int/news/sanctions-russia-already-hitting-remittance-dependent-countries-central-asia; "Remittances Grow 5% in 2022, Despite Global Headwinds," *The World Bank*, November 30, 2022, https://www. worldbank. org/en/news/press-release/2022/11/30/remittances-grow-5-percent-2022.

② Katie Bo Lillis, Natasha Bertrand, "U.S. Believes It's Unlikely Putin Will Use A Nuclear Weapon but Threat Has 'Elevated'," *CNN*, September 28, 2022, https://edition.cnn. com/2022/09/28/politics/us-putin-nuclear-weapon-not-probable/index.html.

③ 2022年4月，联合国毒品和犯罪问题办公室发布报告指出，乌克兰危机的爆发可能对吸毒者以及乌克兰境内和周边地区的毒品贩运线路产生重大影响。"Conflict in Ukraine: Key Evidence on Drug Demand and Supply," *The United Nations Office on Drugs and Crime*, April, 2022, https://www. unodc. org/documents/data-and-analysis/Ukraine/Ukraine_drug_demand_supply.pdf; Rupert Stone, "Why Putin's War on Ukraine Is Great News for Drug Traffickers," *The National Interest*, July 13, 2022, https://nationalinterest.org/blog/buzz/why-putin%E2%80%99s-war-ukraine-great-news-drug-traffickers-203579.

④ "Распространение синтетических наркотиков угрожает региональной безопасности - ШОС," *EurAsia Daily*, 21 апреля, 2022, https://eadaily.com/ru/news/2022/04/21/rasprostranenie-sinteticheskih-narkotikov-ugrozhaet-regionalnoy-bezopasnosti-shos.

毒品数量增加了700%[1]。

三、西方国家眼中上合组织的对抗性日益加剧

大国地缘竞争博弈导致以中俄为核心的上合组织在西方国家眼中更具对抗性威胁。关于土耳其加入上合组织的讨论，德国总理奥拉夫·舒尔茨表示："（上合组织）不是在世界范围内建立良好关系作出非常重要贡献的组织。"[2]当前，中俄关系维持稳定发展，而中美和俄西关系处于竞争与对抗，炒作上合组织是"东方北约"的行为愈演愈烈。针对上合组织撒马尔罕峰会的召开，部分美国专家认为"中俄威权政府共同努力成为世界领先大国，并挑战美国的'单极'主导地位"[3]。特别是伊朗签署《关于伊朗伊斯兰共和国加入上合组织义务的备忘录》后，西方国家更倾向于将上合组织视为抗衡西方文明的"欧亚大陆威权联盟"[4]，认为俄罗斯、中国和伊朗三国将通过主导上合组织以挑战美国全球霸主地位[5]。可以说，乌克兰危机以后，西方国家眼中上合组织的地缘政治属性愈发突出，西方国家对上合组织的态度愈发偏狭。西方国家通过渲染上合组织具有"军事联盟的对抗性质"，将上合组织与北约相提并论，以此证明北约存续的合法性[6]。

---

[1] "Молдавский след африканского гашиша: кто контролирует один из крупнейших наркотрафиков на пути в Россию," RT на русском, 7 октября, 2022, https://russian.rt.com/ussr/article/1057972-moldaviya-sandu-plahotnyuk-narkotiki.

[2] "Канцлера ФРГ раздражает обсуждение вопроса о вступлении Турции в ШОС," РИА Новости, 20 сентября, 2022, https://ria.ru/20220920/shos-1818296669.html.

[3] Кирилл Бенедиктов, "ШОС пугает США," RT на русском, 17 сентября, 2022, https://russian.rt.com/opinion/1049816-benediktov-shos-rossiya-kitay-ssha.

[4] 赵萌：《撒马尔罕峰会成果丰硕，上合组织影响扩大——专访上海合作组织秘书长张明》，《世界知识》2022年第20期，第16页。

[5] Juan Cole, "Iran, Seeking Counter to U.S. Sanctions, Is Joining Shanghai Cooperation Organization and Warming up to Russia," *Informed Comment*, September 16, 2022, https://www.juancole.com/2022/09/sanctions-cooperation-organization.html.

[6] "West Speculating on SCO's Alleged Threat to Justify NATO's Existence-Diplomat," *Tass Russian News Agency*, September 15, 2022, https://tass.com/politics/1507605.

综上所述，乌克兰危机给上合组织的外部发展环境带来了巨大的冲击。随着国际与地区形势日趋动荡不安，西方国家对抗中俄的竞争战略延伸至以中俄为核心的上合组织，并将上合组织的扩员视为对北约东扩的回应。与此同时，外部环境的恶化也在很大程度上影响了成员国对上合组织的组织定位、发展走向、合作前景等的政策认知。

第二节　乌克兰危机对上合组织内部关系的影响

上合组织以主权平等和协商一致为原则，在成员国主权让渡上有较大保留，因而上合组织的内部结构较为松散[①]。乌克兰危机动摇了欧亚地区秩序，域外大国持续深度介入，上合组织内部成员关系发生新的转变。随着扩员进程的加速，成员国内部异质性与地区制度环境复杂性等问题日益凸显，组织凝聚力有遭受削弱的风险。大体而言，乌克兰危机对上合组织内部关系的影响主要体现为：

第一，中俄战略协调更加微妙。在新形势下，乌克兰危机成为促进中俄强化战略协调的重要变量，要求中俄在上合组织内承担更为重要的主导角色。乌克兰危机发生以后，上合组织的外部发展环境持续恶化，成员国对区域治理有着越来越多的共同利益，特别是区域经济合作。撒马尔罕峰会期间，中俄积极在上合组织内推动欧亚经济联盟与"一带一路"倡议的对接，并促成上合组织与亚信会议等机制的配合[②]。尤其是在俄罗斯的支持下，《关于中吉乌铁路建设项目（吉境内

---

　　① 陈小鼎、王亚琪：《东盟扩员对上海合作组织的启示与借鉴——兼论上海合作组织扩员的前景》，《当代亚太》2013年第2期，第106页。

　　② 徐步、李天毅：《这次会议具有划时代意义，将改变亚欧大陆战略格局》，https://www.guancha.cn/XuBu/2022_09_17_658396_2.shtml。

段）合作的谅解备忘录》顺利签署①。作为上合组织的"双核心"，中俄的战略协调将在上合组织内起到示范作用，引领组织的发展方向。

但中俄对上合组织的战略定位仍存在一定的差异②。乌克兰危机爆发后，为应对北约东扩带来的战略压力，俄罗斯倾向于将上合组织视为增强其国际影响力、制衡西方国家围堵的重要载体。俄罗斯总统新闻秘书德米特里·佩斯科夫表示，上合组织撒马尔罕峰会最重要的任务之一是发展双边关系，即在国家元首双边会议上提高国际权威③。俄罗斯极力推动上合组织吸纳伊朗和白俄罗斯的扩员进程④，旨在"围绕特定任务形成临时的联盟"⑤，缓解国际社会的孤立处境。但中国既强调扩员进程的推进，也强调上合组织的内部团结与合作建设，特别是区域经济融合发展⑥。中国并不希望上合组织成为地缘政治竞争的工

①《习近平同乌兹别克斯坦总统米尔济约耶夫会谈》，《人民日报》2022年9月16日第1版；潘光：《延宕20多年的铁路将修建，上合组织补上了一截短板》，https://www.guancha.cn/PanGuang/2022_07_15_649377.shtml.

② Isabelle Facon, "Moscow's Global Foreign and Security Strategy: Does the Shanghai Cooperation Organization Meet Russian Interests?" *Asian Survey* 53, no.3（2013）：463–468; Song Weiqing, "Interests, Power and China's Difficult Game in the Shanghai Cooperation Organization（SCO），" *Journal of Contemporary China* 23, no.85（2014）：88–89; Trenin Dmitri, "Russia and 'Grand Eurasia'," *Horizons: Journal of International Relations and Sustainable Development*, no.9（2017）：107; Naji Saeid，Jayum A.Jawan, "U.S.‑Iran Relations in the Post-Cold War Geopolitical Order," *Asian Social Science* 7, no.9（2011）：99.

③ "Украина обсуждается везде, но на саммите ШОС иные задачи, заявил Песков," РИА Новости, 15 сентября, 2022, https://ria.ru/20220915/shos-1816923650.html.

④ "Иран благодарен РФ за поддержку в принятии в ШОС," Известия, 15 сентября, 2022, https://iz.ru/1395745/2022-09-15/iran-blagodaren-rf-za-podderzhku-v-priniatii-v-shos.

⑤ Андрей Кортунов, "Асимметричная биполярность," Известия, 7 июля, 2022, https://iz.ru/1360712/andrei-kortunov/asimmetrichnaia-bipoliarnost.

⑥《习近平出席上海合作组织成员国元首理事会第二十二次会议小范围会谈》，《人民日报》2022年9月17日第1版。

具，重申上合组织对外奉行不结盟、不针对其他国家和地区及开放原则。总之，中俄两国对上合组织认知态度的差异，影响着中俄在上合组织内的政策协商与战略协调。

第二，部分成员国采取新的平衡和对冲政策。其一，中亚成员国和印巴反对将上合组织视为"联盟"。在撒马尔罕峰会期间，成员国侧重强调上合组织在区域治理中的多边合作功能[①]。"上合组织的主要任务仍然是加强地区安全"[②]。除了安全合作，经济合作也是成员国关注的焦点。例如，巴基斯坦重视在上合组织内参与经贸合作和发展中巴经济走廊[③]。总之，成员国倾向于着眼地区安全和经济事务的合作，突出上合组织的不结盟地位[④]。其二，乌克兰危机加速地区一体化的构建进程，成员国的自主性显著提高，特别是中亚地区一体化的趋势。中亚成员国如期举行第四届中亚国家首脑峰会以加强中亚五国的战略伙

---

① "Саммит ШОС-2022: Главные заявления всех лидеров," Mezon, 16 сентября, 2022, https://mezon.io/world/sammit-shos-2022-glavnoe/.

② "Основным приоритетом ШОС остается укрепление региональной безопасности-Президент РК," Казинформ, 16 Сентября, 2022, https://www.inform.kz/ru/osnovnym-pri ritetom-shos-ostaetsya-ukreplenie-regional-noy-bezopasnosti-prezident-rk_a3979793.

③ 程是颉：《共同推进上合组织全面发展——访巴基斯坦总理夏巴兹·谢里夫》，《人民日报》2022年9月22日第3版；姜江、蒋超：《专访：中国在上合组织多个合作领域发挥了重要作用——访巴基斯坦总理夏巴兹·谢里夫》，http://intl.ce.cn/qqss/202209/16/t20220916_38108830.shtml。

④ 俄罗斯卫星通讯社：《乌兹别克斯坦总统：不结盟地位是上合组织的吸引力保证》，https://sputniknews.cn/20220912/1043888475.html。

伴关系①、参与突厥语国家组织以强化突厥一体化②等。多重的成员身份和重叠的地区机制职能导致部分成员国对上合组织的期待和重视程度相对较弱，投入明显不足。其三，乌克兰危机促使域外大国加大分化上合成员国的力度。上合组织地区内的制度环境本就较为复杂，域内外大国主导的各项地区合作机制在中亚地区内形成"无声的协调"③，印太地区的美日印澳"四方机制"（Quad）不断强化④。乌克兰危机爆发后，区域合作机制间的竞争相较以往而言更为激烈。美国加紧利用"C5+1"机制鼓动中亚成员国疏远俄罗斯⑤，并通过"四方机制"拉拢印度⑥。成员国仍是奉行多元平衡的外交政策，选择在各项地区合作机制之间"左右摇摆"，保持对外战略的灵活性和独立性。

第三，放大扩员影响的外溢效应。对伊朗而言，上合组织是打破西方封锁、摆脱发展困局、拓展合作空间的重要合作平台。伊朗的加入为上合组织的发展注入了新的能量和活力。但吸纳伊朗后，上合组织也面临着诸多负面影响：（1）合作议题泛化，上合组织内可能会出

① "По итогам встречи глав государств Центральной Азии подписан ряд документов," Kazakhstan Today, 21 июля, 2022, https://www. kt. kz/rus/state/po_itogam_vstrechi_glav_tsentralnoy_azii_podpisan_ryad_1377937011.html.

② Наталья Крек, "Тюркская интеграция: мифы и реальность," Ритм Евразии, 6 декабря, 2022, https://www.ritmeurasia.org/news-2022-12-06-tjurkskaja-integracija-mify-i-realnost-63423; Айнур Курманов, "Отуречивание на марше: Центральную Азию продолжают отрывать от России," ПолитНавигатор, 9 ноября, 2022, https://www.politnavigator. net/oturechivanie-na-marshe-centralnuyu-aziyu-prodolzhayut-otryvat-ot-rossii. html.

③ 曾向红：《"无声的协调"：大国在中亚的互动模式新探》，《世界经济与政治》2022年第10期，第54页。

④ 曹鹏鹏：《"印太"视域下小多边安全合作的联盟管理——以美日印澳"四方机制"为例》，《南亚研究季刊》2022年第3期，第5—6页。

⑤ 韩显阳：《美西方欲将中亚变成对俄博弈"新战场"》，《光明日报》2022年11月27日第8版。

⑥ Mymun Malik, "U.S. Asks India to Wisely Choose Its Partner Amid Russia-Ukraine War," Business Upturn, March 23, 2022, https://www.businessupturn.com/international-affairs/us-asks-india-to-wisely-choose-its-partner-amid-russia-ukraine-war/.

现南亚、中东与中亚竞争地缘中心地位的局面，限制了组织优先事项的设定。虽然上合组织在撒马尔罕峰会上再次强调中亚是上合组织的"核心区"①，但随着扩员后涵盖的地域不断扩大，上合组织可能成为"跨亚欧非组织"②，届时将不得不兼顾其所联通地区内成员国的合作关切。（2）内部冲突激化，增加成员国间战略协调的难度，制约了功能性合作的开展。伊朗以什叶派为主，宗教派别差异和宗教渗透问题是伊朗和中亚成员国之间相互猜疑和不信任的重要原因③。以逊尼派为主的乌兹别克斯坦曾认为，一旦吸纳伊朗，将可能导致宗教激进主义的滋长④。同时，伊塔关系较为"微妙"⑤。由于宗教渗透、内政干涉等问题，塔吉克斯坦对伊朗有所不满和警惕⑥。（3）外部敌视常态化，西方国家对上合组织的敌意将有增无减。乌克兰危机后，伊核协议谈判搁置，伊朗与西方国家陷入持续僵持。在大国竞争博弈异常激烈的

① 《上海合作组织成员国元首理事会撒马尔罕宣言》，https://www.gov.cn/xinwen/ 2022-09/17/content_5710381.htm。

② 俄罗斯卫星通讯社：《专家：随着扩员上合组织将成为跨亚欧非组织，域外国家插手破坏的可能性越来越大》，https://sputniknews.cn/20220919/1044078657.html。

③ "Иран и Центральная Азия: Краткий обзор взаимоотношений," Новости современного Ирана, 14 апреля, 2009, https://www. iran. ru/news/analytics/56737/ Iran_i_Centralnaya_Aziya_Kratkiy_obzor_vzaimootnosheniy.

④ Хасан Бихиштипур, "У Ирана есть более важные вопросы, чем Центральная Азия," Central Asian Analytical Network, 18 Июля, 2017, https://www.caa-network.org/ archives/9686.

⑤ 田文林、焦滋媛：《伊朗加入上合组织有何意味》，《世界知识》2021年第21期，第29页；郭曼若：《伊朗加入上合组织：作用力、影响及挑战》，《俄罗斯东欧中亚研究》2023年第3期，第27-28页。

⑥ Рустами Сухроб, "Таджикистан - Иран: новые тенденции на фоне смены власти в Афганистане," *Central Asian Bureau for Analytical Reporting*, 10 декабря, 2021, https://cabar. asia/ru/tadzhikistan-iran-novye-tendentsii-na-fone-smeny-vlasti-v-afganistane; Yussupzhanovich, Ruslan Izimov, Zamira Muratalieva Tulkunovna, "Role of SCO in the Eurasian Continent," *India Quarterly* 75, no.1(2019)：p.48.

背景下，伊朗在俄罗斯的大力支持下加入上合组织①，这让西方眼中的上合组织更具对抗性。

综上所述，乌克兰危机很大程度上影响着成员国对上合组织发展定位的共识。俄罗斯与美欧针锋相对，推动上合组织的扩员进程来服务自身地缘战略目标的达成。中国一贯主张"积极稳妥做好扩员工作"的立场②，在组织"做大"的同时兼顾"做强"，强化组织的内部建设和合作功能。中亚成员国和印巴在乌克兰危机中面临着"选边站"的压力，对上合组织的期待更多在于提升组织合作效率以维护地区和平与稳定。乌克兰危机不仅分化了上合组织的内部关系，还放大了伊朗加入组织后的负面影响，这些都制约着上合组织的长期可持续发展。

第三节　乌克兰危机对上合组织发展态势的影响

乌克兰危机虽然发生在上合组织的版图之外，但仍对上合组织功能性合作产生了巨大冲击，危及成员国的共同利益③。在上合组织的外部环境不断恶化、内部异质性愈发凸显的同时，上合组织的各领域合作均面临着重大挑战：政治合作凝聚力不足、区域经济公共产品供不应求、安全合作缺乏协调的新动力、人文合作受到外部因素的阻塞和干扰。"上合大家庭"可持续发展的不确定性加大，合作制度亟待完善

---

① "Путин поддержал присоединение Ирана к ШОС," РИА Новости, 16 сентября, 2022, https://ria. ru/20220916/shos-1817198255. html; "Кто выиграет, а кто проиграет от присоединения Ирана к ШОС: мнение экспертов," Гражданские силы. ру, 10 Сентября, 2022, https://gr-sily. ru/politika/kto-vyigraet-a-kto-proigraet-ot-prisoedineniya-irana-k-shos-mnenie-ekspertov-30917.html.

② 刘华、郝薇薇：《共建亚欧大陆美好家园——记习近平主席出席上海合作组织成员国元首理事会第二十二次会议》，《人民日报》2022年9月18日第1版。

③ 孙壮志：《上合组织将在全球战略格局中扮演更重要角色》，《世界知识》2022年第20期，第18页。

与合作实践动力不足的问题逐渐显现。

首先，政治合作认同度下降。一是政治合作共识的弱化。乌克兰危机刺激地区边境冲突的爆发，中亚成员国的关系一度紧张。部分成员国间双边矛盾悬而未决，消解其参与政治合作的积极性，例如，印巴的宿敌关系，开展政治对话的意愿较低。同时，扩员加剧组织内战略协调的复杂性。上合组织包含了具有不同国际体系观的成员国，包括激进变革式的俄罗斯、伊朗，维稳发展式的印度，稳健改革式的中国等①。内部成员的异质性决定利益诉求的差异性。二是内部决策制度的限制。"协商一致"的决策机制和"不干涉内政"原则制约着合作议题的决策程序，难以为成员国提供双向对话空间。塔吉克斯坦和吉尔吉斯斯坦的边境冲突爆发后，上合组织并没有就此问题提交一般性讨论②，反而是集安组织的斡旋起着重要作用③。三是外部制度的竞争。中亚地区的国际制度重合互嵌，"意大利面条碗"效应削弱上合组织区域治理的效能④。乌克兰危机后，一方面，西方国家加快介入欧亚地区，奉行务实外交战略的成员国在多项机制间均有合作事项；另一方面，成员国自身主导的政治合作机制也分散了其参与上合组织政治合作的投入，例如，中亚成员国建立的"中亚+"机制。2022年4月15日，中亚成员国与日本举行"中亚+日本"对话第八次外长会，旨在扩

---

① 杨洁勉：《乌克兰危机下的世界秩序变局和发展中国家的使命担当》，《国际问题研究》2022年第4期，第73-75页。

② "Конфликт на таджикско-кыргызской границе обсуждали на саммите ШОС? Ответ МИД," Sputnik Таджикистан, 20 сентября, 2022, https://tj.sputniknews.ru/20220920/tajikistan-kyrgyzstan-sco-konflikt-obsuzhdenie-1051550914.html.

③ "'Боль и горечь': в ОДКБ высказались о конфликте на таджикско-кыргызской границе," Sputnik Таджикистан, 19 сентября, 2022, https://tj.sputniknews.ru/20220919/csto-tajikistan-kyrgyzstan-granica-konflikt-1051518080.html.

④ 周卓玮：《"意大利面条碗"效应：国际制度的重合与失效——以中亚地区为例》，《俄罗斯东欧中亚研究》2022年第4期，第73-95页。

大双边和多边的政治对话①。

其次，经济合作需求剧增。其一，欧亚地区经济持续收缩。乌克兰危机带来的通货膨胀率高企不下，破坏着地区的经济发展。由于乌克兰危机的冲击，世界银行在2022年秋季更新欧洲和中亚地区的经济形势评估，预计该地区经济在2022年收缩0.2%，2023年则几乎不会恢复增长②。上合组织成员国均面临着严峻的经济下行压力。其二，经济贸易投融资发展受阻。疫情背景下的供应链问题尚未解决。乌克兰危机加剧国际金融制度武器化，俄罗斯约一半的外汇储备被冻结③。汇市动荡影响地区经济的稳定，上合组织成员国经受着金融危机的风险。2022年3月至5月，乌兹别克斯坦的苏姆兑美元贬值7%④，成员国的国家货币政策出现重大调整。其三，互联互通和交通走廊合作项目的建设不足。欧亚地区的过境运输潜力亟待挖掘，扩员后中亚、南亚以及中东地区之间的互联互通有待规划。乌克兰危机加剧全球能源危机和风险，尤其是电力和天然气的运输对接。由于能源价格上升和进口短缺，乌兹别克斯坦在2022年冬季时面临着大面积停电，该国第四季度

① "Диалог Центральная Азия+Япония-эффективная площадка для сотрудничества," Министерство инвестиций, промышленности и торговли Республики Узбекистан, 15 Апреля, 2022, https://mift. uz/ru/news/dialog-tsentralnaja-azija-japonija-effektivnaja-plos chadka-dlja-sotrudnichestva.

② "Europe and Central Asia Economic Update, Fall 2022: Social Protection for Recovery," *The World Bank*, October 4, 2022, https://openknowledge. worldbank. org/bit stream/handle/10986/38098/FullReport.pdf?sequence=11&isAllowed=y.

③ "Europe and Central Asia Economic Update, Fall 2022: Social Protection for Recovery," *The World Bank*, October 4, 2022, https://openknowledge. worldbank. org/bit stream/handle/10986/38098/FullReport.pdf?sequence=11&isAllowed=y.

④ "Europe and Central Asia Macro Poverty Outlook, Annual Meetings 2022: Country - by - Country Analysis and Projections for the Developing World," *The World Bank*, 2022, https://openknowledge.worldbank.org/bitstream/handle/10986/38167/IDU06193c5010faf2044 e60a8c30de69b49938b9.pdf?sequence=1&isAllowed=y.

天然气需求缺口预计为2000万立方米/天①。受制于高企的燃料价格，巴基斯坦不仅减少了国内石油产品的直接消耗，而且还减少了电力供应②。目前，巴基斯坦的部分地区和行业仍面临着用电负荷和供应中断的问题③。

再次，安全合作难以应对地区安全事务的新动向。在安全合作理念层面，非单一的区域安全合作机制在一定程度上削弱了上合组织安全合作理念对成员国的吸引力。安全合作理念的涣散将延缓上合组织应对地区安全事件的反应时效。在安全合作制度层面，随着安全威胁与社会危机错乱交织的情形日益复杂，现行的安全合作机制和法律亟须调整④。乌克兰危机后，欧亚地区的非传统安全领域表现出新趋势。在阿富汗走向尚不明朗的情况下⑤，地区内供应链安全、能源安全、信息安全相继出现中断风险。此外，粮食安全问题也备受关注。虽然欧亚国家并不存在大规模的饥荒，但是乌克兰危机对大宗商品价格和运输产生的冲击加剧粮食通胀，危及地区社会民生稳定⑥。地区内打击

---

① "Uzbekistan Halts Natural Gas Exports Amid Widespread Power Outages," *Oil Price*, November 17, 2022, https://oilprice.com/Energy/Energy-General/Uzbekistan-Halts-Natural-Gas-Exports-Amid-Widespread-Power-Outages.html.

② Tehseen Ahmed Qureshi, Abdul Wajid Rana, "Pakistan: Impacts of the Ukraine and Global Crises on the Economy and Poverty," *International Food Policy Research Institute*, *Pakistan*, October 2022, https://ebrary.ifpri.org/utils/getfile/collection/p15738coll2/id/136406/filename/136615.pdf.

③ Waqar Rizvi, "The War in Ukraine: Impact on Pakistan's Energy Security," *Friedrich Naumann Foundation for Freedom*, February 24, 2023, https://www.freiheit.org/south-asia/war-ukraine-impact-pakistans-energy-security.

④ 苏畅：《上合组织安全合作理论构建、行动实践与中国力量贡献》，《俄罗斯学刊》2022年第6期，第100页。

⑤ 自塔利班在2021年取得阿富汗政权后，阿富汗境内的安全形势正在迅速恶化，恐怖主义和毒品犯罪问题加速蔓延至中亚国家。参见张宁：《2022年中亚形势：地缘震动中的困惑与选择》，《俄罗斯学刊》2023年第1期，第70-71页。

⑥ Таисия Мармонтова, "Грозит ли голод Центральной Азии? ИА Реалист: новости и аналитика," ИА Реалист, 26 августа, 2022, https://realtribune.ru/grozit-li-golod-centralnoj-azii.

"三股势力"的难度进一步加大。乌克兰危机造成地区形势的混乱，不少恐怖分子趁机伪装成难民渗透进中亚地区[①]。北高加索地区的恐怖主义更加活跃，阿富汗境内国际和地区的恐怖势力活动更加猖獗。联合国反恐办公室的负责人弗拉基米尔·沃龙科夫（Vladimir Voronkov）指出，"虽然'伊拉克和黎凡特伊斯兰国'和'基地'组织的领导层不断流失，但恐怖主义总体上变得更加普遍并且在地理上分布更广，影响了全世界数百万人的生活"[②]。同时，欧亚地区内"三股势力"的表征加速变化，网络恐怖主义[③]、暴力民族主义、青年激进化[④]等新形式层出不穷。截至2022年7月，塔吉克斯坦查处720多项涉嫌恐怖主义和极端主义的犯罪行为，境内的恐怖分子和宗教极端分子日益增多，其中包括大量的青少年[⑤]。

在安全合作行动层面，上合组织开展安全合作面临论坛化的风险。例如，针对乌克兰危机后中亚地区严峻的气候变化、粮食安全、网络恐怖主义，第五届中亚专家论坛集结了联合国代表、智库学者、政府

---

① Фёдор Колосков, "Риск проникновения террористов в страны СНГ под видом мигрантов высок," Ритм Евразии, 29 ноября, 2022, https://www.ritmeurasia.org/news-2022-11-29-risk-proniknovenija-terroristov-v-strany-sng-pod-vidom-migrantov-vysok-63304.

② "Security Council Examines Rising Terrorism Threat Globally," *Global Issues*, December 15, 2022, https://www.globalissues.org/news/2022/12/15/32662.

③ "Узбекистан предлагает создать единую сеть по борьбе с кибертерроризмом в Центральной Азии," *Profit*, 4 марта, 2022, https://profit.kz/news/62400/Uzbekistan-predlagaet-sozdat-edinuu-set-po-borbe-s-kiberterrorizmom-v-Centralnoj-Azii/.

④ "В чем причина радикализации молодежи в Центральной Азии и как она происходит?" *Stan Radar*, 29 апреля, 2019, https://stanradar.com/news/full/34237-v-chem-prichina-radikalizatsii-molodezhi-i-kak-ona-proishodit.html.

⑤ "Генпрокурор Таджикистана заявил о тенденции роста терроризма и экстремизма," Национальное Информационное Агентство Таджикистана Ховар, 16 июля, 2022, https://khovar.tj/rus/2022/07/genprokuror-tadzhikistana-zayavil-o-tendentsii-rosta-terrorizma-i-ekstremizma/.

官员、高校师生等群策群力①。而上合组织主要是通过国家元首会议等官方机构每年一次的例会来形成安全合作的声明和宣言。此外，受制于"不干涉内政"原则，上合组织的行动效力也相对较弱，对地区安全事件的表态较为迟滞。比如在"1·1哈萨克斯坦骚乱"中，集安组织发挥了更为显著的作用。这让人不禁发问："在类似的情况下，上合组织能否同样有效？"②

最后，人文合作的政治化。乌克兰危机延缓上合组织人文合作的进程，针对部分成员国的制裁行径已然波及上合组织。在文化交流层面，随着西方国家对俄制裁范围的不断扩大，上合组织的文化交流渠道受到限制。俄罗斯在国际体育、艺术领域上的文化参与度被迫降低③。再加上西方国家"恐俄症""中国威胁论"的煽动，民间对上合组织的人文交流机制存有偏见，上合组织开展文化交流途径被选择性地封锁。在话语传播层面，由于大国权力竞争日趋激烈和意识形态对立分野日益极端，网络空间武器化成为常态。乌克兰危机后，西方国家宣布对俄罗斯媒体进行制裁，堵塞部分成员国的国际话语发声渠道。中亚地区的西方媒体被培训为"独立记者"，影响欧亚地区的舆论走向④。目前，上合组织各成员国均面临着国际话语权建设的"短板"问题，这进一步加剧了上合组织在国际社会中被"边缘化"的处境。

综上所述，乌克兰危机给上合组织各领域合作带来全面的挑战。随着地区冲突的负面影响不断扩大，上合组织制度认同的实践进程遭

---

① 周翰博：《气候变化、粮食安全、网络恐怖主义——中亚专家聚焦现实威胁，呼吁加强合作》，https://world.huanqiu.com/article/4ApIpwtk6rL。

② 周波：《上合组织若想长治久安，必须吸纳阿富汗为正式成员》，https://ciss.tsinghua.edu.cn/info/china_wzft/4483。

③ 张远：《国际观察：双标 浮标 无标——俄乌冲突暴露西方多重丑态》，http://www.news.cn/2022-03/23/c_1128497591.htm.

④ Бахтиёр Алимджанов, "Западные СМИ и НКО работают на подрыв евразийской интеграции в Центральной Азии-эксперт," Евразия.Эксперт, 7 декабря, 2022, https://eurasia.expert/zapadnye-smi-i-nko-rabotayut-na-podryv-evraziyskoy-integratsii-v-tsentralnoy-azii-ekspert/.

受冲击，政治、经济、安全、人文领域的合作效率大打折扣，进一步放大了利益对接能力下降和区域公共产品供给失衡的弊端。尽管各合作领域受到冲击的程度不一，但彼此间仍相互影响、相互增强。乌克兰危机后显现出的内部异质性、资源有限性、结构松散性等缺陷，无疑阻碍了上合组织的良性发展。

第四节　上合组织的应对

乌克兰危机加剧大国战略竞争的对抗，欧亚地区内深层次矛盾暴露，上合组织推进内部建设与外部扩员的进程更加艰难。问题的关键在于，如何有效应对乌克兰危机带来"内外之变"的挑战，在组织规模扩大的同时，提高上合组织参与区域治理的效率。上合组织亟须通过强化组织建设来加强内部团结、提升制度认同，来增强合作动力、完善区域公共产品供给，来优化合作效能、提升国际话语权，来抵御西方国家的"污名化"。

一、强化组织建设

上合组织进行组织建设的重要障碍在于成员国对组织定位的差异，西方国家介入地区持续分化得益于此，降低了成员国参与功能性合作的共识。由于组织发展目标和可支配资源都相对有限，上合组织必须在价值定位、区域定位、功能定位上进行有限性聚焦。

在价值定位上，上合组织应明晰以"上海精神"为共同规范的价值定位，不断深化"上海精神"的理念价值，构建上合组织命运共同体。习近平主席指出："实践表明，'上海精神'是上海合作组织发展壮大的生命力所在，更是上海合作组织必须长期坚持的根本遵循。"①
上合组织应当继续坚持弘扬"上海精神"，践行真正的多边主义②。要
坚决反对将上合组织视为联盟对抗的地缘政治工具，不断团结成员国
在组织内开展多边合作。在区域定位上，上合组织需要兼顾扩员需求
与资源供给之间的平衡。上合组织要在地区和平、安全与稳定的基础
上有序推进扩员进程，让组织外更多认可本组织合作理念的国家获得
相应法律地位③。扩员涵盖的政治地理区域仍需以中亚及其周边为中
心④。针对扩员后地区间的联通问题，上合组织应加紧建立中亚交通运
输互联互通地区中心，促进海运、空运、铁路运输这类"硬联通"的
建设，特别是马扎里沙里夫—赫拉特铁路、马扎里沙里夫—喀布尔—
白沙瓦（巴基斯坦）铁路以及中吉乌铁路等区域航线重要节点的铁路
项目建设⑤。在功能定位上，上合组织要不断推进安全合作与经济合作
"双轮驱动"⑥，不仅要持续拓展上合组织的安全合作新思路⑦，而且要

① 习近平：《把握时代潮流 加强团结合作 共创美好未来——在上海合作组织成员国元首理事会第二十二次会议上的讲话》，http://cpc.people.com.cn/n1/2022/0917/c64094-32528166.html。

② 《践行多边主义，汇聚合作共赢的伟力（和音）》，《人民日报》2022年9月21日第3版。

③ 王毅：《弘扬"上海精神"，持续推动构建更加紧密的上合组织命运共同体》，https://www.mfa.gov.cn/web/wjbzhd/202207/t20220729_10730278.shtml。

④ 赵华胜：《上海合作组织：评析和展望》，时事出版社，2012，第17页；李自国：《上海合作组织的扩员与命运共同体建设》，《俄罗斯东欧中亚研究》2021年第4期，第28页。

⑤ Рашид Алимов, "ШОС перед новым вызовом," Валдай, 11 апреля, 2022, https://ru.valdaiclub.com/a/highlights/shos-pered-novym-vyzovom/.

⑥ 《上合组织力促安全、经济"双轮驱动"李克强倡议重点打造六大合作平台》，http://www.gov.cn/zhengce/2015-12/16/content_5024647.htm。

⑦ 《加大相互支持拓展安全合作（和音）》，《人民日报》2022年9月19日第3版。

努力将上合组织"转变为全球经济平台"①。通过强化各项合作领域议题的聚焦性，增强组织的凝聚力和向心力，减少部分成员国的投机行为。

二、提升制度认同

上合组织仍处于构建制度认同的初步阶段。乌克兰危机导致合作效能减弱、利益诉求差异、组织认同弱化等未形之患与日俱增，成为上合组织建设制度认同的阻碍因素。

一是提升组织治理效率。上合组织要提升应对突发事件的反应力，对地区内可能出现的新问题未雨绸缪。作为新型区域合作机制，上合组织要充分发挥各类机构与会议机制的咨询和评估作用，如上合组织经济智库联盟机制等，前瞻性地把握地区风险走向、确定合作发展目标。上合组织还要提升应对地区事务的决策效率和执行效率。一方面，上合组织需要考虑成员国双边关系的矛盾与分歧，探索构建内部发生分歧与争端时的解决机制②。在坚持"不干涉内政"原则的基础上，上合组织可以尝试为争端成员国提供谈判平台③，积极发挥俄罗斯调解重大冲突的丰富经验④，完善组织内部冲突管理机制。另一方面，上合组织需要创新组织决策制度，探索扩员后可能面临决策"空转"的应对方案。目前，上合组织可以通过区分原则性事务与程序性事务，根据

---

① "Нам предстоит преобразовать ШОС в глобальную экономическую платформу," Sputnik Казахстан, 16 сентября 2022, https://ru.sputnik.kz/20220916/nam-predstoit-preo brazovat-shos-v-globalnuyu-ekonomicheskuyu-platformu-tokaev-27635503.html.

② 王陈生、王树春：《构建上合组织内部争端解决机制探析》，《新疆大学学报》（哲学社会科学版）2022年第3期，第54—55页。

③ 曾向红、李廷康：《上海合作组织扩员的学理与政治分析》，《当代亚太》2014年第3期，第154页。

④ 李亮：《上海合作组织建立成员国间冲突调解机制初探》，《俄罗斯研究》2020年第3期，第38页。

不同的会议层级创新性地运用"协商一致"原则①，提升组织决策的灵活性。

二是加强组织利益对接。一方面，上合组织要积极对接新老成员国的利益诉求和重视中小成员国的主要诉求，推动成员国达成合作共识。当前，成员国对组织扩员较为支持，但也希望能够不断挖掘内生性优势，特别是安全合作和经济合作。在安全层面，上合组织需要加强"安全共同体"理念，不断落实撒马尔罕峰会期间达成的安全合作声明，包括《上海合作组织成员国元首理事会关于维护供应链安全稳定多元化的声明》《上海合作组织成员国元首理事会关于维护国际粮食安全的声明》《上海合作组织成员国元首理事会关于维护国际能源安全的声明》等。上合组织还应加强开展联合反恐演习和打击非传统安全领域的合作行动。具体而言，针对解决非传统安全问题的合作，成员国应定期举行"和平使命"联合反恐军事演习，并加快识别"三股势力"新的表现特征，揭示其伪装形式的欺骗性，加强对域内青少年的世界观、人生观、价值观的引导；针对阿富汗局势，上合组织应继续发挥上合组织-阿富汗联络组机制、阿富汗邻国协调合作机制等平台作用，本着"阿人治阿"的原则来积极推动阿富汗和平进程。

在经济层面，上合组织需要不断完善经济合作制度框架、推动区域经济贸易投融资增长、对接区域金融机构和支付系统。具体而言，针对地区贸易投融资现状，上合组织要不断推动成员国之间工业园和产业园的合作与建设、增加国际联运集装箱列车的开行量，并协助成员国减少交易市场壁垒。同时，上合组织应推进关于上合组织开发银行和发展基金（专门账户）事宜的磋商，并进一步落实《上合银联体成员行支持与发展上合组织区域内经济合作的中期联合行动计划（2022—2027年）》《上合银联体成员行开展金融合作的框架原则》等文件，以形成上合组织银联体互动机制，不断积累本币结算的经验，扩大本币结算份额路线图。针对地区经济的提振，上合组织成员国要

---

① 陈小鼎、李珊：《制度认同：扩员后上海合作组织的发展动力》，《当代亚太》2022年第3期，第115页。

更加注重发展中小企业的数字化、网络化、智能化发展，加强成员国
数字经济领域的合作，包括加快电子商务和服务贸易文件的出台、数
字创新合作项目的对接等，以此提高各国的数字素养、消除数字鸿沟、
实现数字产业化和产业数字化。

另一方面，上合组织要在坚持战略自主的过程中增强战略互信，
加强与其他组织之间的利益对接。在地区层面，上合组织应加强与集
安组织开展反恐协作、推进与"一带一路"倡议财政金融机制的对接。
在全球层面，上合组织应不断完善内部合作机制和拓展国际合作空间，
深化与联合国专门机构在相关领域的合作与磋商，在实现向合作机制
转变的同时，有效地参与全球治理①。同时，上合组织还应保持与太平
洋经济社会委员会、东盟、亚信会议等组织开展打击各类犯罪的合作
关系，以此发挥功能性合作的最佳效用。

三是增强共同价值规范吸引。"上海精神"是上合组织寻求发展的
"最大公约数"。一方面，将组织的核心价值规范内化成一种紧密合作
的意识自觉。上合组织的吸引力在于构建起一个"大小国家平等对话
的平台"②。要始终坚持"上海精神"，引领成员国的行为规范，拓展
上合组织命运共同体的发展动力。另一方面，外部行为体的认同是上
合组织合法性权威的重要支撑。在国际与地区层面，上合组织要持续
"助力地区和平稳定与发展振兴"③，与其他国家和国际合作倡议形成
良好的互动关系。在国内层面，上合组织应坚持以人民为中心的发展
理念，重视民生类的务实合作④，切实开展更多的惠民项目，帮助地区
国家提升人民福祉，推动亲民为民、真诚和善的组织形象深入成员国

---

① 韩璐：《上海合作组织国际合作的发展历程与前景展望》，《欧亚经济》2023年
第1期，第66-69页。

② 拉希德·阿利莫夫：《"上海精神"的时代价值更加凸显（国际论坛）》，《人
民日报》2022年9月19日第3版。

③ 张汉晖：《践行真正多边主义的典范（大使随笔）》，《人民日报》2022年9月
20日第17版。

④ 《始终走互利共赢、共同繁荣之路（和音）》，《人民日报》2022年9月20日
第3版。

社会各阶层①。

三、完善区域公共产品供给

上合组织的发展动力来源于组织为成员国提供的一系列区域公共产品。乌克兰危机后,成员国对上合组织的区域公共产品供给提出了新期望。

首先,优化区域公共产品供给制度的运行。在安全合作方面,上合组织需加快成立禁毒中心、应对安全威胁和挑战综合中心、信息安全中心、打击跨国有组织犯罪中心等专门性机构②,并有效推动地区反恐中心有效运作,以回应地区冲突带来的非传统安全危机。在经济合作方面,上合组织要积极打造区域电力系统,倡导建设跨国电力联网线路,加强组织内电力项目的投资和技术交流,协商成员国间电力市场的相互准入。同时,上合组织还应加快构建能源可持续发展体系,向能源高效型经济转变,减少能源贸易市场壁垒,保障成员国油气电力的供需对接和进出口安全。只有通过加大区域公共产品供给制度的多边合作力度,才能最大限度维护区域安全和发展区域经济,减少地区冲突带来的安全威胁以及西方"二次制裁"造成的经济损失。

其次,协调区域公共产品供给主体的参与。面对供给动力的放缓,上合组织应发挥中俄的"双引擎"作用,防止组织陷入空心化。扩员后,中俄应正视彼此间的分歧,引导成员国达成经济合作议程的设置,以缓解欧亚地区经济下行的压力,充分发挥组织可支配资源的优势。同时,积极塑造中俄印"三人共处型"三角关系③,动员中俄印参与区域公共产品的有效供给,协调公共产品分配并承担更多的成本。作为实力较强的地区大国,应具有大国担当,发挥地区大国在区域公共产

---

① 陈小鼎、马茹:《上合组织在丝绸之路经济带中的作用与路径选择》,《当代亚太》2015年第6期,第80-81页。

② 《上海合作组织成员国元首理事会撒马尔罕宣言》,https://www.gov.cn/xinwen/2022-09/17/content_5710381.htm。

③ 陈小鼎、王翠梅:《中俄印三角互动与扩员后上合组织区域公共产品供给》,《复旦国际关系评论》2020年第1期,第199页。

品供给上的既有优势。上合组织还应提高成员国政治互信水平，将各成员国参与合作的共同利益联结点与议程设置相结合，以提高成员国的利益满意度，增强各成员国参与供给的积极性。

此外，拓展区域公共产品供给机制的对接。作为欧亚地区重要的多边合作平台，上合组织应当发挥对接地区间经济机制的建设性作用，形成互补型供给模式[①]。乌克兰危机为上合组织同各国发展战略及其他地区一体化倡议对接提供重大契机，例如"一带一路"倡议、欧亚经济联盟、哈萨克斯坦"光明之路"新经济政策、塔吉克斯坦国家发展战略等。上合组织要不断"超越差异开展合作"[②]，通过与其他区域合作机制的"强强联合"，增强上合组织供给区域公共产品的竞争力。

四、提升国际话语权

提升国际话语权是上合组织持续参与全球治理的重要举措。一方面，上合组织要提炼比较优势，增强对外话语的力度。长期以来，上合组织的对外话语内容相对薄弱。因此，上合组织应阶段性地归纳并整理组织在打击"三股势力"、维护地区的稳定等方面取得的点滴贡献，总结上合组织发展过程中的成效与经验，展示上合组织在各领域开展务实合作的成果。上合组织要不断完善"上合模式"，通过巩固欧亚地区的多边合作互利关系，提升成员国对组织的归属感和认同感，形成"上合模式"的感召力。此外，面对西方的舆论围堵和片面言论，成员国还需要采取紧密协作，不断落实《上合组织成员国政府间媒体合作协定》，扩大上合组织国家媒体智库论坛的影响力，对外讲好"上合故事"。

另一方面，上合组织要持续深化对外交流，向世界展示开放包容的组织形象。上合组织应继续坚持"上海精神"的制度自信，归纳上

[①] 陈小鼎、王翠梅：《扩员后上合组织深化安全合作的路径选择》，《世界经济与政治》2019年第3期，第131–132页。

[②] 龚鸣：《推动构建更加公平合理的国际秩序》，《人民日报》2022年9月20日第3版。

合组织的制度优势，打破"多边合作的俱乐部模式"具有的封闭性、排他性和强制性，积极向国际社会传播上合组织求同存异的价值规范。同时，在多边主义和"不干涉内政"原则下继续加强公正有效的国际合作，利用上合组织大学、上合组织论坛、上合组织睦邻友好合作委员会等形式积极开展对外交流活动，并与联合国、东盟、亚信会议等国际组织保持定期联系，向国际社会展示上合组织互利共赢、共同繁荣的合作精神，推动构建多极化世界格局。

综上所述，乌克兰危机不断恶化着上合组织的外部发展环境，上合组织内生性威胁快速激增，且难以在短时期内消除。如果没有和谐的内部成员关系作为支撑，上合组织将面临重大挑战。这意味着只有不断锻造上合组织的发展韧性，提高上合组织的行为能力，才能成就普惠包容、互利共赢的上合组织。就具体路径选择而言，以提高组织效率为基础，以提升利益对接能力为重点，有效强化区域公共产品供给。通过深化共同价值规范内涵，加强内部成员的归属感和外部行为体的认同感，逐渐塑造国际话语权和上合组织命运共同体。

结　语

当下，以中俄为核心的上合组织面临着复杂多变的区域安全形势和更加负面的外部认知。乌克兰危机对欧亚地区政治稳定、经济增长、核不扩散体系等方面的负面影响也在加速蔓延。目前来说，上合组织的外部发展环境、内部成员关系、区域合作的发展态势受到重大冲击，必须高度重视，审慎应对。

2022年9月16日召开的撒马尔罕峰会向世界展示了上合组织的战略定力和团结互信。但是，乌克兰危机进一步放大了上合组织扩员影响的外溢效应，扩员后如何加强组织凝聚力是上合组织必须解决的现实挑战[①]。当前，加强组织建设、提升制度认同、完善区域公共产品供给、提升国际话语权成为上合组织应对乌克兰危机的重要举措。因此，上合组织要坚持立足多边主义，激发成员国参与多边合作的潜力与动力，为区域治理问题和困境的解决提供互利共赢的"上合方案"[②]。为了缓解乌克兰危机带来的多重压力，上合组织仍需增强价值理念的吸引力、提升制度认同的凝聚力、提高合作实践的行动力，寻求促进成员国间政治互信、安全互助、经济互联、文明互鉴的新思路与新方案。展望未来，上合组织要以包容互惠的合作理念不断推进区域内务实合作，更加积极主动地向世界展示"上海精神"开放促和的组织理念和组织形象，全面推进上合组织命运共同体建设。

---

① 孙壮志：《上合组织将在全球战略格局中扮演更重要角色》，《世界知识》2022年第20期，第18页。

② 孙壮志：《构建更加紧密的命运共同体：上海合作组织战略定位与发展方向》，《当代世界》2021年第9期，第14—19页。

后 记

时光荏苒，从2013年发表第一篇上海合作组织研究相关文章到2020年组建兰州大学上海合作组织研究中心，再到2024年本书的出版，十余年间积累了些许心得体会。一直念兹在兹的是如何从学理层面深入阐释上海合作组织的发展动力与发展模式，拓展国际组织研究新的知识增长点。

犹记得刚涉猎上海合作组织研究时的好奇与担忧：上海合作组织应如何整合如此多元异质的成员国，赋予组织方向感与行动力。就传统地区主义研究而言，无论是"欧盟模式"还是"东盟模式"，都不需要面临如此突出的异质性。烦恼即菩提，异质性恼人但觉醒了"上海精神"，以和合共生的方式开创了区域合作的新模式。自2001年上海合作组织成立以来，本着"互信、互利、平等、协商、尊重多样文明、谋求共同发展"的"上海精神"，已发展成为世界上人口和地理覆盖面最大的区域性国际组织，成为维护地区和平发展不可替代的重要平台。

当前，世界政治极化日益突出，全球政治经济格局陷入极大的不确定性与不稳定性之中，"黑天鹅"事件频出。上海合作组织因其所处地缘位置、成员构成与价值取向，日益受到世界政治极化带来的强烈冲击。就内部而言，随着扩员进程的持续推进与西方世界的不断分化，成员国之间开展战略沟通与政策协调难度加大，影响到组织的凝聚力与执行力。就外部而言，上海合作组织地区发展环境趋于复杂化，在西方国家眼中更具对抗性和威胁性。鉴于此，全面推进上海合作组织命运共同体建设意义重大并十分紧迫。

经过二十余年的发展，上海合作组织以中南亚为地理依托，以"上海精神"为价值规范，以地区问题和区域合作为基本议题，以协商一致为决策机制，构成了独具特色的"上合模式"，焕发了强大的生命力。其中，对异质性的包容是上海合作组织命运共同体最显著的特质。异质性突出一直是上海合作组织的结构性特征，也是我国周边关系的缩影。上海合作组织命运共同体是由利益共同体、制度共同体与价值共同体组成的复合型共同体，旨在与成员国实现更大的利益汇合、更高的制度认同与更深的价值融合，成就周边关系的新高度。简言之，面对如此复杂多变的内外形势，上海合作组织命运共同体必须从理念上自觉觉他，树立战略信誉；从实践上自利利他，激活发展动力，才能可大可久。

前瞻未来，上海合作组织研究应理论研究与政策研究并重，从更宽广的视野、更多元的视角挖掘更多的联结点，充分阐释其理念探索与实践创新，激活发展动力，优化发展路径，成就新的发展高度。笔者也将孜孜以求，与学界同仁一道推进上海合作组织研究，为构建中国自主知识体系贡献一份微薄之力。

此外，需要说明的是，本书的部分内容曾在国内外学术刊物上发表。这些刊物是《世界经济与政治》《当代亚太》《国际展望》《复旦国际关系评论》《莫斯科大学学报》。笔者在此谨向这些刊物的编辑部老师表示衷心感谢！

本书的写作与出版得到了诸多支持，笔者常怀感激之情。首先，感谢兰州大学社科处、兰州大学出版社和各位专家评委的大力支持，本书有幸入选"兰州大学哲学社会科学文库"，文库此举有益于提升兰大哲学社会科学研究的品牌效应，营造浓厚的学术氛围。其次，感谢我的几位学生，王亚琪、马茹、王翠梅、罗润、李珊、杨鹏飞、刘一丹、刘淑嵘等同学参与了部分章节的写作与校对工作。再次，感谢学院领导和同事们的关心帮助，提供了诸多便利条件。感谢兰州大学出版社的编辑王颢瑾老师认真负责、耐心细致的编校。最后，感谢家人的辛苦付出，正是他们的全力支持，才让我心无旁骛、潜心学问！